JOSEF FELDNER | MARJAN STURM | KÄRNTEN NEU DENKEN

D1665319

© 2007 Drava Verlag und Verlag Johannes Heyn

**Drava Verlag / Založba Drava**, Klagenfurt/Celovec
www.drava.at

**Verlag Johannes Heyn**, Klagenfurt
www.heyn.at

Umschlagfoto: Gerhard Maurer
Layout, Satz und Druck: Tiskarna / Druckerei Drava, Klagenfurt/Celovec
Bindung: Theiss, Wolfsberg

ISBN 978-3-85435-525-0 (Drava)
ISBN 978-3-7084-0265-9 (Heyn)

JOSEF FELDNER | MARJAN STURM

# Kärnten neu denken

## Zwei Kontrahenten im Dialog

Herausgegeben von Wilfried Graf und Gudrun Kramer

Drava Verlag | Verlag Johannes Heyn

# Inhalt

Ich schätze Kärnten aus vielen Gründen: wegen seiner Kultur, seiner Bevölkerung, seiner wunderbaren Landschaft und seiner weit zurückreichenden interessanten Geschichte.

Seit Jahrhunderten eine europäische Drehscheibe, wo Römer und Kelten, Germanen und Slawen am Schnittpunkt dreier großer europäischer Kulturkreise lebten, ist dieses Bundesland seit jeher gemeinsame Heimat seiner deutsch- und slowenischsprachigen Bewohner.

Wir wissen, dass sich die Geschichte nicht immer in ruhigen Bahnen entwickelt hat, sondern zeitweise stürmisch und auch gewalttätig verlaufen ist. All dies hat Spuren hinterlassen. Aber der europäische Integrationsprozess hat ermöglicht, diese Spuren zunehmend zu überwinden und Gräben zuzuschütten.

Friedrich Heer hat in seinem berühmten Buch »Gespräch der Feinde« bereits im Jahre 1949 auf das »Wesen des europäischen Gesprächs« hingewiesen: »*Europa lebt nur im Gespräch, in der Auseinandersetzung von gegensätzlichen Mächten, Kräften, Europa lebt nur solange, als es gelingt, diese Situation des Gesprächs aufrechtzuerhalten, solange, als die Gegensätze in fruchtbarer Spannung miteinander ringen, um Frieden und Ausgleich ringen, niemals aber zu einer Übermachtung und Vergewaltigung des Gegners kommen ...*«.

Deswegen wurde Aussöhnung in Europa möglich. Zwei durch Jahrhunderte rivalisierende Mächte, Frankreich und Deutschland, sind wenige Jahre nach dem Ende des Zweiten Weltkriegs daran gegangen, durch die Römer Verträge über die Gründung der Europäischen Wirtschaftsgemeinschaft ein völlig neues Kapitel in der europäischen Geschichte zu schreiben. Mittlerweile hat Europa die längste Friedensphase hinter sich und ist zu einer Gemeinschaft von 27 Mitgliedsstaaten mit gemeinsamen europäischen Werten geworden.

Zu den gemeinsamen europäischen Werten zählen die Achtung der Menschenwürde, Freiheit, Demokratie, Gleichheit, Rechtsstaatlichkeit und die Wahrung der Menschenrechte einschließlich der Rechte jener Personen, die Minderheiten angehören.

Die Zeit ist reif, diese Werte im Sinne der Zusagen, die Österreich im Staatsvertrag in feierlicher Form gemacht hat, umfassend und einvernehmlich umzusetzen. Mit Klugheit, mit Augenmaß, nach rechtsstaatlichen Prinzipien und vertragstreu.

Vier der in Österreich autochthon beheimateten Minderheitensprachen sind inzwischen auch Amtssprachen der Europäischen Union. Slowenien ist längst erfolgreiches Mitglied der Europäischen Union. Irgendwelche Befürchtungen, die meines Erachtens schon vor zwanzig Jahren unbegründet waren, sind heute ohne Substanz und haben kein Gewicht mehr.

Ganz im Gegenteil: Die wirtschaftliche, aber auch sonstige Kooperation zwischen Slowenien und Österreich im Rahmen der EU ist vorbildhaft.

Ich habe bereits des Öfteren darauf hingewiesen, dass die verfassungsrechtlichen Verpflichtungen, die Österreich im Staatsvertrag eingegangen ist, auch erfüllt werden müssen. Dieses Problem muss im Interesse Kärntens, im Interesse Österreichs und im Interesse der Glaubwürdigkeit des Verfassungsgerichtshofs gelöst werden. Es war richtig, dass sich Bundeskanzler Schüssel im Jahr 2006 sehr intensiv um eine Lösung bemüht hat. Genauso richtig ist es, dass sich Bundeskanzler Gusenbauer um diese Lösung bemüht. Dabei hat die sogenannte Konsensgruppe um Dr. Josef Feldner, Bernard Sadovnik und Dr. Marjan Sturm unter der Mediation von Univ.-Prof. Dr. Stefan Karner wichtige Vorarbeiten geleistet.

Diese Bemühungen wird man fortsetzen müssen. Es ist begrüßenswert und von besonderer Bedeutung, dass es im Zuge der Diskussionen um die Umsetzung der Ortstafelerkenntnisse des Verfassungsgerichtshofes zu einem Dialog zwischen Vertretern der slowenischen Minderheit und Vertretern des Kärntner Heimatdienstes gekommen ist. Wer die Geschichte Kärntens kennt, weiß, wie tief die Gräben zwischen Minderheit und Mehrheit mitunter waren. Daher begrüße ich es außerordentlich, dass dieser Dialog durch das vorliegende Buch eine erste, tiefer gehende schriftliche Form erfahren hat. Josef Feldner vom Kärntner Heimatdienst und Marjan Sturm vom Zentralverband slowenischer Organisationen haben in Dialogform ihre Sicht des Zusammenlebens in Vergangenheit und Gegenwart dargelegt, durchaus widersprüchlich, aber sehr konstruktiv. Das zeigt das Bemühen von namhaften historischen »Gegnern«, die sich ihrer Verantwortung für das friedliche und konstruktive Zusammenleben in Kärnten bewusst geworden sind. Dieses Beispiel verdient Anerkennung in Kärnten und könnte auch beispielgebend sein für andere Konfliktregionen in Südosteuropa.

Wenn man diese Bemühungen zu einem offenen Dialog mit den Bürgerinnen und Bürgern in Kärnten ausweitet, wie das bereits von den beiden Autoren begonnen wurde, dann bleibe ich trotz allem zuversichtlich, dass wir auch dieses Problem einer vernünftigen Lösung zuführen können.

Es wird ein guter Tag für Kärnten, ein guter Tag für Österreich und Slowenien und ein guter Tag für Europa sein, wenn bewiesen ist, dass sich Österreich vor den Gespenstern der Vergangenheit nicht fürchtet, sondern mit Zuversicht in die Zukunft blickt und dass dies für alle Bundesländer unserer Heimat – ohne Ausnahme – Gültigkeit hat.

Ich wünsche diesem Buch eine gute Aufnahme bei seinen Leserinnen und Lesern.

Dr. Heinz Fischer
*Bundespräsident*

## Vorwort von Prof. Dr. Johan Galtung

»*Das ist nur ein Sturm im Wasserglas*« hört man öfters als Reaktion, wenn man mit Auseinandersetzungen über mehrsprachige Ortstafeln und Straßenschilder konfrontiert ist, so wie im vorliegenden, sehr faszinierenden Buch- und Dialogprojekt. Aber das ist eine sehr arrogante, nicht empathische Haltung. Eine Haltung, die oft von den Menschen in den Hauptstädten eingenommen wird, wo Sprachprobleme vor Langem geregelt wurden, geregelt im Sinne der Mehrheitsbevölkerung, oft auch mit Gewalt.

Eine kurze Reflexion genügt aber um zu verstehen, warum diese Thematik für viele Menschen fast existenziell ist.

*Erstens:* Es geht um den öffentlichen Raum, in dem die Schilder angebracht sind, es geht nicht um ein Privathaus oder um ein Apartment. Ein Apartment ist genau das, apart, im Sinne von abgetrennt, die Bewohner können dort jedes Schild aufhängen, das sie wollen. Aber der öffentliche Raum gehört allen. Dieser Raum soll zugänglich, funktional und ästhetisch sein – und alle sollen sich hier zu Hause fühlen können. Die meisten Staaten sind multinational und Schilder im öffentlichen Raum, die nur in der Sprache der dominanten Nation verfasst sind, vermitteln eine eindeutige politische Botschaft. Genauso vermitteln mehrsprachige Schilder eine starke politische Botschaft. Die Frage ist, welche Botschaft wollen wir stark machen? Die Schweiz ist eine der wenigen symmetrischen, multinationalen Föderationen mit relativ mononationalen territorialen Einheiten (Kantone und Gemeinden). Auf den Geldscheinen finden sich alle vier Sprachen, ebenso auch auf Milchkartons, die über die Sprachgrenzen transportiert werden. Die Ortstafeln sind allerdings meistens nur mit der Sprache, die am jeweiligen Ort gesprochen wird, bezeichnet.

Die USA sind auch eine Föderation, aber alle Schilder sowie auch die Ikone des Dollars sind einsprachig gehalten. Es gibt keinen Hinweis auf die autochthonen Nationen, sondern nur auf ihre Eroberer, und von diesen wiederum nur auf die Anglo-Sachsen. Eine wahrlich eindeutige Aussage. Betrachten wir demgegenüber die Euro-Noten und Münzen: Die sind sehr symmetrisch.

Die Straßenschilder im spanischen Baskenland, in Euskal Herria, sind im südlichen Teil zweisprachig, spanisch und baskisch, und auch im nördlichen Teil zweisprachig, französisch und baskisch. Wenn es in beiden Gebieten dreisprachige Schilder gäbe, würde die baskische Einheit noch deutlicher werden.

Über Israel, einem Einheitsstaat mit jüdischem Charakter, kann man viel diskutieren. Aber die Schilder und Geldnoten sind in drei Sprachen, nicht nur in Hebräisch, sondern auch in Arabisch und Englisch!

*Zweitens:* Wir sprechen hier von Sprache, einem sehr wesentlichen Aspekt unserer Identität, unserem hauptsächlichen Mittel für Kommunikation. Die Sprache bildet gemeinsam mit Religion, Ideologie und Mythen den Kern unseres nationalen Seins. Wenn wir unsere eigene Sprache irgendwo sehen, dann sehen wir uns selbst. Ist sie im öffentlichen Raum nicht zu sehen, dann wurden wir ausgelassen, und das heißt in der Regel sehr bewusst Politik der Assimilierung oder gar Marginalisierung.

Wir können die Argumentation auch umdrehen:

Einsprachige Schilder gehören in die historische Periode des »nation-building«, des Nationalstaatsaufbaus in der Tradition des 19. Jahrhunderts, wobei »Nation« immer die dominante Nation bedeutet. Wir sind jetzt aber in einer Ära, in der wir die Nationalstaaten regionalisieren, europäisieren und globalisieren. Darüber hinaus respektieren wir in zunehmender Weise das Recht des Anderen, sich bei uns im öffentlichen Raum zu Hause zu fühlen, nicht als »Minderheit« – ein schrecklicher arithmetischer Reduktionismus von menschlichen Wesen – sondern als Träger einer Kultur, die zu respektieren und anzuerkennen ist.

Welche territorialen Einheiten bekommen wir, wenn wir mehrsprachige Ortstafeln aufstellen? Die Schweizer haben eine Schweiz geschaffen, ohne über eine Sprache zu verfügen, die Schweizerisch heißt. Was bekommt man mit zweisprachigen Ortstafeln in Kärnten? Es gibt diese dort schon seit dreißig Jahren, in knapp achtzig Orten. Führen zusätzliche zweisprachige Ortstafeln zur Abspaltung eines Teils von Kärnten oder Österreich? Nein, sicher nicht, aber vielleicht ist es ein Schritt zu einer grenzübergreifenden Friedensregion Kärnten–Slowenien–Friaul. Wir finden etwas von dieser Realität der Zweisprachigkeit sowohl in den slowenisch-italienischen Grenzgebieten, als auch in den österreichisch-italienischen Gebieten. Dies könnte für zweisprachige Ortstafeln in jedem dieser drei benachbarten Grenzgebiete und Regionen sprechen. Und es könnte auch für Gebiete der Dreisprachigkeit in der ganzen Region sprechen, das heißt deutsch-, italienisch-, slowenischsprachig, in welcher Reihenfolge auch immer. Welch einen Reichtum, welch ein Geschenk würde eine solche Region Alpen-Adria bedeuten!

Betrachten wir die ganzen Probleme in Kärnten ausgehend vom Standpunkt einer Theorie und Praxis der Konflikttransformation. Es gibt dann nicht nur die Positionen von »Entweder« und »Oder«, sondern noch drei weitere Positionen: »Weder-noch«, den Kompromiss »Sowohl-als-auch, aber nur halb-halb«, sowie die fünfte Position »Sowohl-als-auch und mehr«, d. h. Transzendenz, die Überschreitung des Widerspruchs.

Eine »Weder-noch«-Lösung – überhaupt keine Ortstafeln – kann ausgeschlossen werden; wir müssen wissen, wo wir uns befinden und in welche Richtung wir uns bewegen. Die einsprachigen Ortstafeln entsprechend eines Nationalstaatsaufbaus in der Tradition des 19. Jahrhunderts sind auch keine Option mehr.

Die erzielten Ergebnisse des Konsensprozesses (158–163 Ortstafeln), bieten eine gute überbrückende Kompromissformel, vor dem Hintergrund der österreichischen Staatsvertrags-Verpflichtungen und VfGH-Erkenntnisse. Für die Zukunft gibt es die Perspektive der Transzendenz, eine Entwicklungsperspektive von einer Kultur der Zwei- hin zu Drei- und Mehrsprachigkeit, nicht nur in Kärnten, sondern in der gesamten Region. Mit der Perspektive einer Friedensregion, die auf einen Sprung in eine sehr interessante neue Wirklichkeit verweist, mit ganz neuen, zusätzlichen Möglichkeiten. Das wäre doch einen Versuch wert.

Prof. Dr. Johan Galtung
*Professor für Friedensstudien, Gründer von TRANSCEND:*
*Ein Netzwerk für Frieden und Entwicklung*

Mit dem vorliegenden Buch wollen wir den Dialog- und Lernprozess nachzeichnen, den wir als zwei der Hauptakteure des Konflikts zwischen deutschsprachiger Mehrheit und slowenischsprachiger Minderheit in den letzten Jahrzehnten wesentlich mitbestimmt und mitgetragen haben. Wir wollen zeigen, dass ein konstruktiver Dialogprozess in Kärnten möglich ist, auf welche Weise er möglich geworden ist, und warum und wie er weitergeführt werden muss.

Erste Kontakte und Dialogversuche hat es bereits in den Achtzigerjahren gegeben. Im Rahmen der Konsensgruppe zur Lösung der Ortstafelfrage, zu der im Jahre 2005 der damalige Bundeskanzler Wolfgang Schüssel die Initialzündung gegeben hatte, setzten sich Josef Feldner (Kärntner Heimatdienst), Bernard Sadovnik (Gemeinschaft der Kärntner Slowenen und Sloweninnen), Fritz Schretter (Kärntner Abwehrkämpferbund) und Marjan Sturm (Zentralverband slowenischer Organisationen) zu einem ersten Kontaktgespräch, unter Moderation des Historikers Stefan Karner, zusammen. Im Rahmen der Arbeit dieser Konsensgruppe, aus der in weiterer Folge Fritz Schretter ausschied und Heinz Stritzl (Plattform Kärnten) dazu kam, wurde im Vorfeld der Politik ein später als »historischer Kompromiss« bezeichneter tragfähiger Konsensvorschlag erarbeitet. Auch der Rat der Kärntner Slowenen, der sich nicht an den Gesprächen beteiligt hatte, stimmte diesem Kompromiss zu. Nicht jedoch der Kärntner Abwehrkämpferbund. Diese Konsensarbeit wurde von Politik und Medien größtenteils als überaus positiv gewürdigt. Es gab aber auch Irritationen bis hin zu scharfer Ablehnung und Verratsvorwürfen.

Auf Grundlage dieser Gespräche und Begegnungen in der Konsensgruppe entstand zwischen uns die Idee, den Dialog über die unmittelbare tagespolitische Aufgabe, einen tragbaren Kompromiss in der Ortstafelfrage zu finden, hinauszuführen. Wir wollten dabei auch die ganze Geschichte unserer jahrzehntelangen Konfrontation außerhalb und unabhängig von den spezifischen Aufgaben der Konsensgruppe kritisch aufarbeiten, mit dem weiter gehenden Ziel, die Zukunft Kärntens neu zu denken.

Der Anstoß für dieses Buch kam vom Friedens- und Konfliktforscher Wilfried Graf. Er schlug uns einen in die Tiefe führenden Dialogprozess vor, bei dem immer die persönliche Erfahrung, die Wechselwirkung von Lebensgeschichte und Konfliktgeschichte und der Lernprozess von uns beiden zum Ausgangspunkt gemacht werden sollte. Wir beide griffen diese Idee gerne auf und vereinbarten gemeinsam mit den Moderatoren, Wilfried Graf und Gudrun Kramer, die folgenden Grundregeln für die Gesprächsführung:

Wir sollten versuchen, auf Basis unserer Erfahrungen darzustellen, wie ein konstruktiver Dialog geführt werden kann, wie man den Anderen verstehen (und das auch ausdrücken) kann und gleichzeitig, wie man Nichtübereinstimmungen, Meinungsverschiedenheiten, Glaubens- und Werthaltungen verteidigen kann.

Die Gespräche sollten möglichst spontan auf Basis des erreichten Verstehens und Vertrauens, ohne große Vorbereitung geführt werden. Folgende Arbeitsmethode wurde vereinbart:

Jeder kann seine Position vertreten, sein Gegenüber kann darauf reagieren, hat aber nicht das Recht, eine bestimmte Position als für beide verbindlich einzufordern. Damit wird gewährleistet, dass der Leser sehr genau die einzelnen Positionen erkennen, aber darüber hinaus auch die Veränderung der Standpunkte ansatzweise erahnen kann. Voraussetzung dafür ist die gegenseitige Akzeptanz der Standpunkte (nicht zu verwechseln mit Übereinstimmung) und der feste Wille, den Diskurs konstruktiv und nicht beleidigend zu führen.

Die Gespräche führten wir an drei Tagen im Mai 2007. Die gemeinsame Redaktion erfolgte zwischen Juli und August 2007. Was jetzt publiziert wird, wurde im Konsens entschieden. Jede Seite hätte nach den Grundregeln das Recht gehabt, Passagen für die Publikation zurückzunehmen oder zu beeinspruchen – das wurde aber nie notwendig.

Ein uns wichtiger Aspekt für dieses Buch war auch, die Motive für unsere Zusammenarbeit transparent zu machen, um so wilden Spekulationen mancher Kritiker den Boden zu entziehen. Wir wollten sichtbar machen, in welchen Fragen wir uns in den Positionen angenähert haben und wo es nach wie vor kleine, große oder fundamentale Meinungsunterschiede gibt. Wir hoffen, dass ein solcher transparenter Prozess durchaus eine konstruktive Rolle in Kärnten, aber auch darüber hinaus spielen wird. Es geht dabei weder um einen wissenschaftlichen Dialog fachkundiger Historiker, noch um eine vertretungspolitische Debatte der Obmänner von zwei bekannten Kärntner Vereinen, sondern auf sehr subjektive Weise um unsere persönlichen Überlegungen zur Frage des Zusammenlebens zwischen Minderheit und Mehrheit in Kärnten. Natürlich fließen auch die Grundpositionen der von uns vertretenen Vereine in unsere Meinungen ein.

Von besonderer Bedeutung wurde dabei für uns die Unterscheidung zwischen Debatte und Dialog. Während es in der Debatte darum geht, das Gegenüber argumentativ zu »besiegen«, geht es beim Dialog darum, die eigenen Positionen zu hinterfragen und auch beim Gegenüber einen solchen Prozess auszulösen. Es kann beim Dialog daher keinen »Sieger« und auch keinen »Besiegten« geben.

Um den Charakter des Dialoges zu dokumentieren, wurde der vorliegende Text im Nachhinein so wenig wie möglich editorisch verändert. Da ein Dialog nicht einfach einem linearen Prozess folgt, kommt es auch zu einigen thematischen Wiederholungen, in denen jedoch unterschiedliche Perspektiven geschildert und neue Kontexte hergestellt werden.

Wir bedanken uns herzlich bei Wilfried Graf und Gudrun Kramer für das Konzept, die Moderation und die fachkundige Begleitung des Gesprächs. Wir bedanken uns bei Bundespräsident Heinz Fischer, dem norwegischen Friedensforscher und Mediator Johan Galtung, den Mitgliedern der Konsensgruppe Bernard Sadovnik und Heinz Stritzl sowie dem Mediator der Konsensgruppe, dem Grazer Historiker Stefan Karner für die Unterstützung dieses Projekts.

Schließlich richten wir unseren Dank auch an die beiden Verlage Drava und Heyn für die schnelle und unbürokratische Entscheidung, dieses Buch in Kooperation herauszubringen, entsprechend der Grundidee unseres Projekts.

Dr. Josef Feldner                    Dr. Marjan Sturm

## DER ERSTE TAG
### Von der Konfrontation zur Verständigung
Über unsere Konflikte in Kärnten – in der Gegenwart und Vergangenheit

GRAF/KRAMER: Bei klassischen Streitgesprächen und den üblichen »Debatten« in unserer politischen Kultur bleiben die Kontrahenten für gewöhnlich in der destruktiven Vergangenheit stecken, und geben dafür in der Regel der anderen Seite alle Schuld. Demgegenüber wollen wir uns mit einem Verfahren des »Dialogs« auf die Erarbeitung positiver Zukunftsperspektiven und kreativer Lösungsvorschläge konzentrieren. Wir wollen aber auch das übersehene Positive in der Vergangenheit respektieren, das mögliche Negative in der Zukunft beachten, und vor allem auch ein Stück weit die Fehler und die Mitverantwortung auf der jeweils eigenen Seite erkennen. Wir wollen möglichst flexibel bleiben und die Entfaltung einer lebendigen Auseinandersetzung nicht behindern. Inhaltlich werden wir uns als Moderatoren nur sehr wenig einmischen, wenngleich wir manchmal auch Thesen und Vorschläge einbringen werden, um Ihren eigenen Dialogprozess anzuregen.

Zur Einstimmung wollen wir mit einem Hinweis auf Friedrich Heers Buch »Gespräch der Feinde« (Europa Verlag, 1949) beginnen [auf das auch Bundespräsident Heinz Fischer in seinem Vorwort eingeht]. Der große Österreicher und geniale Kulturhistoriker Friedrich Heer hatte als zwar kirchenkritischer, aber tief überzeugter Christ diese lebenslange Vision, die nicht zuletzt aus seinem persönlichen Erleben der Katastrophe Europas nach dem Ersten Weltkrieg, der Ständediktatur, des Nationalsozialismus und des Kalten Kriegs resultierte: Eben das »Gespräch der Feinde«.

Die Interpretation, die er für ein solches Gespräch in seinem gleichnamigen Buch vorschlägt, scheint uns von besonderer Bedeutung für unser Dialogprojekt, obwohl es sich hier natürlich nicht mehr um ein »Gespräch der Feinde« handelt, sondern um ein Konfliktgespräch, in dem bestimmte Feindbilder auch heute noch eine gewisse Rolle spielen. Es ist ein Gespräch ehemaliger Gegner, die sich von dem Moment an, in dem sie ein gemeinsames Ringen um einen konstruktiven Kompromiss begonnen haben, erstaunlich näher gekommen sind, ohne ihre Gegensätze zu verdrängen: »*Wir müssen den Begriff des Gesprächs ganz ernst fassen: Gespräch ist immer Streitgespräch, ist immer agonal, ist bitterstes, heißes Ringen. Es hat nichts zu tun mit jenem oberflächlichen Plaudern des Salons, sondern ist ganz etwas anderes: schwere Begegnung verschiedener, meist gegensätzlicher Naturen. Zu seinem Wesen gehört es, dass es wohl einen Anfang hat, aber kein eigentliches Ende: Denn ein echtes Gespräch zwischen Menschen, Völkern, Kulturen, Wesen wird noch fortgeführt, wenn seine ersten Träger längst schon vermodert sind. Dies ist Ausdruck einer wesentlichen Seite des Gesprächs: Es kennt keine billige Lösung des Vordergrunds, denn es lebt in der Spannung und baut ständig Brücken über Abgründe, sucht diese durch Gründe zu überwinden. Der Kurzschluss aber ist sein Tod. Wir wissen es alle aus tausend Kongressen, Versammlungen, persönlichen Erlebnissen, in der Diskussion gibt es fast nur ein Debakel, ein Aufzeigen letzten Versagens, letzten Ungenügens. Fremd steht, je weiter gerade das Gespräch sich entwickelt, Mensch gegen Mensch, Volk gegen Volk. In diesem Sinne enden alle Kongresse, Debatten, Revuen mit einem vollen Misserfolg. Und dennoch ist dies nur eine Seite des Gesprächs, seine Oberflächenseite, die freilich, wie jede echte Oberfläche, Aussage einer echten Tiefe ist, also in unserm Teil Aussprache tiefinnerlich gelagerter Gegensätze personeller, nationaler, kulturhistorischer Artung in Volk, Raum, Zeit. Vergilbt also nicht jedes Gespräch in ein bleiches, gelbes Versagen hinein? Bleibt nichts übrig als eine Illusion, ein Wunschtraum, die Hoffnung, dass es ein andermal doch zu einer innigeren, tieferen Berührung kommen mag, oder das offene Eingeständnis: Wir haben uns ehrlich bemüht und gemüht, im eigentlichen Letzten sind wir uns aber kaum nähergekommen? In diesem Augenblick der Betrachtung ist es Zeit, auf die zweite Seite jeden echten Gesprächs einzugehen. In jedem echten Gespräch findet nicht nur eine äußere, bewusste Berührung und Betastung der Sinne, Leiber, Geister statt, sondern weit darüber hinausgehend eine innere Begegnung folgenschwerster Bedeutung, welche keiner der Partner im Augenblick des Zusammenstoßes ermessen kann.*«

Wir könnten versuchen den Dialog der kommenden Tage in diesem Geist zu führen.

## Über die Notwendigkeit dieses Buch zu schreiben

GRAF/KRAMER: Warum haben Sie die Idee aufgegriffen, dieses Buch zu machen? Der Dialog zwischen Josef Feldner und Marjan Sturm wurde bisher ja vor allem im Bemühen um eine pragmatische Lösung der Ortstafelfrage geführt, beim erstmaligen Dialog zwischen zwei slowenischen Organisationen und dem Kärntner Heimatdienst, im Rahmen der sogenannten Konsensgruppe, mit der Moderation bzw. Mediation von Stefan Karner. Mit diesem Buchprojekt führen Sie den Dialog bewusst weiter. Sie als zwei Hauptakteure einer jahrzehntelangen Konfrontation beginnen damit kritisch (und selbstkritisch) den historischen Hintergrund zu reflektieren, um die Zukunft Kärntens und der Alpen-Adria Region »neu zu denken.« Warum wurde ein solches Unternehmen für Sie sinnvoll oder gar notwendig?

FELDNER: Es ist wichtig, den begonnenen Dialogprozess, zu dem im Februar 2005 der damalige Bundeskanzler Wolfgang Schüssel die Initialzündung gegeben hatte, zügig fortzuführen. Ein Ziel eines Dialoges muss dessen Fortsetzung sein, denn beschränkt sich dieser auf ein kurzes abgeschlossenes Kapitel, wird der Erfolg nur gering sein.

Unser Buch soll die erste Phase unseres Dialogprozesses dokumentieren, mit all seinen in dessen Verlauf gemachten positiven Erfahrungen, aber auch mit seinen Schwierigkeiten und mit allen zutage getretenen unterschiedlichen Auffassungen. Das Buch soll unsere Gedanken und spontanen Aussagen im Verlauf der mehrtägigen Gespräche wiedergeben, ohne Anspruch auf Vollständigkeit. Es soll auf beiden Seiten zur Unterstützung, zum Mitmachen anregen und es wäre wünschenswert, wenn wir damit Beispielwirkung erzielen könnten.

Zu Beginn jedes Dialogprozesses sollte zu aller erst einmal gefragt werden: Warum gibt es denn diese Konfliktsituation? Was sind die Ursachen? Wo sind die Quellen dieser Probleme?

Bei der täglichen Durchsicht der vielen Pressemeldungen bin ich vor kurzem durch Zufall auf die Aussage des Generalsekretärs der Arabischen Liga, Amr Moussa, gestoßen, der in einem Interview Folgendes sagte: *»Die meisten Probleme entstehen aus*

*mangelnder Kenntnis voneinander. Das ist die Quelle von Vorur-*
*teilen, gefährlichen Missverständnissen, und des Misstrauens. Das*
*historische Gedächtnis belastet das Verhältnis.«*

Das zu den Beziehungen zwischen Moslems und Christen Ge-
sagte trifft durchaus auch auf Kärnten zu. Bei uns sind die nicht aufgearbeiteten historischen Probleme aus dem 20. Jahrhundert und die
Intoleranz, die auf beiden Seiten erkennbar ist, noch Hindernisse für
ein weitestgehend konfliktfreies friedliches Miteinander. Eine Intoleranz, ich möchte fast sagen, eine pharisäerhafte Selbstgefälligkeit
von Leuten, die glauben, nur ihr Geschichtsbild, nur ihre Ideologie
sei die richtige. Das ist ein allgemeines Problem, das auch für Kärnten gilt. Diese Intoleranz drückt sich vielerorts in der Weigerung
aus, mit Menschen zu sprechen, die nicht dem eigenen ideologischen
Vorstellungsbild entsprechen und geht so weit, Menschen am Sprechen oder sogar am öffentlichen Auftreten zu hindern. Warum diese
gnadenlose Intoleranz gegen all das, was nicht den eigenen ideologischen Vorstellungen entspricht? Es sollte doch das Wesen unserer
Demokratie sein, unterschiedliche Meinungen im Rahmen unserer
Rechtsordnung wann immer und wo immer äußern und vorbringen
zu dürfen, auch wenn man selbst konträrer Ansicht ist.

Ich habe diese Intoleranz vor allem in den Siebzigerjahren oftmals
am eigenen Leib erfahren, wenn ich als Obmann des Kärntner Heimatdienstes eingeladen war, an Universitäten, sei es in Wien, Graz
oder Linz über die Kärntner Minderheitenproblematik und über unsere Sichtweise zu referieren und zu diskutieren. Da hat es immer
wieder Versuche extrem linksgerichteter Kreise gegeben, mich am
Sprechen zu hindern. Da wurde massiv gestört, gebrüllt und versucht, Gewalt anzuwenden.

Nur meiner Hartnäckigkeit und vielleicht einer geschickten Strategie war es zuzuschreiben, dass diese Stör- und Verhinderungsakti-
onen zumeist erfolglos blieben.

Was sollten wir heute daraus für die Verbesserung der Beziehung
zwischen Deutsch- und Slowenischsprachigen in Kärnten lernen?
Zuerst einmal sollte man sich bemühen, sich gegenseitig kennenzu-
lernen. Das wäre einmal das Allerwichtigste. Nach erfolgtem Kennenlernen sollte man sich nicht scheuen zuzugeben, dass man in
der Vergangenheit Fehlbeurteilungen vorgenommen hat, dass man

Aversionen hatte, die unberechtigt waren, dass vorhandenes Misstrauen vor allem auf Unkenntnis voneinander zurückzuführen war.

Zum Kennenlernen gehört zwangsläufig das Anhören desjenigen, mit dem man ideologisch nicht übereinstimmt. Damit sollte man beginnen, da muss man sich einfach überwinden, auch wenn es einem am Anfang schwer fallen sollte.

STURM: Ich gehe davon aus, dass wir als Obmänner von zwei Organisationen mit unterschiedlicher Geschichte im 21. Jahrhundert die Aufgabe haben neue Akzente zu setzen. Wir sind in einer Zeit der europäischen Integration, die Grenzen verlieren an Bedeutung, die Zusammenarbeit wächst. Und ich glaube, dass es tatsächlich die Aufgabe von Eliten ist, nicht an einem Status quo festzuhalten, sondern emanzipatorische Prozesse einzuleiten. Das setzt natürlich eine kritische Auseinandersetzung mit der Geschichte voraus. Aber die Frage für mich ist: Was sind unsere Aufgaben heute und morgen? Und insofern glaube ich, dass man die Polarisierung, die es in der Vergangenheit gegeben hat und die es in der Gegenwart teilweise noch gibt, überwinden muss.

Natürlich hat es immer wieder Initiativen zum Dialog gegeben. Ich erwähne nur die Veranstaltungen zum Nationalfeiertag »Guten Abend, Nachbar – Dober večer, sosed«, die seit vielen Jahren stattfinden, die Rolle der katholischen Kirche im »Deutsch-Slowenischen Koordinationsausschuss« und die verschiedensten temporären Aktionsgemeinschaften von Studenten und Schülern wie z. B. die Kontaktlinse/kontaktna leča. Doch diese Initiativen sind mitunter vom Kärntner Heimatdienst recht heftig kritisiert worden. Josef Feldner und ich haben vor einigen Jahren begonnen, miteinander zu reden, das heißt jetzt nicht, dass wir in allen Fragen einer Meinung waren oder sind.

Für mich war die jüngste Tragödie am Balkan sehr bestimmend, deren historische Genese ich ja recht gut kenne. Tito hatte die Parole der Brüderlichkeit und Einheit ausgegeben, sie ist über Jahrzehnte gepredigt worden und viele Lieder wurden darüber gesungen. Dann ist Jugoslawien auseinandergebrochen mit soviel Hass und Emotionen. Das Resultat war, dass zwischen 200.000 und 300.000 Menschen ums Leben gekommen sind. Und da muss sich natürlich jeder Mensch fragen, was kann er selbst zu einem offenen Klima und einem friedlichen Miteinander beitragen. Welche propagandistischen Mittel setzt er in seiner Politik ein? Er muss selbstkritisch hinterfragen, ob die Töne, die er angeschlagen hat, in die heutige Zeit passen.

Ich denke, dass wir jetzt in Kärnten in einer Situation sind, in der wir den begonnenen Dialog vertiefen sollten. Wir bewegten uns bisher eher auf einer deklarativen Ebene, die sicherlich nicht falsch war, aber wir sollten jetzt tatsächlich die »Knackpunkte« unserer Geschichte aufarbeiten. Wie war es möglich, dass wir über Jahrzehnte in einer solchen Polarität gelebt haben? Wie war es möglich, dass seitens des Heimatdienstes in den Kärntner Slowenen eine so große Gefahr gesehen wurde? Und auf der anderen Seite, auf unserer Seite: Wir haben natürlich auch alles sehr pauschal nur in der Kontinuität des Nationalsozialismus gesehen. Über diese Fragen wird man differenziert reden müssen. Mit dem Ziel, tatsächlich etwas für heute, und vor allem für die jüngeren Generationen zu leisten, damit die Fehler ihrer Eltern oder Großeltern nicht wiederholt werden.

**Vom Zögern der Politik
einen konstruktiven Lösungsvorschlag umzusetzen**

GRAF/KRAMER: Bleiben wir vorerst noch bei der Gegenwart. Worum geht es bei der Konfliktkonstellation in Kärnten hier und heute, vor allem in der Ortstafelfrage? Da haben sich die Konfliktparteien ja in den letzten Jahren durchaus differenziert. Es kam zu Widersprüchen und unterschiedlichen Strategien auch jeweils innerhalb der traditionellen Heimatverbände und der slowenischen Zentralorganisationen. Dieser Trend wurde durch den »Konsensprozess« weiter verstärkt. Für den Rat der Kärntner Slowenen geht der Kompromiss nicht weit genug, er sieht die Lösung nicht in der Suche nach einem Konsens, sondern in der Durchsetzung der Erkenntnisse des Verfassungsgerichtshofes (VfGH) mit Mitteln des Rechtsstaats. Landeshauptmann Haider hingegen kann sich die Aufstellung von weiteren Ortstafeln wenn überhaupt nur im Konsens mit der Mehrheitsbevölkerung in den Gemeinden oder durch eine Minderheitenerhebung vorstellen.

FELDNER: Da muss ich zuerst klarstellen: Auch ich trete für eine breitestmögliche Einbindung der Bevölkerung im Rahmen eines umfassenden Meinungsbildungsprozesses ein und wir setzen das im Heimatdienst auch mit unserer intensiven Informationsarbeit in die Tat um. Auch der Kärntner Heimatdienst ist Jahrzehnte hindurch für eine geheime Minderheitenermittlung eingetreten. Heute haben wir diese Forderung fallen gelassen, da inzwischen alle Slowenenorganisationen das Ergebnis der Volkszählung 2001 – rund 10.000 »Sprachslowenen« im gemischtsprachigen Südkärnten – als brauchbare Basis anerkannt haben. In einem Interview erklärte Haider, er erwarte sich bei einer Minderheitenermittlung ein Ergebnis von etwa 10.000 Slowenen. Diese wäre somit ein Nullsummenspiel mit hohen Kosten und der Gefahr von weiteren Auseinandersetzungen.

Der Imageschaden, der durch den Ortstafelstreit außerhalb Kärntens entstanden ist, ist groß und sollte endlich einmal ernst genommen werden. Und das ist genau das, was ich der Politik vorhalten muss, dass man an diesen Imageschaden überhaupt nicht denkt. Ein Imageschaden, der entstanden ist, weil nun schon seit mehr als fünf Jahren darum gestritten wird, ob nur fünfzig oder doch siebzig überwiegend kleine Südkärntner Orte mit zweisprachigen deutsch-slowenischen Ortsbezeichnungen – zusätzlich zu den bereits seit dreißig Jahren zweisprachig beschilderten Orten – ausgestattet werden sollen. Dem Ansehen Kärntens schadet es auch, wenn, wie in den vergangenen Jahren wiederholt geschehen, im Zusammenhang mit der Ortstafeldiskussion die slowenische Volksgruppe kollektiv als österreichfeindlich verdächtigt wird und wenn das von der Politik unwidersprochen im Raum stehen bleibt. Warum reagiert niemand darauf? Warum ist das bereits längst geschädigte Ansehen Kärntens für Politik und Medien kein Thema?

Auch jenen heimatbewussten Menschen, die immer betonen, ihre Heimat zu lieben, kann es nicht gleichgültig sein, wenn wir Deutschkärntner im Ausland, ja auch schon in den anderen Bundesländern, als Sturschädel, somit als eine total rückschrittliche Gruppierung bezeichnet werden, die noch in irgendeinem vergangenen Jahrhundert lebt und über die man sich in Schmähartikeln und Karikaturen lustig macht.

Alle, ganz besonders die Kärntner Politiker, die diesbezüglich noch nicht aktiv geworden sind, müssten eigentlich ständig und bei jeder Gelegenheit um das Ansehen unseres Kärntnerlandes bemüht sein. Solange es hier noch Nachholbedarf gibt, sollten wir, die offensiv um Verständigung bemühten Deutsch- und Slowenischkärntner, beispielgebend wirken und damit einen Beitrag zur Verbesserung des Ansehens unseres Landes leisten.

GRAF/KRAMER: Wenn dieser Konflikt gelöst werden soll, wie kann man erreichen, dass es zu keinem »faulen Kompromiss« kommt? Wie kann ein »nachhaltiger Kompromiss«, der eine Öffnung in Richtung »Versöhnung« ermöglicht, erzielt werden? Mit Versöhnung meinen wir einen Prozess, der über die Lösung der konkreten Konflikte hinausgeht und für die Zukunft eine qualitativ bessere Beziehung zwischen den Konfliktparteien ermöglicht.

STURM: Genau das versuchten wir zu erreichen. Dies waren unsere Überlegungen für die Einführung der »Öffnungsklausel«, sie hätte eine Möglichkeit für neue offene Prozesse geschaffen.

FELDNER: Diese für die Zukunft gedachte Möglichkeit schuf dann auch die letzte Voraussetzung für einen erfolgreichen Abschluss unserer Konsensbemühungen, weil von meiner Seite, ich war der Einzige, der für die Deutschkärntner Seite teilgenommen hat, die Zustimmung zu einem direktdemokratischen Antragsrecht gekommen ist. Nicht als Scheunentor, wohl jedoch für sinnvolle, auch der Mehrheit zumutbare Nachbesserungen. Dazu bin ich im Verlauf der Konsensgespräche immer gestanden und dazu stehe ich auch heute noch.

Volksgruppenrecht muss dynamisch gestaltet werden und kann niemals statisch konzipiert sein. Tatsächlich war ich bis zum erzielten Konsens im Frühjahr 2005 der einzige Vertreter der Deutschkärntner Seite, da Heinz Stritzl als Sprecher der Plattform Kärnten erst danach zu uns gestoßen ist und sich seither voll für unsere gemeinsame Sache engagiert, während sich Fritz Schretter vom Kärntner Abwehrkämpferbund leider schon während der Konsensgespräche absentierte.

Zurück zur Öffnungsklausel: Meines Wissens haben wir dieses Wort bei unseren Gesprächen nie gebraucht. Das direktdemokratische Antragsrecht, eigentlich nichts anderes als das ohnehin schon seit der Monarchie allen Bürgern garantierte Petitionsrecht, wurde erst nach unserem Konsens von den Medien und dann auch von den Konsensgegnern als »Öffnungsklausel« bezeichnet. »Öffnungsklausel« ist inzwischen zu einem Reizwort geworden, zu einem negativ besetzten Wort. Bedauerlicherweise auch für Leute aus der Mehrheitsbevölkerung, die ansonsten unserem Konsens durchaus aufgeschlossen gegenüberstehen. Schuld daran ist eine gezielte Desinformation. Konsensgegner, sowohl aus der Politik, wie auch auf Vereinsebene, haben es geschickt verstanden, die »Öffnungsklausel« mit einem »Sesam öffne dich!« oder einem offenen Scheunentor für die flächendeckende Anbringung von zweisprachigen Ortstafeln gleichzusetzen. Sozusagen als Schlüssel für die Schaffung eines »Slowenisch-Kärnten« und – mehr noch – als erster Schritt für eine irgendwann einmal wieder auflebende Gebietsforderung. So irreal auch dieser Gedanke innerhalb der EU heute sein mag.

Geschickt wird in diesem Zusammenhang tatsachenwidrig nur von sogenannten »slowenischen Ortstafeln«, so gut wie nie von »zweisprachigen« und schon gar nicht von »deutsch-slowenischen« gesprochen und geschrieben. Damit soll eine in Gang gesetzte Slowenisierung suggeriert werden, so als würde alles nur in Slowenisch beschriftet werden und nicht auch in Deutsch.

Diese bewusste Desinformation hat unglaublich schnell Eingang gefunden auch bei ansonsten vernünftigen und durchaus verständigungsbereiten Menschen. *Ich bin ja durchaus für eine Erweiterung auch um die im Konsens gefundene Anzahl von 67 Orten, aber dann muss Schluss sein«* so höre ich das immer wieder auch in meinem Freundes- und Bekanntenkreis. *»Einmal muss Schluss sein«* wurde zur Abwehrformel gegen die verhasste Öffnungsklausel. Dagegen halfen und helfen im Moment keine Argumente, kein Hinweis, dass aufgrund unserer Berechnungen maximal noch zwei, drei Dutzend fast ausschließlich kleine Orte für eine Erweiterung des Kreises von neuen deutsch-slowenischen Ortsbezeichnungen in Betracht kommen, dass somit nicht im Entferntesten die Rede von einem künftig offenen Scheunentor sein kann. Und es hilft auch nichts, wenn ich betone, dass aus einer Petition niemand einen Anspruch auf Realisierung ableiten kann, dass auch die Regierung nicht unter die vom Verfassungsgerichtshof vorgenommene Qualifizierung einer Ortschaft als

»gemischtsprachig« gehen wird, unter die für deutsch-slowenische Ortsbezeichnungen in Betracht kommende Zehn-Prozent-Grenze. Man hält eisern an der einsuggerierten Meinung fest, es bräuchte nur eine einzige slowenische Familie in einem kleinen Ort eine zweisprachige Tafel verlangen, dann wird sie diese auch bekommen.

STURM: Dazu muss ich sagen, dass wir wahrscheinlich einen Fehler gemacht haben. Wir haben über die konkrete Ausformulierung dieser Öffnungsklausel in der Konsensgruppe nicht diskutiert.

FELDNER: Richtig. Wir wollten das der Politik überlassen, in der Meinung, diese werde rasch eine vernünftige Lösung herbeiführen können, was leider nicht der Fall gewesen ist. Von dieser Seite ist man heute nicht einmal bereit, gegen die gezielte Desinformation vorzugehen. Im Gegenteil: Alle in Kärnten haben in den Chor der Öffnungsklausel-Gegner eingestimmt und eilfertig bekundet: *»Die Klausel muss weg!«*

STURM: Diese Frage hat in unseren Gremien eine eigene Dynamik entwickelt. Mein Vorstand wollte Klarheit über diese Öffnungsklausel. Die einen forderten einen Rechtsanspruch: *»Wenn eine gewisse Anzahl von Personen es wollen, dann muss es einen Automatismus für die Aufstellung weiterer zweisprachiger Ortstafeln geben«*. Der Hintergrund war, dass man Angst hatte, dass ohne Rechtsanspruch die Frage in Wien schubladisiert werden könnte. Daher hat man eine weitere Möglichkeit diskutiert, die auf eine Entscheidungspflicht der Bundesregierung hinausgelaufen wäre. Wobei es dann zwei Möglichkeiten gegeben hätte: positiv mit Verordnung und negativ mit Bescheid. Bezüglich des allgemeinen Petitionsrechts wurde argumentiert, dass dieses Petitionsrecht bereits seit 1867 bestehe und nichts Neues darstellen würde. Im Zentrum stand immer die Frage, wie verhindert man, dass ein Antrag einer Personengruppe auf zusätzliche zweisprachige Ortstafeln einfach schubladisiert wird? Ich hatte damals mit Bundeskanzler Dr. Schüssel eine Entscheidungspflichtvariante ausgehandelt. Man kann das im E-Mail an Bundeskanzler Dr. Schüssel nachlesen, das ist veröffentlicht. Diese Variante ist dann daran gescheitert, dass Landeshauptmann Haider immer neue Forderungen aufgestellt hat: Zuerst verlangte er das Vetorecht für die Gemeinden und das Land und zum Schluss noch eine Minderheitenfeststellung für den Fall, dass sich zehn Prozent in einer Ortschaft für eine zweisprachige Ortstafel aussprechen. Daran ist die Lösung im Jahre 2006 letztendlich gescheitert, an den immer neuen Forderungen des Landeshauptmanns.

FELDNER: Wir haben die Öffnungsklausel nie als Anspruch gesehen, sondern nur als Antragsrecht über das die Bundesregierung entscheiden muss, entweder positiv oder negativ. Ein Rechtsanspruch einer bestimmten Gruppe von Bürgern auf die Aufstellung von weiteren zweisprachigen Ortstafeln wäre für den Kärntner Heimatdienst nicht vertretbar gewesen. Denn das könnte sich dann in die Richtung »Scheunentor« und »Sesam öffne dich!« entwickeln. Und daher haben wir gesagt, wir können durchaus bis zur Entscheidungspflicht über eine Petition gehen. Auch hinsichtlich des Prozentsatzes haben wir Beweglichkeit signalisiert. Der Prozentsatz, wie viele Bürger berechtigt sein sollen, zweisprachige Ortstafeln zu verlangen, ist somit offen geblieben. Wir haben uns nur eine Entscheidungspflicht in die eine oder die andere Richtung vorstellen können. Das ist missinterpretiert worden, bewusst wie ich meine. Nicht, weil man es nicht verstanden hat, sondern man hat das dann tatsachenwidrig so dargestellt: *»Zehn Prozent der Bürger verlangen das, und diese zehn Prozent bekommen auch diese zweisprachigen Ortstafeln und da kann weder die Bundesregierung was machen noch irgendeine andere Stelle. Die haben einen Rechtsanspruch auf die zweisprachigen Ortstafeln und damit basta.«* Da wären wir nie mitgegangen, dennoch steht das derzeit in Südkärnten noch immer im Raum, obwohl die Medien darüber berichtet haben, dass es im neuen »Gusenbauer-Modell« die Öffnungsklausel nicht mehr geben soll. Nun wird halt – wieder um Unruhe zu stiften – der vorgesehene Konsensausschuss beim Bundeskanzler als »Öffnungsklausel durch die Hintertür« bezeichnet. Heute können wir noch nicht sagen, wie sich das entwickeln wird. Eine Einigung scheint jedenfalls zum jetzigen Zeitpunkt in weiter Ferne.

STURM: Aus meiner Sicht war ja gerade das im Prinzip der Kompromiss: Die Umsetzung des VfGH-Erkenntnisses auf Raten, gekoppelt mit gemeinsam durchzuführenden vertrauensbildenden Maßnahmen.

FELDNER: Ja.

STURM: Wenn man das erste VfGH-Erkenntis eins zu eins umsetzt, kommt man natürlich auf weit mehr als auf 158 zweisprachige Ortstafeln. Die zweite Entscheidung des VfGH voriges Jahr in St. Kanzian hat nur mehr zwei Volkszählungen mit fallender Tendenz herangezogen. Wenn dieses Erkenntnis eins zu eins umgesetzt wird, kommen auch noch um die 240 Ortschaften heraus. Man sieht, dass man so weit auseinander nicht mehr ist.

GRAF/KRAMER: Wie stehen Sie zu den Forderungen und Kritiken seitens der anderen Vertretungsorganisationen, sowohl auf der slowenischsprachigen wie auf der deutschsprachigen Seite?

FELDNER: Ich kann die Berechtigung der Forderung des Rates der Kärntner Slowenen von 394 zweisprachig zu beschildernden Orten keinesfalls bestätigen.

Gehen wir einmal von knapp 240 Orten aus, die nach Abzug unseres Konsensvorschlags mit 158 Ortstafeln bleiben. Diese 240 Orte werden somit zusätzlich zu unserem Konsens reklamiert. Nach genauer Überprüfung aller dieser Orte aufgrund der Volkszählungsergebnisse kommt aus verschiedensten Gründen ein Großteil dieser Orte für eine Erweiterung nicht in Betracht, weil diese die vom Verfassungsgerichtshof vorgegebenen Mindestvoraussetzungen für die Errichtung von zweisprachigen Ortsbezeichnungen – mindestens zehn Prozent slowenischer Sprachanteil in einer Ortschaft im Schnitt aus den Volkszählungen 1991 und 2001 – nicht erfüllen. Dazu kommen viele winzige Orte mit weniger als dreißig Einwohnern, für die aus Datenschutzgründen überhaupt keine Sprachenauswertung erfolgte und die zumeist nur aus zwei, drei Häusern bestehen und somit auch für die Aufstellung einer Tafel mit Ortsbezeichnung gar nicht in Betracht kommen, auch weil diese über keinen Ortschaftscharakter verfügen.

Somit bleiben meinen Recherchen zufolge von den 240 reklamierten Orten theoretisch nur etwa fünfzig Orte mit insgesamt rund 4.000 Einwohnern übrig, die bei großzügigster Auslegung für die Anwendung einer Öffnungsklausel in Betracht kämen, wobei wiederum nur ein kleiner Teil dieser Orte auch eine realistische Chance hätte, tatsächlich zweisprachige Ortstafeln zuerkannt zu bekommen. Pro Ort beträgt nämlich die Einwohnerzahl im Schnitt nur achtzig Personen. Die jeweils überaus geringe Einwohnerzahl ist ein wesentlicher Grund für eine Verringerung der Chance auf eine erfolgreiche Durchsetzung von zweisprachigen Tafeln über die Öffnungsklausel. Dazu möchte ich noch etwas näher ausführen:

Da das Petitionsrecht nur von wahlberechtigten Personen (rund 75 Prozent) in Anspruch genommen werden kann, reduziert sich der Schnitt pro in Betracht kommenden Ort auf sechzig Einwohner. Zehn Prozent hiervon wären sechs Petitionsberechtigte. Somit könnten bereits ein bis zwei Familien zweisprachige Ortstafeln beantragen. In mehr als der Hälfte der in Betracht kommenden Orte sogar weniger als sechs, allenfalls sogar nur zwei Personen.

Ich glaube somit, dass in etwa nur einem Dutzend dieser Orte realistischerweise eine Chance auf zweisprachige Ortsbezeichnungen durch das sogenannte Öffnungsrecht bestehen würde.

Daran erkennt man, wie verantwortungslos es war und ist, den ohnehin verunsicherten und skeptischen Südkärntnern vorzulügen, die Öffnungsklausel sei gleichsam eine breite Hintertür zur Errichtung eines slowenischen Territoriums. Noch verwerflicher ist, dass sich offenkundig kein Kompetenter findet, derartige Lügen anhand von Fakten zu entlarven.

Der slowenischen Seite mache ich zum Vorwurf, mit der wirklichkeitsfremden Forderung nach fast 400 Ortstafeln in dieser Frage den Bogen zu überspannen, und damit unserem Bemühen um Verständigung entgegenzuarbeiten. Das ist Wasser auf die Mühlen der durch gezielte Desinformation Verunsicherten und Zweifler: »*Seht, wie maßlos die Slowenen in ihren Forderungen sind. Mit denen kann man keinen Pakt schließen.*« Ich höre solche Aussagen immer wieder.

Mehr Augenmaß, mehr Fingerspitzengefühl und mehr Realitätssinn würde auch die Zahl der den Slowenen skeptisch bis negativ Gegenüberstehenden reduzieren. Davon bin ich überzeugt. Darüber sollte einmal bei den Slowenenverbänden ernstlich nachgedacht werden.

Ich möchte noch einige grundsätzliche Informationen dazu geben, wie wir zu unserem Kompromiss gekommen sind.

Gehen wir einmal davon aus, dass die 91 seit 1977 für zweisprachige Ortsaufschriften verordneten Orte heute weitestgehend unstrittig sind, dann geht es bei unserem 158er-Kompromiss nur um die Differenz von 67 weiteren Orten, in denen zweisprachige Ortsbezeichnungen anzubringen wären. Diese Orte haben wir nicht nach dem Zufallsprinzip ausgewählt. Die sind das Ergebnis von umfassenden Recherchen in einem sogenannten Topografieausschuss, den der damalige Bundeskanzler Wolfgang Schüssel schon einige Jahre vor unserem Konsens zur Konsensfindung eingesetzt hat. In diesem Ausschuss arbeiteten neben einem Vertreter des Bundeskanzleramtes Slowenenvertreter gemeinsam mit dem Obmann des Kärntner Abwehrkämpferbundes Fritz Schretter.

Die sind tagelang von Ortschaft zu Ortschaft gefahren, haben sich alles angeschaut, ob der Ort einen Ortskern hat, ob auch andere Kriterien zu berücksichtigen sind. Es wurde somit nicht nur der Slowenenanteil berücksichtigt. Die Mitglieder des Topografieausschusses haben sich dann auf eine Anzahl von 29 Orten, somit insgesamt 120 Orten geeinigt, die mit deutsch-slowenischen Ortsbezeichnungen ausgestattet werden sollten. Mit dieser Anzahl war auch der Obmann des Kärntner Abwehrkämpferbundes einverstanden und wir haben dann gemeinsam, Heimatdienst und Abwehrkämpferbund, in einem Grundsatzpapier, ich glaube im September 2002, unter der Bedingung der Schaffung eines Klimas des gegenseitigen Vertrauens diese zusätzlichen 29 Orte akzeptiert. Weitere 38, von der slowenischen Seite reklamierte Orte blieben strittig.

Erst bei den ab 2005 über Anregung von Bundeskanzler Schüssel, aber auch von Landeshauptmann Haider initiierten Konsensgesprächen haben wir, Sturm, Sadovnik und ich, uns darauf geeinigt, auch diese strittigen 38 überwiegend kleinen Orte in den Konsensvorschlag aufzunehmen, allerdings unter Einhaltung eines Fünf-Jahres-Zeitrahmens, des sogenannten Stufenplans, unter der Bedingung der Schaffung eines Klimas des Vertrauens und der Einleitung eines breiten Meinungsbildungsprozesses, somit erst nach Erfüllung von umfassenden Rahmenbedingungen.

Heimatdienst und Abwehrkämpferbund waren sich somit 2002 grundsätzlich darüber einig gewesen, dass eine Erweiterung der bestehenden Ortstafelregelung im moderaten Umfang von 29 Orten auf insgesamt 120 Orte erfolgen soll. Wir liegen somit bei den Ortstafeln nur mit 38 Orten auseinander, also nicht im Grundsatzbereich, sondern nur im Detailbereich. Da muss man sich schon auf den Kopf greifen, wenn nun aus Kreisen des Abwehrkämpferbundes diese Differenz zum Anlass genommen wird, uns Prinzipienlosigkeit bis hin zum Landesverrat vorzuwerfen und deshalb einseitig die Beziehungen zu uns abzubrechen. Alle unsere Versuche, vernünftig über diese Differenzen zu reden, sind bisher ergebnislos geblieben. Alle unsere Gesprächsangebote hat man einfach ignoriert. Gleichzeitig läuft die Negativ-Kampagne unvermindert weiter.

Weil wir davon überzeugt sind, dass diese Gesprächsverweigerung von der Mehrheit der Mitglieder des Abwehrkämpferbundes, die weiterhin ein gutes Einvernehmen mit dem Heimatdienst haben möchten, nicht mitgetragen wird, werden wir unbeirrt für die Gemeinsamkeit zwischen Heimatdienst und Abwehrkämpferbund eintreten, auch wenn uns das angesichts des derzeitig sturen Verhaltens der Abwehrkämpferbundspitze schwer fällt. Ich bedaure die heutige Situation zwischen unseren beiden Verbänden sehr, weil ich davon überzeugt bin, in Gesprächen die Differenzen ausräumen zu können.

GRAF/KRAMER: Aber müssen Sie nicht beide jetzt Wege suchen, möglichst alle Akteure in den Dialog um eine Lösung einzubinden, von der Ebene der politischen Parteien bis zur Gemeindeebene, eben auch Ihre Kritiker, zum Beispiel den Kärntner Abwehrkämpferbund auf der einen Seite oder den Rat der Kärntner Slowenen auf der anderen Seite?

FELDNER: Ja, die Einbindung aller Akteure in den Dialog ist ganz wichtig. Das eigentliche Problem ist für uns aber gegenwärtig nicht, den Abwehrkämpferbund ins Boot zu bringen, so wünschenswert das auch wäre. Jetzt ist es einmal vordringlich, den vernünftigen Menschen innerhalb unserer Organisation klar zu machen, dass wir nicht an einem Streit mit dem Abwehrkämpferbund interessiert sind, dass wir wieder zusammenarbeiten sollten, auch wenn einige unterschiedliche Auffassungen bestehen bleiben.

Dabei werden wir aber klar machen, dass wir uns vom Weg der Verständigung nicht abbringen lassen werden, und dass wir Pauschalschuldvorwürfe und Sippenhaftung gegenüber den Slowenisch-kärntnern ebenso wenig akzeptieren können, wie den wahnwitzigen Vergleich einiger Dutzend zusätzlicher deutsch-slowenischer Ortstafeln mit der versuchten Landnahme nach dem Ersten und auch nach dem Zweiten Weltkrieg. Damit beleidigt man die Kärntner Abwehrkämpfer, die ihr Leben für Kärnten und Österreich eingesetzt und oft auch gegeben haben.

STURM: Ich möchte gern noch etwas zur Öffnungsklausel sagen. Wir haben mit Augenmaß diskutiert. Meine Überlegung zu dieser Öffnungsklausel war die, dass wir dazu in den Dörfern einen interkulturellen Dialog über zweisprachige Ortstafeln herbeiführen sollten, bis es einen weitestgehenden Konsens darüber gibt. Dabei gehe ich davon aus, dass zweisprachige Ortstafeln keinen nationalen Besitzstand anzeigen, sondern eigentlich nur darauf hinweisen, dass es hier ein gemischtes Gebiet gibt. In diesem Sinne gehören zweisprachige Ortstafeln allen, der Minderheit wie der Mehrheit.

In der Ortschaft, aus der ich komme, gibt es vier Häuser. Drei davon sind slowenischsprachig und eines ist deutschsprachig. Der Deutschsprachige, leider lebt er jetzt nicht mehr dort, war bei der FPÖ. Einmal hat er mir gesagt, er hätte kein Problem, wenn dieser Ort, Zinsdorf, auch die slowenische Bezeichnung Svinča vas auf der Tafel tragen würde. Was ich mit diesem Beispiel zeigen will: Mir ging es bei den Verhandlungen nicht so sehr um diesen Prozentsatz von zehn Prozent, es könnten auch 15 oder 20 Prozent sein, mir ging es einfach darum eine Diskussion in den Orten zu ermöglichen, um über eine Diskussion vor Ort zu einem Miteinander zu kommen. Aufgrund der Rechtssituation (VfGH-Erkenntnisse) mussten wir diese Frage aber formalisieren. Die Öffnungsklausel stellte die berühmte Quadratur des Kreises dar.

FELDNER: So ist es.

STURM: Es ging einerseits um rechtsstaatliche Normen, vorgegeben vom Verfassungsgerichtshof, seine Entscheidungen kann man ja nicht einfach so beiseite schieben. Andererseits ging es darum, mit vertrauensbildenden Maßnahmen den Menschen die Ängste zu nehmen, zu zeigen, dass es nicht um nationale Markierung geht, sondern um Erhaltung der Vielfalt, die allen gehört. Und da haben wir beide Probleme bekommen. Bei uns hat es Leute gegeben, die sehr bestimmt die Durchsetzbarkeit der Öffnungsklausel gefordert haben, quasi als Automatismus und bei euch gab es dann die Diskussion um das berühmte Scheunentor.

Ich denke, wir haben jetzt die Aufgabe beide Positionen zu überschreiten. Es geht nicht darum, ein Scheunentor aufzumachen, es geht aber auch nicht darum, ein für alle Mal zu verhindern, dass weitere Ortstafeln kommen. Es geht um eine konsensuale Lösung, die dem Erkenntnis des VfGH Rechnung trägt und zugleich eine Verbesserung des Klimas fördert. Das ist der entscheidende Punkt. Das heißt: Öffnungsklausel nicht als Zwang, sondern als demokratisches Mittel um zukünftige Vereinbarungen erzielen zu können.

FELDNER: Richtig, genau das ist es, und deswegen meine ich auch, dass wir hier den Zeitfaktor miteinbeziehen sollten. Ganz schlecht in der heutigen Situation wäre es, eine Öffnungsklausel auf Punkt und Beistrich zu dekretieren. Dann scheitert wahrscheinlich alles.

Wir haben uns alles genau überlegt und gesagt, erst ab 2010 sollte über einige weitere zweisprachige Ortstafeln konkret gesprochen und das Procedere dafür festgelegt werden. Das heißt, wir arbeiten zuerst am Verständigungsprozess, wir versuchen, ein Klima des gegenseitigen Vertrauens zu schaffen. Erst wenn dieses Vertrauensklima geschaffen ist, können wir in Angriff nehmen, was Marjan Sturm gesagt hat. Dann wird man sich auch einige der kleinen Orte anschauen und wird dann nicht mehr auf Punkt und Beistrich achten müssen, wenn es um irgendwelche Nachbesserungen im Ortstafelbereich geht, auch wenn schon gewisse Grundvoraussetzungen gegeben sein sollten.

Dann könnte ich mir vorstellen, uns mit der Bevölkerung eines in Betracht kommenden Ortes zusammenzusetzen und zu fragen: »Was haltet ihr davon?« Wenn es massiven Widerstand gibt und dieser unter Umständen auch Teile der Slowenischsprachigen in dieser Ortschaft erfassen sollte, dann sollte man die Sache zurückstellen. Dafür müssten dann auch die Antragsteller Verständnis haben.

Da ist aber noch vieles Zukunftsmusik. Zuerst muss die bei vielen noch herrschende grundsätzliche Abneigung gegen deutsch-slowenische Bezeichnungen beseitigt werden, dieses unsinnige Markstein-denken, diese Angst, eine zweisprachig beschriftete Tafel würde das Gebiet als slowenisches Territorium abstecken, etwa so, wie früher die Goldgräber ihre Claims abgesteckt haben.

Dieses Denken ist heute in den Gemeinden, die seit dreißig Jahren deutsch-slowenische Ortstafeln haben, bei niemandem mehr vorhanden. Das gibt es nur in den neu hierfür in Betracht kommenden Gemeinden und Orten. Hier muss vor allem einmal diese heute längst nicht mehr begründete Angst genommen und auf die seit mehr als einem Vierteljahrhundert zweisprachig beschilderten Orte hingewiesen werden, die seither keineswegs slowenisiert wurden.

Auch könnte man in Gemeinden mit angenommen dreißig Ortschaften, von denen eine oder zwei eine deutsch-slowenische Ortsbezeichnung erhalten sollen, das Ganze auch als Fremdenverkehrsattraktion betrachten und die auswärtigen Besucher ausdrücklich darauf hinweisen: *»Seht, wir haben in einer unserer Ortschaften auch eine zweisprachige Ortsbezeichnung, obwohl dieser Ort nur vierzig Einwohner hat. Wir wollen damit zeigen wie gut wir uns, ob deutsch- oder slowenischsprachig, verstehen und wie sehr wir uns bemühen, auch dieses bodenständige slowenische Element sichtbar zu machen.«*

Das könnte bei den Urlaubern gut ankommen als Beweis für friedliches Miteinander, für Aufgeschlossenheit, ja Weltoffenheit. In diese Richtung sollten die Gemeindeverantwortlichen ihre Gemeindebürger informieren und zum Mitmachen auffordern.

Das wäre umso notwendiger, als dieses Denken leider noch nicht stark verankert ist. Das hat man in einer Gemeinde gesehen. Als dort vor zwei Jahren bekannt wurde, es könnte eine Ortschaft zweisprachig beschildert werden, reagierte ein Ortsbewohner spontan mit einer Plakataktion: *»In meiner Ortschaft werde ich keine slowenische Ortsbezeichnung zulassen. Hier ist kein slowenisches Gebiet«.* Da ist das neue Denken noch nicht vorhanden, die Zeit noch nicht reif. Und genau da muss der Hebel angesetzt werden. Mit gezielter Aufklärung, mit viel Geduld und Überzeugungskraft. Und deshalb sollte man von slowenischer Seite nicht den Fehler machen, auf Biegen und Brechen immer mehr zweisprachige Ortstafeln zu verlangen. Das ist kontraproduktiv, wie ich schon gesagt habe.

GRAF/KRAMER: Nun gibt es eine klare, rechtliche Lösungsperspektive auf Basis des Staatsvertrags und der Entscheidungen des VfGH und niemand in Österreich und darüber hinaus versteht, warum die Kärntner sich weigern, dies umzusetzen.

FELDNER: Zuerst möchte ich schon klarstellen, dass der Staatsvertrag aus unserer Sicht und auch nach nahezu übereinstimmender Ansicht der Politik bereits längst weitestgehend erfüllt ist. Auch in der noch ungelösten Ortstafelfrage ist nicht die diesbezügliche Grundsatzbestimmung des Staatsvertrages strittig, sondern ausschließlich die Anzahl der zweisprachig zu beschildernden Orte.

Das Problem der Umsetzung lag immer schon an der knappen, unterschiedliche Auslegungen zulassenden Formulierung des Artikels 7 des Staatsvertrages und sicher auch daran, dass es keine klaren ethnischen Abgrenzungen in Kärnten gibt. Wie ich bereits ausgeführt habe, gibt es keine Gemeinde mit nahezu ausschließlicher slowenischsprachiger Bevölkerung, sieht man von Zell ab. In solchen Gemeinden wäre die Umsetzung kein Problem. Da würde es sicher keinerlei Widerstände gegen zweisprachige Beschriftungen geben. Probleme und Widerstände gibt es nur dort, wo der Slowenenanteil gering ist und bei einer deutlichen Mehrheit der Südkärntner Gemeinden ist dieser knapp über oder überhaupt unter zehn Prozent. Da gab es seit jeher das Problem der Umsetzung. Die dortige große deutschsprachige Mehrheit will einfach nicht, dass ihre Gemeinde oder auch nur ihre Ortschaft durch zweisprachige Ortsbezeichnungen für Außenstehende als slowenischsprachig betrachtet werden könnte.

STURM: Die Gegenargumente sind aber folgende: Punkt eins: Hätte man den Staatsvertrag gleich nach der Unterzeichnung im Jahre 1955 in diesem Bereich umgesetzt, wäre es damals zu viel mehr zweisprachigen Ortstafeln gekommen. Punkt zwei: Es gibt natürlich auch andere Modelle. Schauen wir z. B. nach Istrien, dort wurde das Territorialprinzip eingeführt, in einem klar definierten Territorium ist alles zweisprachig. In Slowenien zum Beispiel, wo die italienische Minderheit relativ klein ist, ca. 2.000 Leute bei den letzten Volksumfragen, ist bei den Gemeinden, in denen die Minderheit lebt, prinzipiell alles, sogar das Strafmandat der Polizei, zweisprachig. Das wäre auch eine Möglichkeit. Aber offensichtlich ist das in Kärnten nicht machbar.

FELDNER: Das ist auch deshalb nicht machbar, weil die westlichen und nördlichen Bereiche des gemischtsprachigen Gebiets zumeist nur eine überaus spärliche slowenische Besiedlung – ein Prozent und weniger – aufweisen. Dort gäbe es nicht das geringste Verständnis für generell zweisprachige Beschriftungen.

STURM: In Istrien sind die Italiener zahlenmäßig auch eine sehr kleine Minderheit.

FELDNER: Vergleiche sind immer problematisch, weil unterschiedliche Regionen zumeist eine völlig unterschiedliche Beurteilung und unterschiedliche Modelle erfordern.

**Die Kritik an unserem Dialog**

FELDNER: Nun, obwohl das Dialogbemühen des Kärntner Heimatdienstes seit Jahrzehnten jedem aufmerksamen Leser unserer Zeitungen bekannt sein musste, haben Politik und Medien dieses glatt ignoriert. Möglicherweise hat man es als eine Art Absicherung angesehen, als rein taktisch motiviert eingestuft.

Das, was wirklich dahinter gestanden ist, und auch noch dahinter steht, nämlich, Schritte zueinander zu setzen, sich näher zu kommen, unterschiedliche Auffassungen auf demokratische Weise auszutragen, wurde entweder nicht erkannt oder einfach nicht geglaubt. Erst heute ist man allmählich bereit, mir und meinen Funktionären das ehrliche Bemühen, mit dem Kärntner Heimatdienst einen Weg der Verständigung zu gehen, abzunehmen.

Für eine endgültige Beurteilung unseres seit zwei Jahren intensiv geführten Dialoges ist die Zeit noch zu kurz. Eines kann ich aber jetzt schon sagen:

Der Großteil unserer Mitglieder und Sympathisanten begrüßt unseren Verständigungskurs. Wir haben gleichsam in einer Urabstimmung an 40.000 Adressaten unserer Zeitung »Der Kärntner«, somit auch an alle Mitglieder und Förderer unter Beischluss eines Antwortkuverts zur Stellungnahme aufgerufen. Bis Ende Juni 2007 sind rund 2.000 schriftliche Unterstützungserklärungen mit »JA zum Weg der Verständigung« eingelangt, denen stehen nur etwa 300 Austritte bzw. negative Zuschriften entgegen. Obwohl diese Aktion noch nicht abgeschlossen ist, kann man schon jetzt von einem klaren Vertrauensbeweis für unseren Weg sprechen.

Auf der anderen Seite stehen die gegen mich und meine Vorstandskollegen gerichteten Verratsvorwürfe. Hier bedarf es einer mühsamen Überzeugungsarbeit in den eigenen Reihen. Das ist nach der langen Phase einer permanenten Konfrontation besonders schwierig. Von der Konfrontation zum Konsens. Dieser Quantensprung führt in den eigenen Reihen bei den Gegnern unseres Konsenskurses rasch zum Verratsvorwurf, weil man sich einfach nicht vorstellen kann, die Interessen der eigenen Gruppe, ohne in Konfrontation zum Gegner zu gehen, ohne Kampf, durchsetzen zu können. Zugeständnisse, die im Dialog oder im Konsens erreicht werden können, sind für diese Gruppe unvorstellbar.

Ich habe das in den letzten beiden Jahren am eigenen Leib verspürt. Mir wurde von den »Hardlinern«, wenn auch zumeist aus anderen Heimatorganisationen, so ziemlich alles vorgeworfen, was es an menschlichen Schlechtigkeiten und Charakterlosigkeiten gibt: Verkauf der eigenen Grundsatzpositionen und Wechsel der Seiten aus Eigennutz, Bereicherungsabsicht bis hin zum Vorwurf der Bestechung, Gesinnungslumperei und weiß Gott noch was alles. Das Schlimme ist, dass es nicht wenige Leute gibt, die solchen zumeist anonym vorgebrachten Verleumdungen bereitwillig Glauben schenken und dass die miesen Verleumder ihre Schmutzkampagne fast ausnahmslos aus einer sicheren Anonymität heraus starten. Zum Vorwurf gemacht wird mir auch, dass ich mich mit dem »Slowenenführer« Marjan Sturm zusammensetze, dass wir sogar gemeinsam öffentlich auftreten. Auch der Kontakt zu Bernard Sadovnik, dem Obmann der »Gemeinschaft der Kärntner Slowenen und Sloweninnen«, der sich ebenso wie Sturm mit unglaublichem Engagement für die Fortsetzung des Dialogprozesses einsetzt, wird mir besonders von der derzeitigen Führungsspitze des Kärntner Abwehrkämpferbundes, die übrigens mit vielen konsensbereiten Mitgliedern nicht konform geht, zum Vorwurf gemacht.

Ich werde mit all den bösen Verratsvorwürfen und Verleumdungen fertig werden, und ich sage das alles auch nicht, um Mitleid zu erheischen. Ich sage das nur, um zu zeigen, wie schwierig es ist und noch sein wird, in einem mühsamen und zeitraubenden Aufklärungsprozess Überzeugungsarbeit zu leisten und dabei auch noch erfolgreich zu sein. Leider bekomme ich heute dafür auch von Landeshauptmann Jörg Haider keine Unterstützung. Das ist mir völlig unverständlich, weil sich Haider seit Jahren um die Verständigung sehr verdient gemacht hat, 2001 einen »Runden Tisch« mit Vertretern der Heimatverbände und der Slowenenorganisationen initiierte, ein Volksgruppenbüro im Amt der Kärntner Landesregierung geschaffen hat und auf vielfältige andere Weise die interkulturellen Gespräche förderte, gleichzeitig aber auch stets großes Verständnis für die berechtigten Anliegen der Deutschkärntner zeigte. Angesichts dessen ist es mir absolut unerklärlich, warum mir im Vorjahr Haiders Pressesprecher Stefan Petzner im Gleichklang mit den anonymen Angreifern sogar »Verrat an der Kärntner Sache« – was immer darunter zu verstehen ist – vorwerfen konnte. Absurd, dass der Heimatdienst dann auch von der Teilnahme an der offiziellen Kärntner Landesfeier zum 10. Oktober ausgeladen wurde und völlig absurd die Begründung von Haiders Pressesprecher hierfür: »*Einer, der Verrat an der Kärntner Sache begangen hat und sich dann für den 10. Oktober in die Bresche wirft, würde für Unverständnis sorgen ...*«

Unter Hinweis auf ein in der slowenischen Gemeinde Ljubno vom Heimatdienst mitveranstaltetes Treffen von Kulturvereinen aus Österreich und Slowenien betonte Haiders Pressesprecher: »*Zuerst war er in Slowenien und dann will er am 10. Oktober reden. Das verstehen viele nicht. Entweder war Feldner dreißig Jahre lang unehrlich, oder er spielt jetzt ein falsches Spiel. Einer, der sich um 180 Grad wendet, dessen Heuchelei ist nicht zu überbieten.*«

Derart verständigungsfeindliche Angriffe aus dem Umfeld eines Landeshauptmannes dürften wohl einzigartig sein und disqualifizieren sich von selbst.

Dennoch: Ich bin sicher, dass viele dieser Leute, die weiterhin für Konfrontation eintreten, recht bald erkennen werden, dass der Weg der Verständigung auch für eine Durchsetzung von Wünschen und Forderungen der Deutschkärntner Mehrheitsbevölkerung zielführender ist. Ganz unabhängig davon, dass eine friedliche Zukunft nicht mit Konfrontation, sondern nur mit Verständigung erreicht werden kann.

Noch gehen wir, die Konsensgruppe mit Stefan Karner als Mediator, mit Marjan Sturm, Bernard Sadovnik, Heinz Stritzl von der Plattform Kärnten und mir weitestgehend allein unseren Weg. Die Unterstützung von den Parteien ist bisher ausgeblieben. Auch das wird sich ändern. Davon bin ich überzeugt, wenn die jetzt noch überall vorhandenen parteipolitischen Rücksichten und Ängstlichkeiten in den Hintergrund treten.

GRAF/KRAMER: Herr Sturm, welche Kritiken gibt es von der slowenischsprachigen Seite an dem Dialog?

STURM: Natürlich hat das Irritationen ausgelöst, auf allen Seiten und auch innerhalb der slowenischen Volksgruppe. Es hat zu wildesten Spekulationen geführt, eine bestand z. B. darin, dass man mich gefragt hat, ob meine Tochter wirklich mit Josef Feldners Sohn liiert sei.

FELDNER: Dabei habe ich gar keinen Sohn.

STURM: Die Einen warnten mich, Feldner und Haider spielten mit geteilten Rollen und eigentlich würden sie voll kooperieren. Die Anderen sind diejenigen, die noch aus der Vergangenheit zutiefst verletzt sind und an den Dialogprozess einfach nicht glauben können. Es gibt aber einen Lernprozess. Bei meiner Tochter habe ich erlebt, wie sie im Vergleich zu mir ganz anders mit Diskriminierung umgeht. Ich kann mich erinnern, dass wir als Schüler des slowenischen Gymnasiums oft am Nachhauseweg am Abend – wir hatten Nachmittagsunterricht – als »Tschuschn« oder »Jugo« etc. beschimpft worden sind, was mich immer zutiefst getroffen und beleidigt hat. Meine Tochter, geboren 1981, hatte einmal ein ähnliches Erlebnis im Bus, hat aber völlig anders reagiert. Sie hat die Person, die sie anherrschte »Red Deutsch!« völlig ignoriert. Zu Hause hat sie mir völlig unbetroffen erzählt, dass es offensichtlich auch noch solche »Deppen« gibt. Kein Beleidigtsein, keine innere Betroffenheit, sondern lediglich Erstaunen über so primitive Einstellungen.

Das Problem, das ich da im Hintergrund sehe ist, was Professor Larcher als die zwei entgegengesetzten Mentalitäten bezeichnet hat: Demnach entwickelt die Mehrheit ein legitimistisches Geschichtsverständnis, das da lautet, wir haben im Verhältnis zur Minderheit alles richtig gemacht, und die Minderheit entwickelt ein heroisches Geschichtsverständnis, das da lautet, wir wurden immer diskriminiert und geschlagen. Diese Mentalitäten sind sehr verfestigt, obzwar sie sich offensichtlich von Generation zu Generation auf beiden Seiten verändern. Daher ist der Dialog wichtig, weil man nur durch den Dialog diese verfestigten Formen ins Wanken bringen kann. Man wird dadurch angeregt, die eigene Position zu hinterfragen: Haben wir im Verhältnis zur Mehrheit – und umgekehrt – alles richtig gemacht? Hätte die Geschichte vielleicht auch einen anderen Verlauf nehmen können?

Natürlich gibt es in unseren Reihen noch sehr große Skepsis gegenüber diesem Dialog. Ich glaube aber, dass er letztendlich mehrheitsfähig ist, weil die Menschen diese alten Konfrontationen nicht mehr wollen. Sie wünschen sich eine offenere Entwicklung des Landes ohne Stigmatisierung der slowenischen Sprache. Das gibt mir den Optimismus, dass sich das, was wir begonnen haben, auch auszahlt. Umso mehr, als es heute im Rahmen der europäischen Integration ja nicht mehr darum gehen kann, Grenzen zu verändern oder in nationalem Besitzstandsdenken zu verharren. Dies wird noch klarer, wenn wir uns mit den Herausforderungen der Globalisierung auseinandersetzen, dann sind ganz andere Probleme zu lösen, als einen leidenschaftlichen Kampf um 158, 173 oder 200 Ortstafeln zu führen.

**Wie es zu unserem Dialog kam**

GRAF/KRAMER: Wie ist es eigentlich zu diesem Dialog zwischen Ihnen gekommen? Welche Erfahrungen haben Sie bisher damit gemacht?

STURM: Für mich waren zwei Ereignisse oder Erlebnisse ziemlich wichtig. Das eine, wie schon erwähnt, war der Jugoslawienkrieg, vor allem die Brutalität des Nationalitätenkonflikts. Und das andere war meine Erfahrung in Nordirland. Ich war in Belfast und habe dort die Zäune durch die Stadt und die vergitterten Fenster der Häuser gesehen. Die Spannungen in dieser Stadt waren fast körperlich spürbar. Ich habe die Protagonisten der beiden Seiten gehört, mit welcher absoluten Entschlossenheit sie ihre Sache vertreten haben. Da habe ich gedacht, in so einer Stadt möchte ich nicht leben. Es gibt in Kärnten sicher sehr viele Probleme und Konflikte im Zusammenleben zwischen Minderheit und Mehrheit, aber soweit ist es bei uns Gott sei Dank noch nicht gekommen. Klagenfurt ist nicht in Sektoren aufgeteilt, die Fenster muss man nicht vergittern und man kann angstfrei auf den Straßen spazieren.

Dann habe ich die Leute von der Belfaster Universität nach Kärnten eingeladen. Ich startete den ersten Versuch, Josef Feldner zu einem Gespräch einzuladen, um zu dokumentieren, dass wir in Kärnten zumindest miteinander reden. In der Reflexion über meine Erfahrungen in Belfast habe ich mir die Frage gestellt: Wie oft waren wir in Kärnten sehr nah an einer Eskalation, die einen viel gewalttätigeren Verlauf des Zusammenlebens hätte nehmen können? Ich habe zum Beispiel an den berühmt-berüchtigten Ortstafelsturm der Siebzigerjahre gedacht, als aufgebrachte und aufgehetzte Menschen, staatlich verordnete Tafeln rechtswidrig weggerissen haben. Als Studenten haben wir damals diskutiert, ob wir nicht ein Gesetz, das rechtmäßig vom Parlament beschlossen wurde, das Ortstafelgesetz, so verteidigen, dass wir uns schützend vor die zweisprachigen Ortstafeln stellen. Wir haben uns dann dagegen entschieden. Was hätte passieren können? Wir waren im Glauben, das Recht und die Verfassung zu verteidigen und die andere Seite war im Glauben, dass die zweisprachigen Ortstafeln als Symbole der »Slowenisierung« und des »Titoismus« weggehören. Wir wären formal sicherlich im Recht gewesen, zumal die Staatsgewalt dem Treiben der Ortstafelstürmer nicht entgegengetreten ist. Die Ortstafelstürmer waren formal im Unrecht, haben aber subjektiv dies nicht als Unrecht empfunden. Retrospektiv habe ich mir dann gedacht, wie schnell es möglich ist, dass in ethnischen Konflikten zwei unterschiedliche Haltungen entstehen, die unversöhnlich sind, und die subjektiv jeweils als authentisch angesehen werden, obwohl sie objektiv nicht authentisch sind. Man kann natürlich nicht Ortstafeln, die gesetzlich verordnet worden sind, einfach ausreißen. Durch diese Fragestellungen habe ich über die Kärntner Geschichte und die Entwicklung Kärntens im Zwanzigsten Jahrhundert zu reflektieren begonnen. Ich will die Monarchie hier auslassen, weil das zu weit führen würde. Ich bin dann immer wieder zu dem Punkt gekommen, dass es eine Verantwortung von politischen Eliten gibt, wohin die Entwicklung eines Konfliktes geht. Diese Verantwortung ist mir in den Neunzigerjahren anhand von Jugoslawien und anhand von Belfast sehr bewusst geworden. Daraus ist die intuitive Überzeugung gewachsen, dass man ein Gespräch, einen Dialog auch dann führen muss, wenn er vielleicht sehr schwierig ist, wenn er vielleicht von den eigenen Leuten gar nicht verstanden wird. Man hat – und das ist mein emanzipatorischer Anspruch – die Aufgabe hier weiter über den Tellerrand zu blicken als nur den Status quo zu verteidigen.

FELDNER: Der Dialog ist nicht von heute auf morgen entstanden, das war ein langsamer Prozess. Aber das Dialogbedürfnis war bei mir schon von Anfang an gegeben. Ich blicke zurück, in das Jahr 1972. Damals wurde ich als 33-jähriger zum Obmann des Kärntner Heimatdienstes gewählt. Bereits eine Woche nach meiner Wahl zum Obmann habe ich den Ortstafelsturm erlebt. Das war eine Erfahrung, die mich als noch jungen Menschen sehr geprägt hat. Eine Erfahrung, wo ich sofort erkannte, dass ich mit dieser neuen Situation verantwortungsbewusst umgehen muss. Das bedeutet für mich, wie Marjan Sturm sagt, die Verantwortung von politischen Eliten. Ich habe nicht diesen Eliten angehört, aber ich habe aus der Situation heraus plötzlich eine Verantwortung übertragen bekommen, die ungemein groß war.

Dabei war ich von Anfang an bemüht, nicht gegen die slowenische Volksgruppe an sich aufzutreten, sondern Kritik an Aussagen einzelner Exponenten dieser slowenischen Volksgruppe zu üben, Kritik zu üben am kommunistischen Jugoslawien, das sich immer wieder in unsere Probleme eingemischt hat. Diese Einstellung war in dieser angespannten Situation enorm wichtig.

Hätte ich in den Oktobertagen des Jahres 1972 eine slowenenfeindliche Grundposition gehabt, dann wäre es mit Sicherheit, das klingt jetzt vielleicht überzeichnet, zu Ausschreitungen gekommen. Es wäre zum Zusammenstoß gekommen. Ich habe damals, als ich von den Ortstafeldemontagen erfahren habe, Wert darauf gelegt klarzustellen, dass nicht der Heimatdienst zu derartigen Demontagen aufgerufen hat, sondern dass es sich um Spontanaktionen aus der Bevölkerung heraus handelte. Das wurde in den Folgejahren vor Gericht im Rahmen stets von uns angestrengten Ehrenbeleidigungsprozessen wegen böswilliger Unterstellungen anerkannt.

Im Gegenteil, ich war damals bemüht zu deeskalieren. Als ich gerüchteweise davon Kenntnis erlangte, dass etwa 1.000 Leute aus Südkärnten beabsichtigen, vor der Landesregierung in Klagenfurt unangemeldet gegen die Ortstafelregelung zu demonstrieren, habe ich sofort die Gefahr erkannt und mich – ohne meine Verbandsleitung zu kontaktieren – zum Gegensteuern entschlossen. Ich habe aus Eigenem zu einer Großkundgebung in Klagenfurt aufgerufen, um diese Emotionen zu kanalisieren. Ich wollte damit den Menschen die Möglichkeit geben, im Rahmen einer friedlichen Demonstration, ihre Emotionen, ihren Ärger, ihren Zorn, abzubauen. Mit großem Risiko für mich. Ich erinnere mich noch an eine Aussage des damaligen Landeshauptmannes Hans Sima, der nach Bekanntwerden der geplanten Großkundgebung im Radio erklärte, ich müsste die Verantwortung für alles, was in diesem Zusammenhang passierte, übernehmen. Sima war wie viele andere der Meinung, diese Großkundgebung würde zu noch größeren Emotionen und nicht zu deren Abbau führen.

Den Gegenbeweis konnte ich natürlich erst mit der Veranstaltung selbst erbringen. Das ist dann auch gelungen. Obwohl uns nur 48 Stunden Vorbereitungszeit zur Verfügung standen, ist es uns gelungen, fast 20.000 Leute nach Klagenfurt zu bringen. Das war damit die wohl größte jemals in Klagenfurt stattgefundene Kundgebung.

Das Erfreulichste daran war, dass friedlich demonstriert wurde. Es hat keinerlei Übergriffe gegeben, keine Ausschreitungen. Mein Stellvertreter Valentin Einspieler und ich hatten zum friedlichen Protest aufgerufen. Wir haben uns nicht gegen zweisprachige Ortstafeln an sich ausgesprochen, sondern nur gegen ein unserer Meinung nach undemokratisch zustande gekommenes Gesetz. Die Kernaussage meiner damaligen Ausführungen lautete: »*Niemand in Kärnten will die der slowenischen Minderheit verfassungsmäßig zustehenden Rechte schmälern. Es sei hier mit aller Eindringlichkeit gesagt: Es geht uns Kärntnern nicht um das dass, sondern ausschließlich um das wie!*«

Versöhnlich war auch die von Rechtsanwalt Karl-Theodor Mayer verlesene Entschließung: »*Der Protest richtet sich nicht gegen die Minderheit. Wir wollen Ruhe, Frieden und Eintracht in Kärnten haben! Daher fordern wir, dass das Kärntner Ortstafelgesetz auf der Basis des Bekenntnisprinzips novelliert und bis dahin die Aufstellung der zweisprachigen Ortstafeln ausgesetzt wird.*« Demnach waren die Berichte in den Zeitungen am nächsten Tag durchwegs positiv. Übereinstimmend war von einem friedlichen Massenprotest die Rede. Die Klagenfurter »Volkszeitung« titelte damals: »*Ein Bekenntnis zu Kärnten und zur Demokratie*«. Niemand konnte mehr von einer »kleinen Gruppe Irregeleiteter« sprechen, die hinter der Protestbewegung stehe.

Wien reagierte sofort. Schon wenige Wochen danach wurde eine »Ortstafelkommission« beschlossen, die sich bis zum Sommer 1975 neben der Ortstafelfrage auch mit anderen Problemen im Zusammenhang mit dem Artikel 7 des Staatsvertrages 1955, der völkerrechtlichen Minderheitenschutzbestimmung, beschäftigte. In der Folge ist es mit der Verordnung 1977 zu einer Neuregelung der Ortstafelfrage gekommen. Den Anstoß dazu haben nicht die Ortstafeldemontagen, sondern der friedliche Massenprotest des Kärntner Heimatdienstes gegeben.

Zum damaligen Ortstafelkonflikt möchte ich abschließend schon einmal feststellen, dass es trotz zum Teil massiver gegenseitiger Verbalangriffe nie zu Ausschreitungen gekommen ist. Es hat keine tätlichen Übergriffe gegeben und damit Gott sei Dank keinen Verletzten oder gar Toten.

STURM: Über den Ortstafelsturm ist schon viel publiziert worden. Dabei von »Spontanaktionen« zu sprechen, erscheint mir im Lichte der wissenschaftlichen Literatur nicht den Tatsachen zu entsprechen.

FELDNER: Mit dem Begriff »Spontanaktionen« will ich klarstellen, dass die Ortstafeldemontagen nicht organisiert waren. Diesbezüglich konnte nichts nachgewiesen werden. Der Kärntner Heimatdienst hat stets erfolgreich – auch vor Gericht – noch Jahre später erhobene Vorwürfe, den Ortstafelsturm organisiert zu haben, zurückgewiesen. Die Aktionen dürften somit in den Dörfern lokal abgesprochen worden sein.

GRAF/KRAMER: Bevor wir mit der Ortstafeldebatte weitermachen. Herr Feldner, wie ist es dazu gekommen, dass Sie dann viel später, im Jahr 1992, die Einladung von Marjan Sturm angenommen haben?

FELDNER: Ich habe schon vorhin gesagt, die Dialogbereitschaft war von meiner Seite immer gegeben und wurde in unseren Publikationen immer wieder zum Ausdruck gebracht. Leider wurden unsere Dialogangebote von den Exponenten der slowenischen Organisationen stets zurückgewiesen. *»Wir setzen uns mit einem Feldner, wir setzten uns mit Leuten vom Kärntner Heimatdienst nicht zusammen«,* lautete der Tenor. Dabei berief man sich auf die angeblich scharfe Schreibweise in unserem Blatt, damals »Ruf der Heimat«. Zugegeben: Wir haben unser Hauptgewicht auf Kritik an Aussagen der Slowenenorganisationen und des damaligen kommunistischen Jugoslawien gelegt. Dabei haben wir diese Kritik zweifellos sehr plakativ formuliert, weil jede unserer Ausgaben in einer Massenauflage von 200.000 Stück an alle Kärntner Haushalte gegangen ist. Wir wollten, dass auch der einfachste Mensch unsere kritischen Aussagen versteht.

Dennoch: Es hatte schon vor 1992 Gespräche mit der slowenischen Seite gegeben. Aber immer nur, wenn die Initiative hierfür von der Politik ausgegangen ist. Ich denke hier an einige wenige Gespräche am »Runden Tisch«. Es war somit nicht das allererste Gespräch, aber es war sicher das bedeutendste. Diese Einladung von Marjan Sturm nach Ludmannsdorf, das damals schon zweisprachige Ortstafeln hatte, war ein Meilenstein aus meiner Sicht.

Ich hatte erstmals die Möglichkeit, einerseits vor Besuchern unseres Landes, im konkreten Fall Nordiren, andererseits aber auch vor Kärntner Slowenen, die Position des Kärntner Heimatdienstes darzustellen. Nach meinen Ausführungen ist Bürgermeisterin Stefanie Quantschnig spontan auf mich zugekommen und hat gesagt, wenn sich das Zusammenleben so gestalten könnte, dann wäre das ein Riesenschritt und eine Hoffnung für die Zukunft.

Meine Überlegungen an diesem Abend waren: Wir wollen dem Ausland und der österreichischen Öffentlichkeit zeigen, dass wir Kärntner verschiedener Zunge in der Lage sind, unsere Konflikte auf friedliche Weise auszutragen. Dabei haben wir uns nicht der Illusion hingegeben, wir würden nun plötzlich alle unsere unterschiedlichen Auffassungen auf diese Weise bereinigen können.

Darum ist es gar nicht gegangen. Es ist uns vorerst nur darum gegangen, zu zeigen, dass wir keine mit Nordirland nur annähernd vergleichbare Konfliktsituation haben, das ist uns sicher gelungen. Marjan Sturm hat mir später erzählt, dass die Nordiren von dieser Aussprache beeindruckt waren.

### Der Ortstafelsturm 1972: Vorgeschichte und Folgen

GRAF/KRAMER: Herr Sturm, Josef Feldner hat seine Erfahrung und Wahrnehmung des Ortstafelsturms als Motiv für den Dialog angeführt. Wie haben Sie den Ortstafelsturm erlebt? Wie ist er von slowenischer Seite wahrgenommen worden?

STURM: Ich möchte mit einem persönlichen Beispiel illustrieren, wie wir als Kärntner Slowenen den Ortstafelsturm erlebt haben. Ich war damals in Wien und bin in der Nacht einmal von meiner Mutter angerufen worden, die völlig verzweifelt war und mich weinend gebeten hat, ja nicht zurück nach Kärnten zu kommen. Der Hintergrund war, dass um Mitternacht eine Kolonne von Autos zu meinem Elternhaus gekommen ist und die Autos im Hof laut hupend im Kreise gefahren sind. Das waren offensichtlich Leute, die bei diesem Ortstafelsturm beteiligt waren und möglicherweise aus dieser Gegend stammten. Sie hat das als totale Bedrohung empfunden und war völlig verängstigt. Man muss wissen, dass meine Familie als kärntnerslowenische Familie 1942 vertrieben worden ist. Sie hat sich von der Vertreibung nie erholt. Als ich mich als Jugendlicher zu politisieren begann, hat sie mich immer gewarnt: »*Mach das bitte nicht, mach das bitte nicht, du wirst sehen, du wirst nur draufzahlen*«. Und sie hat diese Wagenkolonne, die da bei uns im Hof im Kreis gefahren ist und gehupt hat, als eine Demonstration gegen mich interpretiert. Denn ich habe Anfang der Siebzigerjahre als Jugendlicher – neben anderen – Ortstafeln mit der zweisprachigen Bezeichnung »beschmiert«, oder wie wir gesagt haben »vervollständigt«, um darauf aufmerksam zu machen, dass der Artikel 7 des Staatsvertrages noch nicht erfüllt war. Damit wollte ich illustrieren, dass es eine völlig unterschiedliche Wahrnehmung der Situation gegeben hat. Ich denke, dass die Kärntner Slowenen diese Demonstrationen als eine Bedrohung gesehen und empfunden haben. Es gibt darüber zahlreiche wissenschaftliche Abhandlungen, die man lesen und sich so ein Bild davon machen kann.

Wenn Josef Feldner jetzt sagt, 20.000 Menschen haben gegen ein undemokratisch zustande gekommenes Gesetz demonstriert, dann muss ich dies schon in Frage stellen, denn das Gesetz war eine demokratisch zustande gekommene Entscheidung des österreichischen Parlamentes. Es war eine demokratische Entscheidung, und ich meine, dass man dies nicht als »undemokratisch zustande gekommenes Gesetz« bezeichnen darf. Ich möchte auch noch darauf hinweisen, dass es damals eine sehr aufgeheizte minderheitenfeindliche Stimmung gegeben hat. So eine Stimmung entsteht aber nicht von heute auf morgen, diese hat eine Geschichte und eine Entwicklung. Da gibt es zum Beispiel aus den Siebzigerjahren einen Ausspruch in der Zeitung des Kärntner Heimatdienstes: Sinngemäß hieß es da, dass der Abwehrkampf so lange fortgeführt werden müsste, bis es ein Volk nicht mehr gibt. Das ist damals von der slowenischen Minderheit als massive Drohung aufgefasst worden. Deswegen glaube ich, dass man diesen Ortstafelsturm nicht isoliert von einer gewissen Kontinuität der öffentlichen Meinung sehen darf. Als Beispiel seien die Abschaffung des zweisprachigen Schulwesens im Jahre 1958 und die damit einhergehende Propaganda erwähnt. Es hat hier in diesem Land eine antislowenische Stimmung gegeben, die slowenische Volksgruppe oder Minderheit wurde immer als eine Bedrohung angesehen und man hat versucht, die slowenische Sprache abzuwerten. Es gab keinen ernsthaften Versuch ein offensives und konstruktives Konzept des Zusammenlebens zu entwickeln. Wir waren im 20. Jahrhundert in der klassischen nationalen Polarisierung mit allen Konsequenzen, die diese mit sich gebracht hat. Für mich war dieser Ortstafelsturm, und ich glaube in ganz Österreich ist das so aufgefasst worden, ein massiver Rechtsbruch, bei dem Teile des Staatsapparates mitgewirkt oder zumindest zugesehen haben. Subjektiv haben die Angehörigen der slowenischen Volksgruppe die Situation damals als große Bedrohung empfunden.

Es gibt ja viele Beispiele dafür, dass es dann in den Gasthäusern in den Dörfern auf dem Land zu massiven Raufereien gekommen ist, die natürlich ethnonational motiviert waren. So einfach war das nicht und ich glaube, dass wir uns mit dem Thema ernsthaft beschäftigen sollten.

FELDNER: Ich habe dem doch einiges entgegen zu setzen. Ich erinnere mich an die sogenannte Beschriftungsaktion in Hermagor 1970. Ich war noch nicht Obmann, habe das Geschehen aber sehr aufmerksam beobachtet. Was als Provokation empfunden wurde, war vor allem der Umstand, dass das nahezu rein deutschsprachige Hermagor für diese Schmieraktion – wie wir gesagt haben – ausgesucht worden war und nicht etwa die gemischtsprachigen Orte Globasnitz oder Ludmannsdorf, wo es damals ebenfalls noch keine zweisprachigen Ortstafeln gab. Es hat sicher böses Blut erzeugt, dass man von slowenischer Seite damit zum Ausdruck bringen wollte, dass das slowenische Territorium auch die außerhalb des gemischtsprachigen Gebiets gelegene Bezirksstadt Hermagor mit weniger als einem Prozent Slowenenanteil umfasst.

Das war die eine Sache. Die andere Sache: Ich kann durchaus verstehen, dass sich in den Tagen des Ortstafelsturms nicht wenige Slowenen durch die Massendemonstration bedroht gefühlt haben. Dieses Gefühl der Bedrohung konnte aber nur im Vorfeld der Demonstration bestanden haben, als über Nacht auf in ganz Kärnten angebrachten Plakaten zum Protest aufgerufen wurde. Der ruhige Verlauf der Kundgebung jedoch und die Berichterstattung am nächsten Tag in der Tagespresse musste diesen Menschen doch das Gefühl der Bedrohung genommen haben. Hätte man damals vorurteilsfrei analysiert, dann hätte man auch auf slowenischer Seite verstehen müssen, dass da das Gegenteil dessen passiert ist, was ursprünglich befürchtet worden war. Die von Marjan Sturm im Zusammenhang mit den Ortstafeldemontagen erwähnten tätlichen Auseinandersetzungen waren zumeist nur Wirtshausraufereien, oft nur Stänkereien, die es vor allem im ländlichen Bereich überall gegeben hat und auch immer noch gibt. Dabei ist es zu keinen ernstlichen Auseinandersetzungen gekommen. Es ist diesbezüglich auch nichts überliefert. Von Verletzten oder gar Schwerverletzten ist im Zusammenhang mit dem Sprachenkonflikt nichts bekannt geworden. Das festzustellen ist schon wesentlich.

Wenn gesagt wurde, dieses Bedrohungsszenario sei auch aufgrund von Zitaten aus der Presse des Kärntner Heimatdienstes entstanden und wenn uns in diesem Zusammenhang immer wieder unterstellt wurde, wir hätten gesagt, die Geschichte ziehe unter zwei Völkern erst dann den Schlussstrich, wenn eines von diesen Völkern nicht mehr besteht, dann wollte man uns damit unterstellen, wir würden gleichsam das Verschwinden der slowenischen Volksgruppe herbeisehnen. Das stimmt nicht! Ich werde später noch einmal darauf zurückkommen.

Die antislowenische Stimmung, die Marjan Sturm erwähnt, ist sicher auch heute noch existent. Jedoch nur in ganz kleinen Teilen der Bevölkerung, wie auch umgekehrt bei einem kleinen Kreis von radikalen Slowenen gegenüber Deutschkärntnern. Es wird unsere Aufgabe im Kärntner Heimatdienst sein, gegen diese Stimmung aufzutreten. Das sage ich sozusagen als Vorgriff auf unsere künftige Verständigungsarbeit in Kärnten.

Viel zu dieser Stimmung in den Siebzigerjahren hat die weit verbreitete Meinung beigetragen, von slowenischer Seite werde andauernd provoziert. Die Schmieraktion in Hermagor war nur ein Beispiel dafür. Weit mehr Negativstimmung erzeugten überhöhte, oft als unverschämt gesehene slowenische Forderungen. Dass eine kleine Volksgruppe immer mehr fordert, als worauf sie Anspruch hätte, wurde in der Bevölkerung nicht anerkannt.

Wenn derartige oft auch nur als solche empfundene Provokationen bei den Deutschkärntnern Aversionen gegen die Slowenen erzeugten, so sind sich im Grunde genommen Slowenen und Deutschkärntner auch in der heißen Zeit der Ortstafeldemontagen nicht feindlich begegnet. Die wenigen Feindseligkeiten gingen immer nur von Einzelnen aus, nie von der Masse. Das liegt auch daran, dass die Slowenen in Kärnten fast nirgends geschlossen siedeln, sondern gleichsam Tür an Tür mit den Deutschkärntnern in den Dörfern Südkärntens leben.

Dieses Tür-an-Tür-Wohnen sollte heute und in Zukunft zum friedlichen Miteinander genutzt werden. Man sollte danach trachten, die Türen noch mehr zu öffnen als bisher. Das heißt, man sollte sich noch öfter begegnen, sich miteinander auseinandersetzen, die kleinräumigen örtlichen Probleme besprechen und Unannehmlichkeiten auszuräumen versuchen.

Das Nebeneinander war bisher stärker als das Miteinander. Wir sollten vom Nebeneinander zum Miteinander gelangen. Das ist ein allmählicher Prozess, der weder dekretiert werden kann, noch kann dies von heute auf morgen geschehen.

GRAF/KRAMER: Was war die Kritik des Heimatdienstes am Ortstafelgesetz 1972?

FELDNER: Wir haben vor allem das Zustandekommen des Ortstafelgesetzes 1972 kritisiert. Wir haben die nicht nachvollziehbare Grundlage des Gesetzes kritisiert, wir haben kritisiert, dass man keine transparenten Zahlen hinsichtlich des Stärkeverhältnisses Slowenen – Deutschkärntner veröffentlicht hat. Wir haben kritisiert, dass man die Bevölkerung nicht rechtzeitig informierte über die Absichten, die damit verbunden waren, wir haben kritisiert, dass es nicht zu einem Meinungsbildungsprozess gekommen ist, und wir haben auch sehr aufmerksam verfolgt, dass die Abstimmung im Parlament ein hauchdünnes Ergebnis zugunsten dieses Gesetzes erbracht hat. Allein die damals mit absoluter Mehrheit regierende SPÖ stimmte mit einer Mehrheit von nur 3 Stimmen für das Gesetz, ÖVP und FPÖ stimmten geschlossen dagegen.

Dennoch forderten wir damals nicht eine ersatzlose Beseitigung des Gesetzes, sondern eine Neuregelung. Es ging uns – wie schon gesagt – nicht um das dass, sondern um das wie.

GRAF/KRAMER: Also aus Ihrer Sicht war dieses Gesetz zwar demokratisch im Sinne von österreichischer Mehrheitsdemokratie, aber nicht ausreichend im Sinne einer partizipatorischen Demokratie, und ging dadurch zulasten der Kärntner Mehrheitsbevölkerung?

FELDNER: Um nicht missverstanden zu werden: Unsere Kritik richtete sich nicht gegen das Abstimmungsergebnis im Parlament. Das haben wir selbstverständlich akzeptiert, sondern gegen die untaugliche Basis, die der Ortstafelregelung 1972 zugrunde gelegt worden war.

Wichtig ist heute aber nur: Was haben wir alle aus den bösen Erfahrungen des Ortstafelsturms 1972 gelernt? Ich glaube vieles. So basiert etwa unser Konsensprozess, den wir jetzt im Vorfeld der Politik zur Lösung der Ortstafelfrage führen, weitestgehend auf den Erfahrungen aus dem Jahr 1972. Wo man gesagt hat, nein so nicht, die Menschen sollten die Möglichkeit haben, sich langfristig darauf vorzubereiten und sich zu artikulieren.

Aus der Erfahrung von 1972 heraus ist auch unser nunmehriges gemeinsames Auftreten in den einzelnen Orten zu verstehen. Gemeinsam wollen wir den Menschen Ängste nehmen und Vorurteile beseitigen. Bei der Deutschkärntner Seite ebenso, wie bei der slowenischen Seite.

Dass noch 1972 Ängste auf Deutschkärntner Seite berechtigt waren, bekannte mir gegenüber vor einigen Monaten eine sehr bekannte Persönlichkeit aus Slowenien. Zu meiner nicht geringen Überraschung erzählte er mir, hätte man ihm Ende der Sechziger-, Anfang der Siebzigerjahre ein Gewehr in die Hand gedrückt und gesagt, es ginge morgen früh darum, die unterdrückten Brüder in Kärnten zu befreien, er hätte das nicht als Jux aufgefasst, sondern als durchaus ernste Angelegenheit. Und er wäre auch sofort bereit gewesen, bei einer solchen Aktion mitzumachen. Mein hochrangiger Gesprächspartner aus Slowenien betonte jedoch, dass derartige Ängste heute völlig absurd seien.

Meine Schlussfolgerung daraus: Heute dürfen und können wir nicht mehr so denken, weil es keinerlei Begründung mehr für ein solches Denken gibt. Eine von unserem EU-Nachbarn Slowenien ausgehende Bedrohung ist absolut auszuschließen.

STURM: Ich möchte gern schildern, was mich bewogen hat, in Hermagor die slowenische Bezeichnung Šmohor dazu zu schreiben.

Dies ist ein äußerst differenzierter Prozess und die Grundlage ist die Tatsache, dass der Staatsvertrag von 1955, im Artikel 7 Absatz 3 vorsieht, dass in Verwaltungs- und Gerichtsbezirken mit slowenischer und gemischter Bevölkerung zweisprachige Ortsbezeichnungen anzubringen sind. Das ist bis 1970 nie umgesetzt worden. Und ich gehöre ja einer Generation an, die mit den Ausläufern der 68er Bewegung in Kontakt gekommen ist. Unsere Rebellion war eine Rebellion gegen das Katholisch-Verkorkste in unseren Familien und gegen die Politik unserer Organisationen. Wir waren der Überzeugung, dass man viel konsequenter für die Minderheitenrechte kämpfen müsste, als dies die Vertretungsorganisationen taten. Der Protest sollte sichtbar gemacht werden. Dass ich in Hermagor eingeteilt war, das war reiner Zufall, weil ja gleichzeitig auch in vielen anderen Orten Südkärntens die Ortstafeln mit der slowenischen Bezeichnung ergänzt worden sind.

Aber damals gingen wir in unserer studentischen Philosophie davon aus, dass der Artikel 7 von Gerichts- und Verwaltungsbezirken sprach. Hermagor war Zentrum eines Gerichtsbezirks und daher war Hermagor dabei, nicht weil wir Hermagor als slowenisch angesehen hätten. Aber für mich ist eigentlich Folgendes interessant: Das alles war von einer antiautoritären Studentenbewegung geplant, die in dieser Kärntner Situation mit den Ortstafelbeschriftungen eine spezifische Ausdrucksform gefunden hat. Die Grundlage hierfür war die Tatsache, dass der Artikel 7 von 1955 noch nicht umgesetzt worden ist.

Von der anderen Seite wurden diese Aktionen der studentischen Bewegung als Bestätigung der Ängste und Vorurteile aufgefasst, nämlich in dem Sinne, dass die slowenisch-nationale Bewegung mit dem titokommunistischen Jugoslawien im Hintergrund, irgendwelche ernsthaften territorialen Ambitionen verfolgen würde. Das spielte für uns Jugendliche aber damals überhaupt keine Rolle. Das Zweite, was wir nicht verstanden haben war, dass, wenn der Heimatdienst oder sonst wer von den Provokationen und den maßlosen Forderungen und so weiter gesprochen hat, mit keinem Wort auf die relativ klaren rechtlichen Grundlagen eingegangen wurde. Z. B. Verwaltungs- und Gerichtsbezirk. Es ist dann immer wieder die Forderung gekommen, dass es zuerst eine Minderheitenfeststellung geben muss und sich die Menschen deklarieren sollten. Wir haben das damals immer abgelehnt – und ich lehne es auch heute noch ab –, weil wir der Meinung waren, dass so etwas in einem aufgeheizten Klima nicht möglich ist, und weil, das ist ja das Interessante an diesem Absatz 3, dieser Absatz 3 des Artikels 7 Ortstafeln nicht an ein spezifisches Volksgruppenrecht bindet. Im ersten und zweiten Absatz des Artikels 7 sind Individualrechte festgeschrieben. Der dritte Absatz spricht aber dann nur mehr von Gebieten mit slowenischer und gemischter Bevölkerung, in denen topografische Aufschriften zweisprachig sein sollten. Der Verfassungsgerichtshof hat später einmal richtig darauf hingewiesen, dass zweisprachige Aufschriften eigentlich nur Anzeichen dafür sind, dass es hier ein gemischtes Gebiet gibt.

Ich möchte das jetzt ein bisschen hinterfragen. Offensichtlich war es so, dass die Mehrheitsbevölkerung oder Teile der Mehrheitsbevölkerung oder sagen wir, der Kärntner Heimatdienst, in der slowenischen Volksgruppe eine Bedrohung gesehen haben. Und jetzt sollten wir darüber diskutieren, ob das eine realistische Bedrohung war. Ich für meine Person kann sagen, dass unsere antiautoritäre Studentenbewegung mit dem Nationalismus im klassischen Sinn des Wortes nie etwas am Hut gehabt hat. Wir haben nie daran gedacht, dass da irgendwelche Grenzen geändert werden sollten. Wir haben immer die Absicht gehabt, hier in diesem Land zu leben. Ich bin ja auch in Klagenfurt zur Welt gekommen. Wir wollten aber auch, dass diese slowenische Sprache und die slowenische Volksgruppe gleichberechtigt sein sollten und nicht mehr diskriminiert werden. Wir wollten hier leben, ohne das Gefühl, das man verspürte, man sei nicht willkommen und diese Sprache sei nicht viel wert. Diese Stimmung hat es massiv gegeben. Deswegen war die Frage des Bekenntnisses immer eine Schlüsselfrage. Vonseiten des Kärntner Heimatdienstes wurde immer wieder gesagt, die müssen sich bekennen, man muss eine Minderheit zahlenmäßig feststellen, und davon hängen dann die Rechte ab. Obwohl das im Staatsvertrag so nicht gestanden ist. Wir haben das auch abgelehnt, weil wir der Meinung waren, dass dies eine Kernschichtenpolitik sei, weil man damit die Menschen in bekennende und nicht-bekennende spalten würde, in jene, die dem Druck standhalten und solche, die dem Druck nachgeben würden, in bekennende Slowenen und in Assimilierungswillige.

Meine Überlegungen heute dazu sind: Was wäre damals die dritte Option gewesen? Was hätte man tun müssen, um diese Ängste, die es auf der einen Seite gegeben hat, und die Ängste, die es auf der anderen Seite gegeben hat, abzubauen? Wie hätte man das aufbrechen müssen oder können? Das wäre eigentlich notwendig gewesen. Aber so haben beide Positionen eigentlich immer zur Verfestigung der eigenen Positionen beigetragen. Ironischerweise wurden unsere Beschriftungsaktionen, die eigentlich als Aktionen einer antiautoritären Jugendbewegung gedacht waren, als Kritik an den slowenischen Eliten, als Kritik am Staat, dass er etwas nicht macht, was er eigentlich schon längst machen hätte sollen, von der Mehrheitsseite als eine Bedrohung aufgefasst, als slowenisch-nationale Bewegung und weiß der Teufel was, obwohl das von uns nicht so beabsichtigt war.

Ich meine, mit dem Thema der Bedrohung, der Angst sollten wir uns intensiver auseinandersetzen. Es ist zwar ein zutiefst historisches Thema, weil es mit der Entwicklung im 19. und im 20. Jahrhundert zu tun hat, aber nach wie vor auf symbolischer Ebene in die heutige Zeit hineinreicht. Es geht um nationale Emanzipation, nationale Abwehr und um nationale Aggression. Der Fokus der Diskussion sollte darauf gerichtet werden, warum es in der Vergangenheit nicht gelungen ist, einen dritten Weg, eine dritte Option zu entwickeln, fernab von nationaler Polarisierung und Konfrontation.

### Ein Kalter Krieg in Kärnten

FELDNER: Ich glaube, es ist jetzt schon wichtig auf das Thema Bedrohung etwas näher einzugehen, auch wenn es oft nur eine empfundene Bedrohung war. Ich persönlich habe die slowenische Volksgruppe an sich nie als Bedrohung gesehen. Das war und ist auch meinem grundsätzlichen Denken fremd. Ich habe immer versucht realistisch zu denken und zu sehen, dass 10.000 oder 12.000 Slowenen an sich keine Bedrohung darstellen können, die sind als Gruppe kein Machtfaktor.

Die massive mediale Unterstützung, die Kärntner Slowenen österreichweit und auch europaweit genossen und noch genießen, lässt die ganze Sache jedoch in einem etwas anderen Licht erscheinen. Insbesondere dann, wenn besonders massiv auch ungerechtfertigte slowenische Forderungen unterstützt und alle Gegendarstellungen von Deutschkärntner Seite totgeschwiegen wurden. Da entstand bei uns das Gefühl, nicht die 12.000 Slowenen, die für sich allein keinen Machtfaktor darstellen, sind einflussmäßig in der Minderheit, sondern eigentlich die zahlenmäßig große Gruppe der 500.000 deutschsprachigen Kärntner. Das war das eine.

Das andere, noch in den Siebzigerjahren weit verbreitete Denken war, dass bestimmte slowenische Gruppierungen und deren Aktivisten eine Art fünfte Kolonne bilden würden hier in Kärnten, quasi einen titokommunistischen Vorposten. Das hat sich sehr verfestigt. Das ist von den Großeltern an die Eltern und von jenen an ihre Kinder weitergegeben worden, auch mir, der ich bereits der Nachkriegsgeneration angehöre und den Krieg und die ersten Jahre danach nicht bewusst erlebte. Das hat man übernommen und an eine weiter fortbestehende Bedrohung geglaubt.

Dabei ist, das sage ich durchaus auch selbstkritisch, die Auseinandersetzung mit den Verbrechen des Nationalsozialismus an Slowenen etwas ins Hintertreffen geraten, auch wenn seitens des Heimatdienstes diesbezüglich immer wieder das Bedauern zum Ausdruck gebracht worden war. Aber die echte Auseinandersetzung mit den oftmals auf NS-Verbrechen zurückzuführenden Gründen für das Verhalten mancher slowenischer Exponenten in Kärnten, die ist nicht geführt worden. Schuld daran war wohl auch die Tatsache, dass von slowenischer Seite Jahrzehnte lang jegliches Bedauern der von Titopartisanen an schuldlosen Kärntner Zivilpersonen begangenen Nachkriegsverbrechen unterblieben ist.

Das sollte beide Seiten in der Absicht bestärken, die Kärntner Geschichte des 20. Jahrhunderts gemeinsam aufzuarbeiten. Nicht um Gräben aufzureißen und Kollektivschuldzuweisungen vorzunehmen, sondern um die Belastungen der Geschichte, die Ursache für gegenseitige Aversionen und Misstrauen, ein für alle Mal zu beseitigen und damit eines der größten noch bestehenden Hindernisse auf dem Weg zum friedlichen Miteinander zu beseitigen.

GRAF/KRAMER: Könnte man sagen, dass in dieser Zeit die Auseinandersetzung in Kärnten stark vom Kalten Krieg geprägt war, dass hier tendenziell auch ein Stellvertreterkrieg stattgefunden hat? Dass in diesem Konflikt auch ganz andere Fragen ausgetragen wurden?

FELDNER: Das sehe ich genau so. Die unterschiedlichen ideologischen Auffassungen des Kalten Kriegs und die daraus resultierenden Konflikte sind für uns auch im Volksgruppenkonflikt im Vordergrund gestanden, und wenn Marjan Sturm sagt, für ihn, für Leute im Zentralverband wäre ein Anschlussdenken nicht die zentrale Sache gewesen, oder man hätte das gar nicht gekannt, so muss man dem schon entgegenhalten, dass es eine ganze Fülle von Zitaten in diese Richtung gibt, die offen den Anschluss an Titos Jugoslawien propagierten. Noch vier Jahre nach Kriegsende, somit lange nach Zerschlagung des Nationalsozialismus und tief in der damals schon um die volle Souveränität ringenden Zweiten Republik Österreich.

Das haben viele Kärntnerinnen und Kärntner, die jede Gedenkfeier ehemaliger Partisanen mit großem Argwohn beobachten, bis heute nicht vergessen. Auf der anderen Seite werden auch heute noch unsere Traditionsveranstaltungen, insbesondere zum 10. Oktober, zu Unrecht mit Slowenenfeindlichkeit gleichgesetzt.

Auch daran zeigt sich wieder, wie dringend notwendig die gemeinsame Aufarbeitung aller Kapitel unserer Kärntner Geschichte des 20. Jahrhunderts wäre. Es könnten viele Aversionen, Fehlbeurteilungen und Vorurteile ausgeräumt werden, die einzig und allein aus der Jahrzehnte hindurch gegebenen mangelnden Bereitschaft entstanden sind, auch die jeweils andere Seite zu hören.

### Der Schatten der Vergangenheit:
### Nationalsozialismus und Widerstand

STURM: Da sind wir auch wieder bei einem Thema, das sicherlich eine wichtige Rolle spielt, aber ich möchte jetzt weiter zurück in die Vergangenheit gehen. Ich habe 1983 das Peršman-Museum eingerichtet. Das ist ein Museum über den antifaschistischen Widerstand in Kärnten. Dabei habe ich mich sehr intensiv mit der Zwischen- und Kriegszeit auseinandergesetzt. Im Zuge der Recherchen stieß ich auf ein Memorandum, verfasst vom stellvertretenden Gauleiter im Jahre 1940 und an Hitler geschrieben, in welchem steht, dass die Neuordnung Südosteuropas nur mehr eine Frage der Zeit ist und bei dieser Neuordnung Südosteuropas gerade Kärnten eine wichtige Rolle spielen sollte. Kutschera begründet das damit, dass in Kärnten der Nationalsozialismus schon 1921 festen Fuß gefasst hat, Kärnten Erfahrung hätte im Nationalitätenkampf mit den Slowenen und er hebt hervor, dass zwei Drittel der Helden von Narvik Kärntner waren. Dies sollte reichen, schreibt Kutschera, um Kärntens nationale Kraft unter Beweis zu stellen. Tatsächlich hat es damals in Kärnten ein Institut für Landesforschung gegeben, in dem alle relevanten

Kräfte der Kärntner Wissenschaft daran beteiligt waren, Konzepte für die Neuordnung Südosteuropas zu entwickeln. Auch nach dem deutschen Überfall auf Jugoslawien waren überdurchschnittlich viele deutsche Kader aus Kärnten und der Steiermark dort stationiert. Oberkrain wurde verwaltungstechnisch an Kärnten angeschlossen.

Ich sage das jetzt alles nur im Telegrammstil, weil es für mich interessant ist, wie das alles wahrgenommen wird. Vonseiten des Kärntner Heimatdienstes wird vor allem einmal der Titokommunismus wahrgenommen, die Gebietsforderungen 1945, die Verschleppungen. Die Kärntner Dimension an der Neuordnung Südosteuropas wird eigentlich wenig beleuchtet. Diese Tradition der Wahrnehmung ist noch bis heute sehr lebendig. Wenn man Partisanen sagt, dann wird nur die Dimension des Kommunismus etc. und nicht die Dimension des Antifaschismus wahrgenommen, schon gar nicht die Dimension der Kärntner Beteiligung am nationalsozialistischen Regime. Es wird zwar der Nationalsozialismus allgemein abgelehnt, aber eher in dem Sinn, dass wir in Kärnten damit nichts zu tun hatten. Alles Böse kam von Berlin. Dabei gäbe es schon Fragen, die man selbstkritischer behandeln sollte, zum Beispiel jene der personellen Kontinuität im Rahmen von Kärntner Heimatdienst und Kärntner Heimatbund. Alois Maier-Kaibitsch muss in diesem Zusammenhang erwähnt werden. Er spielte eine wichtige Rolle im Abwehrkampf der Jahre 1918–1920, eine nicht unbedeutende in der Zwischenkriegszeit und nicht zuletzt war er auch mitverantwortlich für die Vertreibung der Kärntner Slowenen im Jahre 1942. Mir geht's jetzt nicht darum, alles aufzurechnen. Dafür sind wir jetzt schon zu weit. Mir geht's aber darum, wie man das kritisch aufarbeiten kann. Da muss ich wieder meine Familie ins Spiel bringen. Meine Eltern waren ausgesiedelt, vertrieben. Sie waren stockkatholische Bauern und wurden mit vier kleinen Kindern vertrieben. Wobei eine Schwester im Lager unter dubiosen Umständen ums Leben gekommen ist – meine Schwester berichtet, dass sie ermordet worden ist. Mein Vater hat mir immer erzählt, dass seine Form des Widerstands darin bestand, sonntags für die Partisanen zu beten. Da habe ich ihn gefragt, wie sie den gewusst hätten, dass es bei uns Partisanen gegeben hat? Irgendwie hätten sie es erfahren und das wäre für sie so etwas wie das Licht am

Ende des Tunnels gewesen. Es tut sich was. Die Vertreibung würde ein Ende haben, weil es Menschen gibt, die gegen das Regime Widerstand leisteten. Mein Vater hat mit dem Kommunismus nichts am Hut gehabt, er war, wie schon erwähnt, sehr katholisch. Er war aber von der Vertreibung von seinem Bauernhof zutiefst betroffen. Als er dann zurückgekommen ist, war er anfangs auch für den Anschluss an Jugoslawien.

Mein Vater besaß einen Bauernhof von circa siebzig Hektar. Auf meine Frage, dass er bei einem Anschluss an Jugoslawien wohl damit rechnen hätte müssen enteignet zu werden, hat er geantwortet, dass die Erfahrungen so einschneidend waren; die Vertreibung, dann die Zwangsarbeit in einer Fabrik, der Tod seiner Tochter und bei der Rückkehr die Schwierigkeiten in Villach, wo man die Vertriebenen sogar wieder zurückschicken wollte. All dies hätte bewirkt, dass sein Vertrauen knapp am Ende des Krieges in eine friedliche Zukunft in Kärnten nicht sehr ausgeprägt war. Ich glaube, dass viele Kärntner Slowenen 1945 als Reaktion auf ihre Erlebnisse für den Anschluss an Jugoslawien waren. Jetzt haben wir zwei Möglichkeiten: Entweder wir schreiben die Geschichte unkritisch fort, die einen waren Partisanen/Kommunisten, welche die Grenze nach Norden verschieben wollten und die anderen Nazis, die die Grenze nach Süden verschoben haben oder wir finden eine neue Synthese. Wenn ich von Synthese spreche, meine ich jetzt nicht einfach den Kompromiss, sondern die »Aufhebung« der Widersprüche, die Überbrückung der Gegensätze, indem man die legitimen Ziele auf beiden Seiten integriert, also die Transzendenz-Lösung im Sinne Galtungs. Ich meine, dass wir uns in ganz Kärnten, ohne »billige Lösung des Vordergrunds«, aber im ständigen Bemühen »Brücken über Abgründe« zu bauen, einer Synthese so annähern könnten, dass sich die eine Seite in Zukunft auch mit den autochthonen Formen des Nationalsozialismus hier in Kärnten auseinandersetzen muss. Eine rein plakative Distanzierung vom Nationalsozialismus wird nicht ausreichen, sondern man wird auch über Strukturen und deren Kontinuitäten reden müssen.

Die slowenische Seite wird sich natürlich auch einige Fragen stellen müssen, ungeachtet der Tatsache, dass der Widerstand gegen den Nationalsozialismus völlig im Einklang mit den militärischen Zielen der Alliierten stand. Die Frage, mit der sich die slowenische

Seite auseinandersetzen wird müssen: Widerstand bis zum 8. Mai 1945, ja, aber was kam danach? Ich denke, die Kärntner Partisanen waren nicht gut beraten, die Kärntner Slowenen nicht gut beraten, die Anschlussbewegung zu unterstützen, obwohl ich es menschlich verstehe, wie die Beweggründe meines Vaters zeigen. Dies hat dazu geführt, dass jene Leute, die drei Jahre Widerstand geleistet haben – vor denen ich wirklich eine hohe Achtung habe –, durch diese Anschlussbewegung in Kärnten völlig diskreditiert waren und eigentlich bis heute noch sind. Wir dürfen bei dieser Frage den gesamten geopolitischen Rahmen des Jahres 1945 nicht völlig außer Acht lassen: Es wurden nach dem Krieg Grenzen verschoben z. B. zwischen Polen und Deutschland und auch in Österreich hat es Bestrebungen gegeben, bei den künftigen Friedenskonferenzen Südtirol zurückzuerhalten. Auch die Kärntner Landesregierung hat nach 1945 Überlegungen bezüglich einer Anbindung des Kanal- und des Mießtales an Kärnten angedacht. Daher glaube ich, dass wir die Kärntner Entwicklung auch in diesem Kontext sehen sollten, was uns aber nicht daran hindern sollte, eine neue Sicht der Entwicklung anzudenken, die nicht polarisiert, sondern zusammenführt.

FELDNER: Ja, das ist richtig, ich wollte das an sich zum Abschluss meiner Stellungnahme zu Aussagen von Marjan Sturm bringen, aber ich nehme das nun vorweg. Die gemeinsame Aufarbeitung der Geschichte, die selbstkritische Beurteilung auch jener Verbrechen, die von Menschen des eigenen Volkes oder der eigenen Volksgruppe begangen wurden, das gilt für Deutsch- wie für Slowenischkärntner gleichermaßen. Nach dem fundamentalsten humanitären Grundsatz: Verbrechen gegen die Menschlichkeit sind unteilbar. Das ist ein Grundsatz, der für die Vergangenheit und die Gegenwart gilt und für die Zukunft gelten muss. Wenn wir nicht damit aufhören, Verbrechen ausschließlich aus eigener ideologischer Sicht, aus eigener religiöser Sicht, aus eigener ethnischer Sicht zu beurteilen, können wir keinen Schritt weiterkommen. Das sehen wir heute, wenn man die Konfliktherde der Welt beobachtet.

Wir alle, nicht nur wir in Kärnten, nein ganz Europa, ja die ganze Welt, müssen lernen, Verbrechen, die an unschuldigen Menschen, gleich welcher Nationalität, Rasse oder Religion begangen wurden, gleichermaßen zu bedauern. Dabei darf man dann auch keinerlei Gewichtung vornehmen.

Dabei möchte ich mich nicht in die Auseinandersetzung über Ursache und Folgen bzw. Wirkung einlassen, auch wenn man das natürlich nicht ausklammern kann. Es geht vielmehr um die Einzelschicksale, um furchtbare Schicksale von Menschen, die auf der einen, wie auf der anderen Seite in den Sog der herrschenden Systeme gezogen wurden, die ohne persönliche Schuld auf sich geladen zu haben, für Untaten der Machthaber des eigenen Volkes büßen mussten und einer archaischen Rachejustiz zum Opfer fielen.

So wurden viele Millionen schuldlose Menschen Opfer des Nationalsozialismus und nach Kriegsende weitere Millionen – ich denke an die entrechteten und vertriebenen Volksdeutschen, unter ihnen Hunderttausende unschuldige Kinder – Opfer des Kommunismus.

Auch in unseren beiden Familien gibt es schlimme Einzelschicksale. Marjan Sturm weist auf seine Familie hin, die von den Nationalsozialisten ausgesiedelt wurde. Ein Akt, der in höchstem Maße zu verurteilen ist und gegen alle Grundregeln von Menschlichkeit gerichtet war. Meine Familie hat ebenfalls ein Schicksal erlitten, das ich als schwerwiegend bezeichne. Ein Onkel und eine Tante von mir, die in Eisenkappel gewohnt haben, wurden von den Partisanen nach Kriegsende nach Jugoslawien verschleppt und dort ermordet. Man weiß bis heute nicht, wo sie verscharrt wurden. Diese Leute lebten in dem Glauben, es könne ihnen nichts passieren. Sie hatten ja keinerlei Verbrechen begangen. Sie sind nicht geflohen. Das war ein tragischer Irrtum. Sie wurden in den ersten Tagen nach Kriegsende aufgrund von schwarzen Listen, die kursierten, von einer Stunde auf die andere verhaftet, auf Lastwagen verladen, nach Jugoslawien gebracht und dort ermordet.

Die von den Nazis von Haus und Hof vertriebenen Slowenen und die von Titopartisanen verschleppten Deutschkärntner, das sind Schicksale, die jetzt noch prägend sind. Auch diese Schicksale müssen wir aufarbeiten. Ich glaube, die Lösung ist nur darin zu finden, dass wir Deutschkärntner noch umfassender als es bisher geschehen ist, die Übergriffe des Nationalsozialismus gegen Slowenen analysieren, bedauern, und verurteilen. Uns noch stärker damit auseinandersetzen, noch stärker versuchen uns hineinzudenken in die Situation dieser armen Menschen, die sozusagen zwischen die Räder der Kriegsfurie geraten sind. Andererseits sollte man auf der slowenischen Seite sagen, alles, was an Fürchterlichem vom Nationalsozialismus begangen wurde, lassen wir bei der Beurteilung der Einzelschicksale einmal beiseite und wir bedauern uneingeschränkt die unschuldigen deutschsprachigen Kärntnerinnen und Kärntner, die Nachkriegsopfer von Verbrechen gegen die Menschlichkeit geworden sind.

Bei einer derartigen Einstellung auf beiden Seiten kommen wir ganz sicher einige bedeutende Schritte weiter und wir schaffen damit die Grundvoraussetzung für eine Erfolg versprechende Aufarbeitung der Geschichte hier in Kärnten.

Noch etwas ist mir in diesem Zusammenhang wichtig. Es wird immer behauptet, der Kärntner Heimatdienst würde den Kampf der Partisanen ausschließlich negativ sehen. Als Kampf für die titokommunistische Diktatur, als Kampf für den Anschluss Kärntens an Titojugoslawien und als Kampf, der aus lokaler Kärntner Sicht die Verschleppungen zu verantworten hatte.

Nun, es gibt für uns keinen Grund diese Negativseite des Partisanenkampfes heute zu revidieren. Nur sollten wir nicht anstehen, darauf hinzuweisen, dass dieser Kampf auch gegen den Nationalsozialismus geführt wurde. Das ist zweifellos positiv hervorzuheben, auch wenn dieser Kampf nicht für demokratische Freiheiten, sondern für eine andere Form der Diktatur, für eine kommunistische, geführt worden war.

Die seit einigen Jahren sehr kritische Auseinandersetzung in Slowenien mit dem Titokommunismus und vor allem mit den Verbrechen, die am eigenen Volk, an Slowenen, begangen wurden, wo Zehntausende umgekommen sind, zeigt ja, dass man den Titokommunismus nicht ohne jede Kritik heroisieren kann. Das war stets auch ein Grund für unsere Kritik an den bis heute in Kärnten organisierten Partisanenveranstaltungen. Man heroisiert dort und verschweigt dabei immer die mit Gewalt durchgesetzten revolutionären Ziele, man verschweigt die hunderttausendfachen Verbrechen, begangen auch an Menschen des eigenen Volkes.

Ich habe Verständnis für die Argumentation von Marjan Sturm, dass Menschen sich unmittelbar nach Kriegsende den Anschlussforderungen der Partisanen angeschlossen haben, weil sie dem Frieden nicht trauten, weil sie nicht wussten, wie das alles ausgehen wird. Sie haben so viel Negatives erfahren, haben womöglich als deutsche Soldaten auf Heimaturlaub fremde Menschen auf ihrem Hof angetroffen, während die Familie von den Nazis ausgesiedelt worden war. Das muss man aus menschlicher Sicht verstehen, auch wenn wir die Zielsetzung keineswegs gutheißen können und da werde ich auch versuchen, meinen Beitrag zu leisten, mehr Verständnis für diese Situation auf Deutschkärntner Seite zu erzielen. Die erfreulicherweise sich mehrenden positiven Zeichen für eine Bereitschaft auf slowenischer Seite auch die Verschleppungen zu bedauern und zu verurteilen, erleichtern mir diese Aufklärungsarbeit.

STURM: Über Geschichtsbilder möchte ich schon noch etwas sagen. Zunächst die Frage der Volksabstimmung. Die Tatsachen sind ja klar: Die österreichisch-ungarische Monarchie zerfällt, in Kärnten kommt es zum Streit darüber, wohin Teile des Landes gehören sollten. Es kommt zu einer Volksabstimmung. Bei einer Volksabstimmung gibt es immer zumindest zwei Optionen, die beide legitim sind und nur eine kann sich durchsetzen. Aber wie wird diese Volksabstimmung später rezipiert? Ich erinnere mich an einen Artikel vom Gauleiter Rainer in einer Kärntner Tageszeitung vom Dezember 1942. Er berichtet davon, dass ca. 200 Personen aus der Widerstandsbewegung in der Umgebung von Eisenkappel/Železna Kapla und Zell Pfarre/Sele verhaftet worden sind. Dann schreibt Gauleiter Rainer weiter, dass gegen dieses Netz des Widerstandes mit aller Entschiedenheit und Härte vorgegangen werden wird. Er begründet dies damit, dass man den Abwehrkampf, den man 1918–1920 defensiv geführt hatte, jetzt offensiv und zum endgültigen Sieg führen werde. 13 dieser Verhafteten wurden dann zum Tod verurteilt.

Die Offensive bestand darin, dass man nicht nur Oberkrain als »Südkärnten« verwaltungstechnisch an Kärnten anschloss, sondern auch die Untersteiermark an die Steiermark zurückführte. Da gibt es schon gewisse Parallelen zur slowenischen Bewegung, die die Volksabstimmung auch als eine Niederlage empfunden hat. Die Kärntner Seite hat die nationalsozialistische Zeit offensichtlich als Chance für eine Expansion gegen den Südosten gesehen. Von dieser Logik ausgehend, erscheinen mir die jugoslawischen Gebietsforderungen 1945 auch irgendwie »der Zeit entsprechend« gewesen zu sein. Und in der wechselseitigen Wahrnehmung hat die eine Seite nur die national-sozialistische Expansion gesehen und die andere nur die slowenischen Gebietsforderungen. Über diese Widersprüche werden wir noch offen reden müssen. Eine fundamentale Wahrheit dürfen wir in dieser Diskussion nicht vergessen: Ohne Nationalsozialismus kein Widerstand oder anders gesagt, Ursache und Wirkung dürfen wir nie außer Acht lassen.

FELDNER: Zunächst möchte ich noch eine frühere Aussage von Marjan Sturm richtigstellen. Der 1957 als privatrechtlicher Verein gegründete heutige Kärntner Heimatdienst hat mit dem Kärntner Heimatbund und dessen langjährigem Funktionär Maier-Kaibitsch nichts zu tun. Das haben wir wiederholt öffentlich, auch vor Gericht, klargestellt. Es gibt diesbezüglich keinerlei Kontinuität.

Im Zusammenhang mit den Aussiedlungen von Kärntner Slowenen möchte ich die offene und mutige Kritik namhafter Kärntner Persönlichkeiten – des Dichters Josef Friedrich Perkonig oder des Universitätsprofessors Erwin Aichinger – an den von Berlin aus angeordneten Aussiedlungsaktionen erwähnen. Aichinger wandte sich sogar in einem persönlichen Schreiben an den mächtigen SS Reichsführer Heinrich Himmler und protestierte dagegen, dass *»anständige Menschen, die kein Unrecht getan haben, innerhalb weniger Stunden von Haus und Hof vertrieben werden.«* Er schäme sich dafür und forderte, leider vergeblich, die Einstellung der Aussiedlungen, die insgesamt 272 slowenische Familien mit annähernd 1.000 Personen betroffen hatte.

**Ein Landesbewusstsein zwischen Trauma und Mythos:**
**Über Abwehrkampf und Volksabstimmung**

FELDNER: Ich möchte noch einmal auf die Volksabstimmung 1920 zurückkommen, weil das ein wichtiges Kapitel ist, das die Geschichte Kärntens prägt. Ein Ereignis von tief greifender Bedeutung, heute noch. Interessant ist vor allem die völlig unterschiedliche Sichtweise, die die Menschen von diesem Ereignis haben.

Ein großer Teil der Kärntnerinnen und Kärntner sieht in dem Ereignis vor allem eine Verpflichtung zur Dankbarkeit. Dem pflichte ich vorbehaltlos bei. Wir sind dankbar, dass damals die Einheit Kärntens erhalten werden konnte und die Zugehörigkeit zu Österreich. Dieses Dankbarkeitsdenken sollte auch in Zukunft aufrecht bleiben und in Gedenkveranstaltungen zum Ausdruck kommen.

Keineswegs dürfen aber damit irgendwelche Aversionen gegen Slowenen verbunden werden. Scharf abzulehnen wäre auch, die Volksabstimmung 1920 als einen Sieg über die Slowenen zu bezeichnen. Derartige Aussagen wurden vom Kärntner Heimatdienst auch niemals gemacht.

Leider werden umgekehrt in Slowenien die seinerzeitigen Gegner der Kärntner Abwehrkämpfer, die »Kämpfer um die Nordgrenze« nicht selten als Sieger über das Deutschtum in Marburg gefeiert. Das ist ein ausgesprochen rückwärts gerichtetes Denken.

Es fehlt oft, auch bei uns, die Zukunftsorientierung bei den jährlich um den 10. Oktober stattfindenden Abstimmungsfeiern. Wir haben im vergangenen Jahr in diese Richtung einen Schritt gesetzt, der für viele ein Quantensprung war, eine gemeinsame Abstimmungsfeier der neuen Art mit Spitzenrepräsentanten der slowenischen Volksgruppe.

Ich habe Verständnis dafür, wenn für viele Deutschkärntner diese gemeinsame Veranstaltung zu plötzlich gekommen ist. Das sind an sich keine negativen Kräfte, das sind Leute, die dafür sind, dass auf dem Weg der Verständigung etwas weitergeht, nur nicht so schnell. Dabei wird nicht ganz zu Unrecht argumentiert, dass für die slowenische Seite der 10. Oktober nicht die Bedeutung hat wie für uns. Für manche innerhalb der slowenischen Volksgruppe ist das eher ein Tag, an den man sich nicht mit Freude erinnert. Dennoch: Wir haben mit unserer vorjährigen gemeinsamen Veranstaltung im historischen Klagenfurter Landhaushof und mit der dort verabschiedeten »Feierlichen Erklärung zum 10. Oktober, dem Tag der gemeinsamen Heimat Kärnten«, einen zukunftsweisenden Schritt in die richtige Richtung gesetzt. Mit deutschen und slowenischen Liedvorträgen, mit einem gemeinsamen Bekenntnis zu Kärnten und Österreich.

Das damit zum Ausdruck gebrachte Ziel: Der 10. Oktober soll künftig, weit stärker als bisher, zum Tag der Kärntner Einheit werden. Nicht nur der Einheit des Landes im Verbund mit Österreich, sondern vor allem auch der Einigkeit der Menschen, wie das der Kärntner Heimatdienst schon vor fast 10 Jahren auf seiner Gedenktafel an der »Stätte der Kärntner Einheit« im Klagenfurter Landhaushof bleibend bekundet hat.

Es geht um das Zusammenleben, das nicht nur friedlich, sondern freundschaftlich gestaltet werden sollte. Das ist das eigentliche Vermächtnis der Kärntner Volksabstimmung, welches den ehemaligen Abwehrkämpfern bereits am Tag nach der Volksabstimmung ein offen zum Ausdruck gebrachtes Anliegen gewesen ist.

Dass jetzt nicht sofort in allen Südkärntner Gemeinden gemeinsame Feiern abgehalten werden, wissen wir. Aber man muss einmal einen Anfang machen und den haben wir mit unserer gemeinsamen »Feierlichen Erklärung« gemacht. Wir sind zuversichtlich, dass gemeinsame Veranstaltungen zum 10. Oktober allmählich selbstverständlich sein werden. Diese Zuversicht ist angebracht, weil es keinerlei Negativreaktionen auf unsere Veranstaltung gegeben hat.

Ich bin auch zutiefst davon überzeugt, dass sich bei den Kärntnerinnen und Kärntnern beider Zungen die Erkenntnis durchsetzen wird, dass unsere Probleme vergleichsweise gering sind, dass es keine existenziellen Probleme sind, dass es weder für Deutsch- noch für Slowenischkärntner um Lebensfragen geht.

Die natürliche Entwicklung der mit rund 12.000 Personen zahlenmäßig kleinen slowenischen Volksgruppe in Kärnten ist dank einer großzügigen österreichischen Minderheitenpolitik ungefährdet. Da spielen einige zweisprachige Ortstafeln mehr oder weniger keine Rolle. Und auch für die Deutschkärntner geht es längst nicht mehr um den Erhalt der Landeseinheit Kärntens im Verbund mit Österreich. Zweisprachige Ortstafeln sind keine Marksteine eines »Slowenisch-Kärnten« und unser EU-Nachbar Slowenien wird in Zukunft keine Gebietsansprüche gegenüber Kärnten stellen.

STURM: Zuerst möchte ich anmerken, dass in einigen Gemeinden wie in Globasnitz/Globasnica oder in Eisenkappel/Železna Kapla – um nur zwei zu nennen – sehr wohl gemeinsame Feiern stattfinden. Und zum Nationalfeiertag am 26. Oktober haben slowenische Kulturvereine bereits vor Jahren die Initiative zu gemeinsamen Feiern unter dem Titel »Dober večer, sosed – Guten Abend, Nachbar«, wie vorhin schon erwähnt, ergriffen.

Was mir aber auffällt, ist eigentlich Folgendes: Ich bin jemand, der an Partisanenveranstaltungen teilnimmt, an Veranstaltungen der Widerstandsorganisationen und neuerdings auch an Veranstaltungen zur Volksabstimmung. In diesem Zusammenhang habe ich die Erfahrung gemacht: Ein Ereignis, das viel länger zurückliegt, die Volksabstimmung von 1920 ist in der öffentlichen Wahrnehmung viel präsenter, als die Zeit des Zweiten Weltkriegs und des Nationalsozialismus. Das spiegelt sich auch bei der Teilnahme an den Gedenkveranstaltungen wider. Am 26. Oktober gibt es am Zentralfriedhof in Annabichl immer eine Gedenkveranstaltung für die Opfer des Faschismus, organisiert von den Kärntner Opferverbänden. Dort sieht man in etwa hundert bis hundertfünfzig Personen. Dann gibt es noch in Villach so eine Veranstaltung und am Loibl/Ljubelj. Jedenfalls haben diese Gedenkveranstaltungen in der öffentlichen Wahrnehmung einen viel geringeren Stellenwert als die Gedenkfeiern an die Volksabstimmung 1920.

Da stelle ich mir schon die Frage, warum ist das so und wie kann man hier Sensibilisierungen herbeiführen? Das Zweite ist die Frage der freiwilligen Assimilierung. Das ist so eine Geschichte, natürlich ist Minderheitenrecht immer ein subjektives Recht, aber es geht natürlich auch um die gesellschaftlichen Rahmenbedingungen, die wesentlich dafür sind, ob eine Minderheit sich wohlfühlt, ob es Sinn macht, Minderheit zu sein, oder ob man den Angehörigen der Minderheit suggeriert, es ist besser, ihr assimiliert euch. Und diese Grenze ist ziemlich schwer zu ziehen, was ist jetzt bereits strukturelle Gewalt und was ist tatsächlich freiwillig? Allein die absurde Diskussion um die Umsetzung eines Verfassungsgerichtshofurteils zeigt doch deutlich, dass hier etwas nicht stimmt. Da gibt es ja noch absurdere Situationen in den einzelnen Familien. Die Trennungslinien gehen ja sogar durch die einzelnen Familien. Ich kann von einer slowenischen Familiengeschichte berichten, die durchaus keinen Einzelfall darstellt: eine bäuerliche Familie mit fünf Kindern, konservativ, sonntags Kirchenbesuch, ansonsten schwere körperliche Arbeit am Hof. Einer der Söhne, er war 20, hat eine Frau kennengelernt, sie wurde schwanger und er, ohne erlernten Beruf, war gezwungen, als Hilfsarbeiter in Klagenfurt anzufangen. Die Geschichte spielt in den Sechzigerjahren und dieser junge Hilfsarbeiter war plötzlich mit der Frage konfrontiert, ob er sich nun als Slowene bekennen sollte oder nicht. Da die öffentliche Meinung zu dieser Zeit massiv gegen das Slowenische eingestellt war, hat er sich für das Deutsche entschieden.

Diese Personengruppe hat große innerpsychische Konflikte durchlebt. Sie stand von zwei Seiten unter Druck: Die öffentliche Meinung war dafür sich anzupassen und in der eigenen bäuerlichen Familie selbst wurde er als Verräter »Nemčur« (Deutschtümler) beschimpft. Ähnliche Konflikte gab es auch in den ethnisch gemischten Familien, wo sich zumeist »Deutsch« durchgesetzt hat. Worauf ich damit hinweisen will, ist, dass die individuelle Entscheidung wesentlich durch die gesellschaftlichen Rahmenbedingungen bedingt und vom gesellschaftlichen Klima geprägt ist. Da geht es darum, ob die Gesellschaft für Vielfalt aufgeschlossen und offen ist, fördert sie sie, gibt sie dieser eine Chance oder nicht?

Hier muss man meines Erachtens zu einer grundlegenderen Diskussion kommen: In unserer Geschichte hat es immer nur zwei Positionen gegeben, entweder die slowenische oder die deutsche, bist du das eine oder bist das andere. Wir haben immer in der Kategorie »entweder oder« nie aber in der Kategorie »sowohl als auch« gedacht. Was hätten wir tun sollen, um eine Entwicklung einzuleiten, die die slowenische Sprache als eine wertvolle Sprache angesehen und das Zusammenleben zwischen Minderheit und Mehrheit als einen positiven Wert dargestellt hätte? Voraussetzung dafür wäre meiner Meinung nach das Abrücken von den ethnozentristischen Positionen auf beiden Seiten gewesen. Und ich glaube, das ist das zentrale Problem des Konflikts in Kärnten, dass wir in der Tradition des 19. und 20. Jahrhunderts immer wieder dieses nationale Besitzstandsdenken in den Vordergrund gestellt haben. Dieses ist aber immer ein Ausschließlichkeitsdenken. Da gibt es nur: Entweder du setzt dich durch, oder der andere setzt sich durch.

Dazu muss man sagen, dass das Spezifische in Kärnten die Tatsache ist, dass das Gemeinsame bzw. die Ähnlichkeiten zwischen Minderheit und Mehrheit evident sind. Wenn ich die Kulturtechniken in Kärnten betrachte, dann sind sie bei Minderheit und Mehrheit identisch. Wir gehen in die gleiche Kirche, das bedeutet, auch in der Religion gibt es keine Unterschiede. Die Mentalitäten, wie sie in den Volksliedern zum Ausdruck kommen, sind sich sehr ähnlich. Es gibt einen Unterschied der Sprache. Selbst bei der Kultur bin ich mir nicht so sicher, ob da durch die Jahrhunderte nicht mehr Vermischung stattgefunden hat als viele wahrhaben wollen. Jedenfalls sind sich die Volkslieder in Pathos und Emotionalität sehr ähnlich. Man hat viel mehr gemeinsam, als man sich zugegeben hat. Zugeben konnte man aber nicht, weil nationale Bewegungen immer auf Abgrenzung ausgerichtet sind. Und das ist der Punkt, den ich hervorheben möchte, mit dem ich mich sehr beschäftige.

Oft frage ich mich, ob es irgendwann in der Geschichte eine Chance gegeben hätte, etwas Neues zu entwickeln, wenn wir andere Visionen gehabt hätten? Oder war es zwingend, dass wir diesen Prozess durchmachen mussten, mit all diesen Verfehlungen in unserer Geschichte? Auch darüber sollten wir diskutieren.

FELDNER: Es ist eine sehr interessante Fragestellung, warum 1920 heute noch in der Deutschkärntner Mehrheitsbevölkerung so tief verankert ist. Ich denke, es ist einfach die Faszination eines Widerstands, der hier geleistet wurde aus ganz kleinen Anfängen heraus, ohne Unterstützung durch Wien, auch ohne wesentliche Unterstützung aus den anderen Bundesländern.

Die Kärntner waren auf sich allein gestellt und haben sich einem übermächtigen Gegner entgegengesetzt. Auch wenn dieser Widerstand angesichts einer zehnfachen jugoslawischen Übermacht militärisch verloren ging, so ist es dennoch mit diesem Verzweiflungskampf gelungen, die damaligen Großmächte auf das kleine Kärnten aufmerksam zu machen. Der als Abwehrkampf bezeichnete militärische Widerstand war letztlich auch dafür ausschlaggebend, dass über das strittige Gebiet in einer geheimen Volksabstimmung unter internationaler Aufsicht entschieden werden durfte. Diese ging dann in der sogenannten Abstimmungszone A am 10. Oktober 1920 trotz starken Drucks der jugoslawischen Besatzer mit knapp 60 Prozent zugunsten eines Verbleibs bei Österreich aus.

Ich glaube, dass das damit zum Ausdruck gebrachte besondere Landesbewusstsein heute noch eine starke Faszination ausübt.

Es ist ein Zusammengehörigkeitsgefühl, über sprachliche Unterschiede hinweg. In diesem Zusammenhang sollte erwähnt werden, dass vor der Volksabstimmung viele pro-österreichische Flugblätter des damaligen öffentlich-rechtlichen Kärntner Heimatdienstes auch in slowenischer Sprache verfasst waren. Diese waren somit auch an die slowenischsprachige Bevölkerung, darunter besonders an die Windischen gerichtet. Als Windische wurden und werden Kärntner bezeichnet, die einen slowenisch-deutschen Mischdialekt sprechen, sich jedoch engstens mit ihrem Vaterland Österreich verbunden fühlen.

Von den bewussten Slowenen wurden die Windischen immer als Slowenen reklamiert, auch wenn sie das nicht sein wollten. Diese nicht gegebene Bereitschaft als Slowenen gezählt zu werden, wurde von slowenischen Exponenten stets als Beweis eines Assimilationsdrucks angeführt, den es tatsächlich nicht gegeben hat.

Ich pflichte Marjan Sturm bei, wenn er im Zusammenhang mit einer unbestreitbar vorhandenen Tendenz zur Assimilation, die in Kärnten durchwegs eine freiwillige ist, betont, dass es dabei um die gesellschaftlichen Rahmenbedingungen geht. Das aber ist nicht allein Aufgabe des Staates. Die Bereitschaft zum Verbleiben im Verband der slowenischen wie auch in jeder anderen ethnischen Gemeinschaft muss sich vor allem auch innerhalb der Gemeinschaft selbst entwickeln. Natürlich darf es da nicht das Gefühl geben, dass die slowenische Sprache in diesem Land nicht willkommen sei, nicht erwünscht ist oder sogar angefeindet wird. Dafür, dass dieses Gefühl nicht entsteht, ist der Staat zuständig, er muss die entsprechenden Rahmenbedingungen schaffen. Vor allem darf seitens des Staates nichts unternommen werden, um eine solche Assimilierung zu fördern oder gar diese als Recht ausdrücklich gutzuheißen.

Etwas anderes ist das bei manchen Menschen in Kärnten vorhandene Gefühl, in beiden Sprachen, in beiden Kulturen gleichermaßen beheimatet zu sein. Dieses Sowohl-als-auch-Sein ist eine Weiterentwicklung. Eine Weiterentwicklung, die zeitbezogen und zukunftsorientiert ist. Dies ist in Kärnten durchaus leichter möglich als zwischen anderen Völkern mit Volksgruppen, die sich oft viel stärker voneinander abgegrenzt haben, als es bei uns der Fall war und ist. Es sind viele Gemeinsamkeiten, die in Kärnten bei Deutsch- und

Slowenischsprachigen erkennbar sind, Gemeinsamkeiten im kulturellen Bereich, vor allem aber auch im Mentalitätsbereich.

Diesbezüglich hatte ich am vorjährigen 10. Oktober, am Tag nach unserer gemeinsamen Volksabstimmungsfeier, ein sehr positives Erlebnis. Über Einladung des Mitglieds unserer Konsensgruppe, Bernard Sadovnik, sind unser Vorstandsmitglied EU-Abg. Andreas Mölzer, mein Stellvertreter Franz Jordan und ich Gäste in der zweisprachigen Gemeinde Globasnitz gewesen.

Das Treffen am 10. Oktober, dem Tag der gemeinsamen Heimat Kärnten, hinterließ bei uns einen tiefen Eindruck. Bei abwechselnd deutsch und slowenisch gesungenen Liedern und lockerem und ungezwungenem Gespräch wurde uns besonders bewusst, dass es zwischen uns kaum einen Unterschied in der Mentalität gibt. Es herrschte eine echt kärntnerische natürliche Fröhlichkeit. Und das am 10. Oktober, dem Tag der Kärntner Volksabstimmung. Da wurde uns demonstriert, wie wichtig das gegenseitige Kennenlernen über Sprachbarrieren hinweg ist und wie schnell damit das Verständnis füreinander wächst und gestärkt wird.

An dieser Stelle ist es auch notwendig, auf die geänderte Situation im Nachbarschaftsverhältnis zu Slowenien seit 1990 hinzuweisen. Es gilt, bewusst zu machen, dass es keine ideologische Grenze mehr gibt, seit Slowenien ein selbstständiger demokratischer Staat und Mitglied der EU ist. Somit besteht auch keine Gefahr mehr für die Kärntner Landeseinheit. Diese Veränderung Sloweniens wird heute in breiten Kreisen der Kärntner Bevölkerung noch nicht bewusst wahrgenommen. Auch wenn seit der Selbstständigwerdung Sloweniens da und dort ein verstärkter Nationalismus erkennbar ist, bis hin zu einem slowenischen Anspruchsdenken, was allerdings nicht mit Gebietsforderungen gegenüber Kärnten gleichzusetzen ist, ist es grotesk, heute noch von Bedrohung zu sprechen.

Auch wenn das Bedrohungsdenken in Kärnten immer schwächer wird, sollten wir doch verstärkt gegen die von einzelnen Gruppierungen noch immer geschürte »Urangst« auftreten. Wir müssen bei jeder Gelegenheit aufzeigen, wie unberechtigt, ja lächerlich es ist, damit heute noch zu agitieren.

Vor allem sollten wir den Menschen, denen der Verständigungsprozess zu schnell geht, eine Hilfestellung bieten. Wir müssen ihnen

Stufen bauen, damit sie leichter mitgehen können. Wir müssen über die völlig geänderten Gegebenheiten gegenüber der Nachkriegszeit und seit dem Ende der Tito-Ära aufklären. Wir müssen vor allem immer und immer wieder darüber aufklären, dass unser Weg der Verständigung nicht gleichzusetzen ist mit nationaler Selbstaufgabe. Wir müssen den noch skeptischen Menschen bewusst machen, dass »Urangst« heute Mangel an nationalem Selbstbewusstsein bedeutet. »Wir sind die Mehrheit!« Das haben wir vor einigen Monaten in unserer Zeitung bewusst zu machen versucht. Wir sind die Mehrheit, die keine Angst mehr zu haben braucht, die in Südkärnten 90 Prozent und in ganz Kärnten 96 oder 97 Prozent der Gesamtbevölkerung ausmacht.

Aus einem auf diese Weise gefestigten nationalen Selbstbewusstsein heraus, ohne nationalistische Überheblichkeit, sollten der kleinen slowenischen Volksgruppe großzügig zuerkannte Rechte und Einrichtungen keinerlei Problem mehr darstellen, ebenso wenig übrigens wie umgekehrt für die Slowenischkärntner die Erfüllung von noch offenen Forderungen der Deutschkärntner.

Wir müssen endlich einmal wegkommen von diesem Schwarz-Weiß-Denken in seit Jahrzehnten eingefahrenen Gleisen, wegkommen auf beiden Seiten vom ständigen Angstdenken. Wir müssen künftig völlig angstfrei miteinander umgehen können. Die slowenische Seite soll sich nicht mehr fürchten, von der Mehrheit ihrer Rechte beraubt zu werden und wir sollten uns nicht mehr fürchten, die Slowenen könnten irgendwann Aggressionsakte gegen uns setzen.

Die Notwendigkeit eines diesbezüglich radikalen Umdenkens müssen alle am Verständigungsprozess Beteiligten verstärkt unters Kärntner Volk bringen.

### Nachbar Slowenien – und die Angst vor einem Slowenisch-Kärnten

STURM: Ich habe sie nie verstanden, diese panische Angst vor einem Slowenisch-Kärnten. Hin und wieder erlebe ich eigenartige Dinge. Einmal wurde ich in Oberkärnten in einem Gasthaus durchaus wertneutral gefragt, ob ich nun einen österreichischen oder einen slowenischen Reisepass habe. Ich war schockiert über soviel Unkenntnis. War das das Resultat der jahrzehntelangen Propaganda des Kärntner Heimatdienstes? Und dann muss ich wieder an diese Einschaltung denken: »Vorschlag zur Ortstafelregelung schafft nicht Slowenisch-Kärnten.«

FELDNER: »Es gibt kein Slowenisch-Kärnten« ist notwendigerweise eine zentrale Aussage für diejenigen, die sich noch immer vom frivolen Spiel mit der »Urangst« beeinflussen lassen.

STURM: Ich kann nur festhalten, dass es bei mir nie um ein Slowenisch-Kärnten gegangen ist. Für mich ist es immer um ein Land gegangen, in dem die slowenische und die deutsche Sprache gesprochen werden, in dem es einen kooperativen oder interkulturellen Dialog geben sollte, um es etwas moderner zu formulieren. Ich habe nie in der Kategorie gedacht, dass man Grenzen ändern sollte. Ich schließe dieses Denken bei der Vätergeneration nicht aus, wobei man auch hier die Frage stellen muss, ob vieles nicht als Reaktion auf einen Druck und ein bestimmtes Klima entstanden ist, wie ich an der Geschichte meines Vaters gezeigt habe. Doch wir sind wieder bei der spannenden Frage, ob es in der Geschichte eine Option auf einen dritten Weg gegeben hätte. Wir sollten jetzt den ersten Schritt in die Richtung machen, dass wir in unserer Sprache einen kultivierteren Umgang pflegen. Wir sollten uns hüten die Vorurteile, die es da und dort gibt, auch noch durch blöde Sager zu unterstützen. Selbst den dümmsten Menschen kann man nicht einreden, dass es in irgendeiner Form eine Gefahr für Kärnten gibt, oder eine Gefahr für Slowenien gibt. Und da gebe ich Josef Feldner Recht, wenn er behauptet, dass es auch in Slowenien einen gewissen romantischen Zugang zu Kärnten gibt, z. B. »den Mythos um Karantanien«. Wenn Slowenien dann den Fürstenstein auf der Zwei-Cent-Münze abbildet, dann ist das natürlich wohl nur innenpolitisch motiviert. Die Zwei-Cent-Münze mit dem Fürstenstein hatte vor allem die Funktion dem nationalen Lager in Slowenien zu hofieren. Und da gibt es Parallelen zu Haider. Auch ihm geht es mit der Ortstafeldebatte doch nur darum, dem nationalen Lager in Kärnten zu hofieren. Nebenbei: Es ist wohl eine Ironie der Geschichte, dass erst Sloweniens Engagement für den Fürstenstein zu einer Sensibilisierung dieser Frage in Kärnten geführt hat.

Wie wäre dieser »Konflikt« zu lösen gewesen:. Ich hätte mir gewünscht, dass Slowenien den Vorschlag gemacht hätte, den Fürstenstein als ein gemeinsames Symbol von Österreich und Slowenien auf die Zwei-Cent-Münze zu setzen. Das wäre innovativ und hätte eine grenzüberschreitende konstruktive Symbolkraft. Dass Landeshauptmann Haider den Fürstenstein auf der Zwei-Cent-Münze als politisches Kapital missbrauchen würde, war zu erwarten. Daraus eine Slowenisierungsgefahr abzuleiten ist aber absurd. Wenn mich jemand fragen würde, ob ich für ein Slowenisch-Kärnten sei, würde ich entschieden widersprechen, weil ich für ein vielfältiges Kärnten bin, in welchem Slowenisch und Deutsch gleichberechtigt nebeneinander von jenen gesprochen werden, die es wünschen.

FELDNER: Nochmals: Die Einschaltung des Kärntner Heimatdienstes in Tageszeitungen »Ortstafeln schaffen kein Slowenisch-Kärnten!« auf die Marjan Sturm offenkundig Bezug genommen hat, ist das typische Beispiel für unsere Strategie der kleinen Schritte. Es ist das vorsichtige Heranführen von skeptischen Menschen an eine Realität, die mit dem Konsens geschaffen wurde, an eine noch nicht politische Realität, aber an eine Realität im Unterbau sozusagen, in der Vorstufe der Politik. Und da ist es wichtig, immer wieder klarzustellen, dass es in unserem Konsensmodell nicht um 158, sondern nur um 67 zusätzliche, überwiegend kleine Ortschaften geht.

Den skeptischen, zumeist bewusst fehlinformierten Bürgern die Angst vor einigen Dutzend weiteren zweisprachigen Ortstafeln zu nehmen, die Menschen daran zu erinnern, dass schon seit 30 Jahren – von keiner Seite mehr beanstandet und heute kaum mehr beachtet – fast 80 Orte mit zweisprachigen Tafeln ausgestattet sind, ist unsere Absicht. Den Verunsicherten klar zu machen, dass zweisprachige Ortstafeln keine Marksteine eines »Slowenisch-Kärnten« sind, dass es in Kärnten 2.800 Orte gibt und bei sechzig, siebzig oder achtzig zusätzlich deutsch-slowenisch zu beschildernden Orten noch immer 95 Prozent der Kärntner Orte rein deutsch beschildert bleiben und dass das dann auch noch in 80 Prozent der Orte in Südkärnten der Fall ist, darum geht es dabei.

Die Sache mit der absurden Angst vor einem Slowenien, das nur ein Viertel der Einwohner Österreichs aufweist, ist noch immer ein

Haupthindernis für eine selbstverständliche Akzeptanz von einigen Dutzend zweisprachigen Ortstafeln. Man sollte sich einmal in die Situation der Menschen in Slowenien hineindenken, in die Situation nach vielen Jahrhunderten, erstmals einen souveränen Staat bilden zu können. Das ist ja etwas Gewaltiges. Das ist für einen national denkenden Menschen das Nonplusultra, das Ziel aller patriotischen Wünsche. Das ist Slowenien gelungen. Und Slowenien braucht jetzt auch Zeit. Es muss natürlich, Sturm sagt das vollkommen richtig, der eigenen Bevölkerung zeigen und demonstrieren, dass Kärnten – auch wenn es nie slowenisch sein wird – dennoch einen festen Platz im nationalen Denken der Slowenen hat. Nur, wir würden von Slowenien mehr Sensibilität erwarten. Eine solche lässt Slowenien bei der Einbeziehung von Südkärnten beispielsweise in den »Atlas Sloweniens«, in die »Enzyklopädie Slowenien« oder in den »Slowenien Kunstführer«, um nur einige Beispiele zu nennen, vermissen. Die Kritik – erst kürzlich vom renommierten Kärntner Historiker Alfred Ogris geäußert – richtet sich vor allem dagegen, dass oftmals, nicht immer, die Trennlinie zwischen dem territorialen und dem ethnischen Prinzip nicht gezogen wird, sodass zwangsläufig der Eindruck entstehen muss, es handle sich um Örtlichkeiten in Slowenien.

Unter dem Titel »Was erwartet Kärnten von Slowenien?« haben wir im Dezember 2006 in unserer Zeitung »Der Kärntner« an Slowenien appelliert, Südkärnten nicht weiter in einen »gemeinsamen slowenischen Raum« miteinzubeziehen. Dazu müsste Südkärnten nicht aus Atlanten, Kunstführern, Landkarten oder Briefmarken Sloweniens beseitigt werden. Es würde genügen, jeweils unzweideutig darauf hinzuweisen, dass es sich bei Südkärnten nicht um ein slowenisches Gebiet, sondern um ein Territorium des Nachbarstaates Österreich handelt. Das müsste dann auch im Titel etwa des »Atlas Sloweniens« zum Ausdruck kommen, der dann »Atlas Sloweniens mit angrenzenden österreichischen Regionen« zu lauten hätte.

Mit derartigen Korrekturen bzw. ergänzenden Feststellungen in staatsbezogenen Publikationen Sloweniens wäre nicht nur der »Urangst« die letzte Begründung entzogen, die Einbeziehung Südkärntens könnte dann sogar als willkommene Werbung des Nachbarlandes Slowenien für Kärnten gewürdigt werden.

Auf diese Weise könnte dem skeptischen und irregeführten Teil der Deutschkärntner deutlich gemacht werden, dass die Einbeziehung Kärntens in das nationale Denken der Slowenen nicht mit Gebietsforderungen gleichzusetzen ist.

Das alles heißt nicht, dass wir uns das Recht nehmen lassen, Slowenien immer und immer wieder auf seine Pflicht hinzuweisen, endlich auch seiner deutschen Minderheit die verfassungsrechtliche Anerkennung und, in einem ersten Schritt jedenfalls, die zu deren Überleben und zur Weiterentwicklung notwendigen Basisrechte zukommen zu lassen. Eine weitere Intensivierung der grenzüberschreitenden Zusammenarbeit, für die der Kärntner Heimatdienst eintritt, verlangt zwingend strikte Gegenseitigkeit. Wenn Slowenien immer wieder sein nationales Naheverhältnis zu Kärnten zum Ausdruck bringt, dann sollte es sich auch verstärkt daran erinnern, wie stark seine Geschichte auch mit dem viele Jahrhunderte hindurch befruchtenden deutsch-österreichischen Element auf seinem Territorium verbunden ist und sollte das auch positiv erwähnen, was bis heute leider noch nicht der Fall ist.

Es würde in Kärnten viele Sympathien erzeugen, wenn man sich in Slowenien auch in den Schulen der alten deutschen Ortsnamen entsinnen würde. Kein Ernst-zu-nehmender von uns wird heute sagen, Slowenien muss jetzt zweisprachige Ortstafeln aufstellen. Da wissen wir, das ist irreal, das ist utopisch, weil es in den meisten dieser Orte leider keine deutsche Bevölkerung mehr gibt. Das ist die Realität, die wir zur Kenntnis nehmen müssen, auch wenn sie schmerzt, weil man weiß, wie radikal und brutal das kommunistische Jugoslawien auf dem Territorium des heutigen Slowenien die Volksgruppenfrage in Bezug auf die Deutschen gelöst hat. Nämlich mit Mord und Vertreibung nach Kriegsende. Deshalb ist die Forderung umso mehr berechtigt, dem kleinen Rest der ursprünglich starken deutschen Volksgruppe gegenüber endlich Großzügigkeit zu zeigen.

Heute sollte Slowenien mit Blick auf die Zukunft und im Interesse einer Festigung der guten Nachbarschaft auch die Gemeinsamkeiten einer jahrhundertelangen Geschichte mit Österreich anerkennen. Es sollte das aus dem eigenen Selbstverständnis heraus schon den Schülern vermitteln, mit dem Hinweis: Das ist auch Teil unserer Geschichte. Das glaube ich, wäre ein wesentlicher Schritt.

STURM: Ich kenne viele Atlanten – auch solche, die heute noch in den Volksschulen Kärntens verwendet werden – die viele Ortsbezeichnungen in Slowenien zweisprachig, slowenisch-deutsch, anführen. Ich habe deshalb noch keine Kritik aus Slowenien gehört. Ist man da aufseiten des Heimatdienstes nicht etwas überempfindlich? Oder schauen wir uns einige österreichische Straßenkarten an, die durchaus Mailand anstatt Milano, Venedig anstatt Venezia oder Brünn anstatt Brno anführen. In den genannten Ländern regt sich niemand darüber auf. Es stimmt, dass es ein gemeinsames Kulturerbe gibt. Daher wäre es auch in Kärnten und Österreich in den Schulen interessant, etwas mehr über die sprachlich kulturelle Vielfalt unseres Landes zu unterrichten. Viele Kärntner Orts-, Flur- und Vulgonamen haben slowenische Wurzeln. Warum sollten das die Schüler nicht auch erfahren?

FELDNER: Marjan Sturm hat schon recht. Natürlich sagen wir Deutschkärntner Mailand und nicht Milano, Rom und nicht Roma sowie Laibach und nicht Ljubljana. Und wir haben selbstverständlich nichts dagegen, wenn unsere Kärntner Landeshauptstadt Klagenfurt von den Slowenen »Celovec« genannt wird. Uns geht es nur um die vielen kleinen, auch außerhalb des gemischtsprachigen Gebietes gelegenen Kärntner Orte, oft nur Weiler, in denen keine Slowenen leben und die dennoch – etwa im »Atlas Slovenije« – auch slowenisch bezeichnet werden. Andererseits findet sich in slowenischen Atlanten und Landkarten keine einzige deutsche Bezeichnung, auch nicht für Sloweniens zweitgrößte Stadt Maribor/Marburg, die bis 1918 noch überwiegend deutschsprachig gewesen ist, und die heute noch eine, wenn auch nur mehr kleine deutsche Volksgruppe beherbergt. Hier sollte Slowenien mehr Sensibilität zeigen und jeglichen Eindruck eines slowenischen Anspruchsdenkens vermeiden.

Erfreuliche Ansätze dafür sind bereits zu erkennen. Waren im Atlas Slovenije, Ausgabe 1992, noch viele Kärntner Seen und Flüsse, sowie Berg- und Flurnamen ausschließlich slowenisch bezeichnet, so scheinen diese in einer 2005 erschienenen Neuauflage bereits ausnahmslos zweisprachig deutsch-slowenisch auf. Das ist ein Schritt weg vom Eindruck eines nationalen Anspruchsdenkens. Auf unseren Wunsch an Slowenien, in Bezug auf Kärnten mehr Sensibilität zu zeigen, möchte ich später noch einmal etwas ausführlicher zurückkommen.

Nochmals zum Begriff »Slowenisch-Kärnten«: Mit unserem plakativen Aufruf: »Es gibt kein Slowenisch-Kärnten!«, wollen wir Ängste nehmen. Deshalb rufen wir, die durch Angstmache und Desinformation verunsicherten Deutschkärntner – ich möchte fast sagen gebetsmühlenartig – auf: Habt doch bitte keine Angst mehr! Es besteht längst kein Grund mehr zur Sorge. Slowenien erhebt keine Gebietsansprüche gegenüber Kärnten, das ist vorbei. Auch mit ein paar Dutzend Ortstafeln kann kein slowenisches Territorium geschaffen werden, solange 90 Prozent der Bewohner Südkärntens deutschsprachig sind. Glaubt uns das doch bitte und zeigt endlich mehr Selbstbewusstsein!

STURM: Das ist aber ein interessanter Hinweis auf eine Entwicklung, die beide betrifft. Ich habe eine Studie der österreichischen Raumordnungskonferenz gelesen, die darauf hinweist, dass die Entwicklung Kärntens bis 2050 eine ziemlich kritische werden wird: Mit der Überalterung der Bevölkerung, mit der Abwanderung der Fachkräfte und der Konzentration der Industrie bzw. des Wirtschaftspotenzials um Klagenfurt und Villach sind große Probleme zu lösen. Eine ähnliche Entwicklung ist auch in Slowenien zu verzeichnen, also eine geringe Natalität, und insofern könnte ich mir vorstellen, dass in Zukunft der eine beim anderen darum werben wird: »Komm zu uns!«. Objektive Prognosen zeigen, dass die Entwicklung in diese Richtung geht.

Der Hinweis von Josef Feldner auf die gemeinsame Entwicklung und Geschichte und Zukunft der zwei Staaten ist interessant und wichtig, kann aber keine Einbahnstraße sein. Wir haben nämlich hier im Land das Problem: Die Ortstafeldiskussion ist aufgrund eines Erkenntnisses des Verfassungsgerichtshofes entstanden, der einen völkerrechtlichen Vertrag interpretiert hat und zu einem Rechtsanspruch gekommen ist. Etwas anderes ist, dass natürlich in diesem Raum, sowohl in Slowenien wie in Kärnten aufgrund der gemeinsamen Geschichte die Vielfältigkeit vorhanden ist. Ich kann auch nachweisen, dass es weit über Südkärnten, sogar über Kärnten hinaus slowenische Flurnamen oder Ortsnamen gibt. Matrei in Osttirol hat noch bis zum Zweiten Weltkrieg Windisch Matrei geheißen. In Slowenien hat man in der in Kärnten so oft gescholtene Enzyklopädie Slowenien die Gründungsurkunde der Stadt Ljubljana im deutschen Original abgedruckt. Unsere Regionen tragen die Vielfalt in sich, ob wir wollen oder nicht. In der Zeit des Nationalismus hat hier Abgrenzung stattgefunden. Und jetzt kommen wir in eine neue Phase und müssen uns die Frage stellen, wie gehen wir damit um? Zuerst einmal müssen rechtsstaatliche Normen umgesetzt werden. Es kann keine Diskussion darüber geben, ob ein Erkenntnis des Verfassungsgerichtshofes umgesetzt wird oder nicht. Dann sollten wir uns einer breiteren Dimension stellen. Die Einen wie die Anderen. Ich glaube, es gäbe die Perspektive zu sagen, wir haben hier einen Raum mit vielfältigen Wurzeln, missbrauchen wir das jetzt nicht länger für den Nationalismus. Weder die einen noch die anderen. Nehmen wir unsere Vielfalt als eine Ressource, eine kreative Ressource, um das Heute oder das Morgen damit besser zu gestalten, das wäre die Conclusio aus dieser Entwicklung.

FELDNER: Das ist ja schon fast ein Schlusswort für das gesamte Buch! Unser gemeinsames Kärnten, den Raum, der so viel Gemeinsamkeit beinhaltet, der so viel historisch entstandene Übereinstimmung erkennen lässt, nicht für nationalistische Ziele zu missbrauchen, das sollte ein Kernanliegen für Deutsch- wie für Slowenischkärntner sein. Ganz besonders sollte das für die Exponenten und die Meinungsbildner innerhalb der deutschsprachigen Mehrheit und der slowenischsprachigen Minderheit gelten.

Wir sollten davon wegkommen, zu sehr die Unterschiede zu analysieren, das, was uns trennt, an die Spitze zu stellen, sondern forschen und hinterfragen, was können wir an Gemeinsamem schaffen, was können wir gemeinsam bewegen, was können wir gemeinsam gestalten für dieses Land, für diese Region, für unsere Zukunft, für die Zukunft der kommenden Generationen?

Es gibt eine ganze Menge von Problemen, ob das jetzt wirtschaftliche oder soziale Bereiche sind. Aber auch hier werden wir vorankommen.

Unser nächster Schritt muss sein, den jetzt laufenden Dialogprozess mit großem Einsatz und größtmöglicher Überzeugungskraft konsequent auf das Ziel auszurichten, die noch weit verbreiteten Vorurteile sukzessive zu beseitigen, das Misstrauen und die Aversionen abzubauen. Dann können wir den nächsten Schritt wagen und hinterfragen, auf welche Weise wir gemeinsam dieses Land gestalten, notfalls auch gemeinsam auf die Politik einwirken können, wie wir das jetzt schon im Zusammenhang mit unserem Bemühen um eine gerechte Lösung der Ortstafelfrage praktizieren. Die Ausdehnung auf andere Bereiche bietet eine faszinierende Vision für die Zukunft. Eine Zielsetzung ohne Ablaufdatum.

Genau darum geht es! Unser Dialog, dessen Ernsthaftigkeit wir in den letzten beiden Jahren hinreichend beweisen konnten, soll kein Strohfeuer sein, keine auf Augenblickserfolge abzielende Show. Er muss ein auf Dauer ausgerichteter Prozess mit festem Fundament, mit klaren Zielen und vor allem auch mit Visionen werden!

### Zukünftige Konflikte? Entwicklungstendenzen und Bedrohungswahrnehmungen

GRAF/KRAMER: Kann mit dem Dialogprozess noch etwas schief gehen? Was wird passieren, wenn es zu keiner nachhaltigen und von allen wesentlichen Konfliktparteien akzeptierten Konfliktlösung kommt? Wenn entweder weiter gar nichts passiert, oder wenn es nur zu einem schlechten Kompromiss kommt? Sind Sie nicht zu optimistisch, vielleicht sogar naiv und schauen mit einer rosaroten Brille auf die eigene Konsenslösung? Wie sieht – sozusagen als Gegengift – eine kritische Analyse aus, eine pessimistische Einschätzung, eine negative Prognose? Könnte es in Zukunft noch einmal zu einer gewaltsamen Konfliktaustragung kommen?

STURM: Ich glaube, dass dieser Konflikt ein politischer Konflikt ist und damit zu tun hat, dass es politische Eliten gibt, die damit Stimmen maximieren wollen. Ich bin sehr wohl der Überzeugung, dass wir unter einem anderen Landeshauptmann heute schon viel weiter wären. Aber es ist halt so, dass diese Frage durch politische Kräfte, die glauben, damit politisches Kapital zu erzielen, missbraucht wird. Gerade deswegen halte ich den Dialog für sehr wichtig. Ich glaube, dass wir durch diesen Dialog die Strategie jener Kräfte, die einer Eskalation das Wort geredet haben, wenigstens ein wenig durchkreuzt haben. Aus dem Konflikt politisches Kapital zu schlagen, ist eine Sache, problematisch wird dies durch das dahinter liegende Spannungsfeld. Einerseits sehen wir alle die Meinungsfreiheit als Grundrecht, andererseits gibt es die Grenze dieser Meinungsfreiheit, dort wo es zu Verhetzung und rassistischer Propaganda für politische Zwecke kommt. Wir haben gezeigt und zeigen, dass es auch anders geht.

Wir haben in unserem demokratischen System das Problem, dass manche Politiker alte Versatzstücke aus der Geschichte instrumentalisieren und damit um Stimmen kämpfen, wobei dies in einem Gebiet wie dem unseren »verlockend« ist. Dazu kommt, dass die anderen politischen Parteien in dieser Frage zu ängstlich sind, weil sie nicht richtig einschätzen können, ob der Ortstafelkonflikt Stimmen kosten könnte. Anstatt offensive Gegenstrategien zu entwickeln, humpeln sie der Entwicklung hinterher und überlassen die Initiative dem Landeshauptmann, der offensichtlich mit diesem Potenzial spielt. Das kann schon dazu führen, dass, wenn keine weiteren Ortstafeln aufgestellt werden, der erreichte noch relativ gute Kompromiss wieder abbröckelt, und wieder eine Eskalationsdynamik einsetzt. Daher glaube ich, dass dieser Dialogprozess für dieses Land sehr wichtig ist und fortgesetzt gehört. Wir sollten ihn dahingehend vertiefen, dass wir auch gemeinsame Projekte zu entwickeln beginnen, die dazu führen, dass die Menschen die größeren Zusammenhänge erkennen. Es wird in Zeiten knapper werdender Budgets in Bereichen wie dem Bildungs- und Gesundheitswesen und natürlich in den Sparten der Wirtschaft zu völlig neuen Kooperationsformen kommen müssen, auch grenzüberschreitend. Wir sollten den Blick für diese Dimensionen öffnen und positive Kräfte fördern und ausbauen. Ich bin jedenfalls überzeugt, dass wir durch unsere Dialogbereitschaft auf einem guten Weg sind, Verhältnisse wie in den Siebzigerjahren nicht mehr aufkommen zu lassen. Obwohl es vielleicht einige gibt, die das gerne hätten.

FELDNER: Ja, diese Einschätzung teile ich auch.

STURM: Insofern glaube ich, dass die Menschen doch schon weiter sind, als vor 30 oder vor 10 Jahren und wir in eine positive Zukunft blicken können.

FELDNER: Nun, die Frage war, was könnte schief gehen? Ich möchte auf eine ganz andere Problematik hinweisen. Eine Entwicklung, die ich nicht dramatisieren möchte, die wir aber beobachten. Das sind die Pläne in Bezug auf die Schaffung einer Europaregion, einer sogenannten »Euregio«. Diese Euregio-Pläne haben wir einmal auch schon mit der Gefahr eines allmählichen Abdriftens Kärntens vom übrigen Österreich in Verbindung gebracht.

Unverständlicherweise wird diese Euregio-Entwicklung in Österreich so gut wie nicht beachtet. Ich habe mich intensiv damit auseinandergesetzt und auch einiges in dieser Richtung publiziert. Dazu muss ich kritisch vermerken, dass mit dem Streben nach Euregio das eigentliche Ziel, ein immer stärkeres grenzüberschreitendes Zusammenwirken zu erreichen, verloren geht und dass stattdessen wieder die jeweiligen nationalistischen Interessen in den Vordergrund treten. Somit genau das Gegenteil dessen, was man erreichen will. Dazu kommen separatistische Interessen, die verschiedene italienische Regionalgruppierungen mit der Euregio verwirklichen möchten. Das wurde von Rom aufmerksam beobachtet und auch verurteilt.

Dazu zeigen die italienischen Regionen Friaul-Julisch Venetien und das Veneto ganz offenkundig ihre nationalen Interessen an heute slowenischen und kroatischen Gebieten, die im 20. Jahrhundert zum Teil viele Jahre lang italienisch gewesen sind. Es geht im Rahmen der Euregio offenkundig um eine künftig engere Bindung ehemaliger italienischer Gebiete an die italienischen Regionen.

In Slowenien wiederum drängt man darauf, diesen italienisch-nationalen Interessen gegenzusteuern, fordert die Mitwirkung des Gesamtstaates an einer solchen Euregio und meldet auch gleich die Führungsposition an. Laibach sei der natürliche Mittelpunkt und müsse die Hauptstadt einer solchen Euregio sein, die nach neuesten Vorstellungen auch Kärnten, Friaul-Julisch Venetien, das Veneto und die istrianischen Teile Kroatiens umfassen soll. Dem wiederum widersprechen die Italiener, die Triest als »Metropole« sehen wollen und sogar die Provinzhauptstadt Udine sieht sich zur Zentrale befähigt.Wir sehen, Streit bis hin zu Konflikten ist vorprogrammiert. In Kroatien ist es zu ersten Demonstrationen gegen diese Projekte gekommen, die direkt mit versteckten italienischen Gebietsforderungen in Zusammenhang gebracht wurden. Genau das kann jedoch nicht im Interesse eines überregionalen Einigungsprozesses sein und könnte auch die Bemühungen unterlaufen, ein konfliktfreies Nachbarschaftsverhältnis zwischen Slowenien und Kärnten zu schaffen. Interessant ist, dass man in unserer Presse so gut wie nichts darüber erfährt.

GRAF/KRAMER: Landeshauptmann Haider verfolgt ebenfalls die Idee einer Kooperation Kärntens mit Slowenien, Friaul, dem Veneto und kroatischen Regionen im Rahmen einer Euregio. Umgekehrt wiederum lehnen ganz unterschiedliche Kräfte wie die italienische Zentralregierung, der Politikwissenschaftler Anton Pelinka und auch Sie, Herr Feldner diese Idee ab, weil sie die Schwächung oder gar Auflösung der Nationalstaaten und ein Bündnis zwischen regionalistischen Autonomiebewegungen befürchten. Wie sehen Sie dieses Spannungsfeld?

FELDNER: In Kärnten verfolgt ein solches Euregio-Konzept in erster Linie Landeshauptmann Jörg Haider, der in einem »Standard«-Interview im März 2003 die Euregio-Pläne mit den Worten: *»Es kommt zusammen, was zusammengehören will«* befürwortete.

Im Juni 2007 nahm Haider als Vertreter Kärntens in der friulanischen Villa Marin an der Gründung des »Europäischen Verbunds für Territoriale Zusammenarbeit« (EVTZ), dem »institutionellen Vorzimmer der Euroregion im Alpen-Adria-Raum« teil. Dort wirkten auch die Vertreter von Friaul-Julisch Venetien, dem Veneto sowie von zwei kroatischen Komitaten mit.

Slowenien, das auch eingebunden werden soll, nahm nicht teil, weil die Steiermark und angrenzende ungarische Komitate nicht eingeladen waren. Auch daran erkennt man völlig unterschiedliche Interessen, die keinesfalls den Interessen einer Intensivierung der grenzüberschreitenden Zusammenarbeit dienen. Interessant ist in diesem Zusammenhang, dass sich Sloweniens Außenminister Rupel für die Einbindung der Steiermark in die Euregio engagierte.

Neben den schon erwähnten Gründen steht der Kärntner Heimatdienst einer Euregio auch deshalb ablehnend gegenüber, weil Slowenien vehement auf die Führungsposition drängt, was zu neuem Misstrauen in Kärnten führen könnte. So wünschte sich Sloweniens

Außenminister Dimitrij Rupel im Juni 2006 bei einem Gespräch mit Steiermarks Landeshauptmann Voves »*Slowenien als Mittelpunkt einer Europaregion, umkreist von österreichischen, italienischen und ungarischen Regionen.*« Auch präzisierte er deutlich: »*Die Rolle des Zentrums einer solchen Euregio steht Laibach zu.*«

Die Position des Heimatdienstes ist klar: Es bedarf keiner Euregio. Innerhalb der EU gibt es ohnehin keinerlei Hindernisse für eine intensive grenzüberschreitende Zusammenarbeit. Viel wichtiger als alle Regionspläne ist eine konfliktfreie gute Nachbarschaft auf der Ebene der Gleichordnung nach außen und die Verständigung zwischen deutschsprachiger Mehrheit und slowenischsprachiger Minderheit in der gemeinsamen Heimat Kärnten.

Nun aber noch ein kritischer Hinweis in Richtung Politik zur Frage, was im laufenden Verständigungsprozess noch schief gehen könnte: Wir haben die überaus ungewöhnliche Situation, dass der Dialogprozess derzeit nahezu ausschließlich außerhalb der Politik auf Vereinsebene geführt wird und dass von der Politik – wie schon erwähnt – diesbezüglich so gut wie keine Unterstützung erfolgt.

Unsere Konsensgruppe ist es derzeit, die landauf, landab in gemeinsamen Veranstaltungen mit nicht unbeträchtlichen Kosten, für ein Klima des gegenseitigen Vertrauens wirbt, alleingelassen von der Politik. Das, obwohl auch fast alle Parteien ein Vertrauensklima innerhalb der Mehrheitsbevölkerung als wesentliche Voraussetzung für eine bessere und vor allem angstfreie Akzeptanz weiterer zweisprachiger Ortstafeln ansehen.

**DER ZWEITE TAG**

**Von der Verständigung zur differenzierten Auseinandersetzung.**

Einige Tiefendimensionen der Konflikte in und um Kärnten

GRAF/KRAMER: Bevor wir mit neuen Fragen weitermachen: Gibt es Anmerkungen und Nachträge zum gestrigen Tag?

FELDNER: Ja, ich möchte auf die Analyse der Beziehungen zwischen Mehrheit – Minderheit noch etwas näher eingehen. Einer der Problembereiche ist, dass die Mehrheit das Gefühl hat, man erfülle immer nur die Wünsche der Minderheit. Es gibt aber auch viele Forderungen und Wünsche der Mehrheit, die werden von dieser Seite auch artikuliert und der Kärntner Heimatdienst ist zumeist der Träger solcher Wünsche, der diese entsprechend formuliert und vorbringt.

Nicht nur, dass Politik und Medien solchen Forderungen nur selten das nötige Augenmerk schenken, wir würden uns auch etwas mehr Verständnis von der Minderheitenseite erwarten. Vor allem dann, wenn es um Forderungen geht, die nicht mit jenen der Minderheit kollidieren, wie etwa die Forderung nach Gleichbehandlung mit den Slowenen im Bereich der Vereinsförderung. Die Forderung nach Erhöhung der Zuwendungen, ohne dass den slowenischen Vereinen etwas gekürzt wird, die aber Verständnis zeigen für berechtigte Wünsche der anderen, dient der Klimaverbesserung und damit dem friedlichen Miteinander.

Und dann etwas, das immer wieder kritisiert wird: Es komme von der slowenischen Volksgruppe so gut wie nie ein Ansatz von Dankbarkeit gegenüber Österreich für die Fülle an zuerkannten Rechten und Einrichtungen. Wie wäre es, wenn man von slowenischer Seite einmal sagen würde, wir haben zwar vieles an Forderungen noch offen, es ist aber auch vieles erfüllt. Das wäre doch ein Ausdruck der Anerkennung für eine Minderheitenpolitik, die im September 2000 sogar von den drei EU-Weisen als europaweit beispielgebend gewürdigt worden war.

Zugegeben: Das sind im Prinzip Kleinigkeiten, aber es wären Gesten, die nicht unwesentlich die Sympathiewerte in der Mehrheitsbevölkerung für die slowenischen Mitbürger und vor allem für deren Repräsentanten steigen ließen.

STURM: Es fällt mir auf, dass gewisse Dinge von Josef Feldner nicht wahrgenommen bzw. immer wieder verdrängt werden. So haben die slowenischen Organisationen schon des Öfteren feierliche Bekenntnisse zu Österreich und gemeinsam mit den österreichischen Widerstandsorganisationen auch ein Bekenntnis zur österreichischen Nation abgegeben. Und das schon in einer Zeit, in welcher die österreichische Nation von gewissen Politikern als »Missgeburt« bezeichnet worden ist. Wir fühlen uns als Österreicher mit slowenischer Sprache und Kultur. Wenn Josef Feldner jetzt eine Dankbarkeit für Leistungen Österreichs im Bereich des Minderheitenschutzes einfordert, dann suggeriert er indirekt, dass wir nicht genug patriotisch eingestellt wären, was natürlich nicht stimmt. Diese Frage hat auch etwas mit Würde zu tun. Es würde Josef Feldner sicherlich nicht einfallen, von den Kärntner Bauern eine Dankbarkeit für die Förderungen durch EU, Bund und Land einzufordern, um nur ein Beispiel zu nennen. Genauso wie die Bauern einen Rechtsanspruch auf Förderungen haben, haben auch die österreichischen Volksgruppen aufgrund der Gesetzeslage und der im Jahre 2002 beschlossenen Staatszielbestimmung ein Recht auf Förderungen. Diese Staatszielbestimmung wurde im Parlament einstimmig beschlossen.

FELDNER: Ich gehöre ganz sicher nicht zu jenen, die den slowenischen Organisationen in Kärnten ein Bekenntnis zu Österreich absprechen. Das möchte ich an die Spitze stellen. Auch meinen Wunsch, man möge von slowenischer Seite Österreichs fördernde Minderheitenpolitik manchmal auch entsprechend positiv beurteilen, hat Marjan Sturm völlig missverstanden. Natürlich ist Österreich schon aufgrund des Staatsvertrages 1955 verpflichtet, die natürliche Entwicklung der slowenischen Volksgruppe sicherzustellen. Natürlich wird eine fördernde Minderheitenpolitik auch unabhängig von unseren völkerrechtlichen Verpflichtungen als Grundrecht betrachtet. Selbstverständlich besteht darauf auch ein Anspruch. Das wird von keinem ernst zu nehmenden Menschen in Kärnten bestritten. Wenn ich mir und mit mir, wie ich weiß, viele Menschen in Kärnten von slowenischer Seite manchmal einige anerkennende Worte für Österreichs Minderheitenpolitik erwarten, dann soll das die oftmals überaus scharfe und wie ich meine, insgesamt gesehen zu Unrecht erfolgende generelle Verurteilung der österreichischen Minderheitenpolitik im Ausland korrigieren. Auch wenn slowenische Exponenten zurecht verärgert sind über die Entscheidungsschwäche der politisch Verantwortlichen in der Ortstafelfrage, so sollten dabei nicht die sonstigen den Slowenen längst zuerkannten Rechte und Einrichtungen verschwiegen werden. Damit könnte ohne große Anstrengung jenen in Kärnten der Wind aus den Segeln genommen werden, die der slowenischen Volksgruppe noch immer misstrauisch gegenüberstehen.

Die an früherer Stelle behauptete Identität von Kärntner Heimatbund mit Kärntner Heimatdienst habe ich bereits zurückgewiesen. Ergänzend dazu nur einige Hinweise über den Unterschied zwischen dem historischen Kärntner Heimatdienst des Jahres 1920 und dem jetzigen Kärntner Heimatdienst.

Der historische Kärntner Heimatdienst ist die aus der sogenannten Landesagitationsleitung hervorgegangene öffentlich-rechtliche Organisation, in der alle damaligen Landtagsparteien vertreten waren und die erfolgreich die Propagandaarbeit für den Verbleib der strittigen Abstimmungszone A bei Österreich geführt hatte.

Der heutige Kärntner Heimatdienst wurde 1957, somit genau vor 50 Jahren, als Dachverband von Heimatorganisationen mit deklarierter politischer, wenn auch nicht parteipolitischer Aufgabenstellung gegründet. Mit dem Ziel, außerhalb der politischen Parteien die Interessen der Deutschkärntner im Kärntner Grenzland zu vertreten. Der Kärntner Heimatdienst fühlt sich heute als Traditionsträger des historischen Kärntner Heimatdienstes. Neben der Dankbarkeit für die Erhaltung der Kärntner Landeseinheit im Verbund mit Österreich ist heute Gemeinsamkeit und Verständigung die Kernbotschaft. Noch kurz erwähnt sei, dass der Kärntner Heimatdienst seit einigen Jahren kein Dachverband mehr ist, sondern ein Verein mit rund 25.000 Mitgliedern und Förderern, darunter bereits einige Tausend auch aus den anderen Bundesländern. Die Aufgabe des Heimatdienstes beschränkt sich längst nicht mehr nur auf Kärnten, sondern umfasst Angelegenheiten von gesamtösterreichischem und auch europäischem Interesse.

Nun aber noch einige Gedanken zur Kärntner Volksabstimmung 1920: Die Kernbotschaft, gleichsam auch das Vermächtnis der Volksabstimmung lautete: *»Das nächste Ziel heißt: Versöhnung, Verständigung, Frieden.«*, veröffentlicht wenige Tage nach Bekanntgabe des proösterreichischen Ergebnisses der Kärntner Volksabstimmung in der Zeitung des Kärntner Heimatdienstes »Kärntner Landsmannschaft«. Dieses Vermächtnis sollte neben Zukunftsthemen stärker in den Mittelpunkt der Erinnerungsfeiern gerückt werden. Dazu passt noch ein Zitat des Vorstandsmitglieds des Kärntner Heimatdienstes, Dr. Reinprecht, vom 29. November 1920, ebenfalls aus der Zeitung des Heimatdienstes: *»Wenn wir den günstigen Ausgang der Volksabstimmung in Kärnten nur dem einmütigen Zusammenwirken aller politischer Parteien zu verdanken haben, dann muss uns diese Tatsache ein Fingerzeig sein, wie wir es in Zukunft zu halten haben, wenn wir dem Lande dauernden Frieden und aufrichtige Versöhnung zwischen Deutschen und Slowenen sichern wollen.«* Daraus entnehmen wir eine Botschaft, gleichsam ein Vermächtnis. Und in diesem Sinne sollte weiter gearbeitet werden, neben der dankbaren Erinnerung an die erhaltene Landeseinheit im Verbund mit Österreich.

**»Also hat die Geschichte in Kärnten noch keinen Schlussstrich gezogen ...«**

STURM: Ich habe mir gestern am Abend noch einmal dieses berühmtberüchtigte Zitat angeschaut, das immer wieder in die politische Debatte eingebracht wurde und wird. Es geht darum, wie man solche Zitate wahrgenommen hat. Und das berühmte Zitat lautet, ich darf es zitieren: *»Also hat die Geschichte in Kärnten noch keinen Schlussstrich gezogen, sie zieht ihn unter zwei Völkern nur, wenn eines von den beiden nicht mehr besteht. So ist der Abwehrkampf von 1920 im Jahre 1970 immer noch Abwehrkampf, mit den Waffen des Herzens und des Geistes und wird es bleiben, solange es ein deutsches Volk hier, ein slowenisches Volk dort gibt. Dass auch immer nur mit Herz und Geist, nie wieder mit Gewalt ausgetragen werde, das walte Gott«.*

Das ist jetzt das Originalzitat. Auf slowenischer Seite ist dieses Zitat oder die Philosophie, die dahinter steckt, als eine Bedrohung aufgefasst worden. Als eine Androhung, die Assimilationspolitik fortzusetzen. Und da komme ich zu einem zweiten Zitat, nämlich dem des Landesverwesers Arthur Lemisch, der hat nach 1920, nach erfolgreicher Volksabstimmung sinngemäß gesagt, dass man jetzt eine Generation Zeit habe, die Verführten zurück zum Kärntnertum zu führen. Und in der historischen Rezeption wird das von uns so wahrgenommen, dass in der Zwischenkriegszeit in Kärnten massiv und bewusst assimiliert worden ist, bis hin zu Auseinandersetzungen und in der Folge gab es sogar einen Toten. An der LBA (Lehrerbildungsanstalt) hat man in dieser Zeit manchen Kärntner Slowenen nicht zum Studium zugelassen. Es wurde eine bewusste Assimilationspolitik betrieben.

Für mich ist in diesem Kontext völlig klar, dass gewisse Zitate des Kärntner Heimatdienstes bei manchen Angehörigen der slowenischen Minderheit historische Traumata wachrufen. Wenn z. B. in den Siebzigerjahren auf einer Heimatdienstveranstaltung das Plakat mit der Aufschrift »Slowenisches Gymnasium – das große Gift« mitgetragen wurde. Oder wenn in einem Film, produziert vom Heimatdienst unter dem Titel »Lava des Hasses« völlig unkritisch und tatsachenwidrig behauptet wird, dass das Peršman-Massaker von den Partisanen selbst verübt worden ist, obwohl die Akten des Justizministeriums und des Innenministeriums ein völlig anderes Bild zeigen. Der für dieses Verbrechen Verantwortliche wurde in Budapest zu einer lebenslangen Haft verurteilt. Daher darf eine solche krasse Fehlinformation, wie im besagten Film, einfach nicht passieren und ich erwarte dazu eine unmissverständliche Klarstellung. Darüber hinaus geht es mir aber darum, aufzuzeigen, dass bei Menschen, die unter dem Nationalsozialismus gelitten haben, solche Dinge alte traumatische Erinnerungen wachrufen. Josef Feldner mahnt immer wieder eine größere Sensibilität der slowenischen Minderheit dafür ein, dass der österreichische Staat doch Leistungen für die Minderheit erbringt. Aber auch hier gilt, Sensibilität kann keine Einbahnstraße sein. Ich mahne ein, dass der Heimatdienst in seinen Aussagen und Druckwerken darauf Rücksicht nimmt, dass Angehörige der slowenischen Minderheit besonders sensibilisiert sind, durch die Geschichte in der Zwischenkriegszeit und ganz im Besonderen durch die Nazizeit. Offensichtlich geht es wieder um das Problem der beiden Mentalitäten: Auf der einen Seite die Mentalität der Mehrheit – wir haben alles richtig gemacht – und auf der anderen Seite die Mentalität der Minderheit – wir waren immer Opfer. Ich möchte hier meinen Synthesegedanken noch einmal einbringen, wie kann man hier etwas Neues entwickeln? Um es zu verdeutlichen: Wenn in den Siebzigerjahren auf Kärntner Heimatdienst-Veranstaltungen ein Plakat gezeigt wird, »Slowenisches Gymnasium – das große Gift«, dann bedeutet dies, dass in den Köpfen von Minderheitenangehörigen die ganze Historie als die einer unterdrückten Gruppe abläuft und immer wieder präsent wird.

Das sollte man diskutieren und versuchen herauszufinden, warum hat es auf Mehrheitsseite – aus meiner Sicht – zu wenig Sensibilität gegeben, die Gefühle der Minderheit zu verstehen und auf diese auch einzugehen? Mir geht es darum zu zeigen, dass offensichtlich nach 1920 eine Politik entwickelt worden ist, die darauf ausgerichtet war, dass so etwas wie 1918 bis 1920 nicht mehr passieren sollte. Es wurde aber eher eine Assimilationspolitik durchgeführt. Das hat auf der anderen Seite zu einer reaktiven Ethnizität geführt, die slowenische Volksgruppe hat sich organisiert oder versuchte sich zu organisieren, wie ein Staat im Staat. Was, wenn in Kärnten nach 1920 eine bewusste Versöhnungspolitik eingeleitet worden wäre? Wie hätte sich der Geschichtsverlauf verändert? Es ist nicht passiert und genau in dieser Konstellation war es unmöglich, gewisse Dinge kritisch und selbstkritisch aufzuarbeiten. Das ist der Punkt, der mich heute interessiert. Welche Schlussfolgerung ziehen wir aus der Geschichte? Ich denke, dass man für die slowenische Minderheit sagen muss, dass eine Minderheit aufpassen muss, nicht kongenial zur Politik der Mehrheit aufzutreten und die Mehrheitsseite sollte mehr Sensibilität für das Zusammenleben entwickeln und dabei auch die Anliegen der Minderheit nicht von vornherein als abwegig beiseite schieben. Es stimmt schon, was der Josef Feldner sagt, dass nämlich auf verbaler Ebene immer wieder Gemeinsamkeit und Verständigung unterstrichen worden sind, das ist keine Frage. Aber in der realen Politik hat das Zusammenleben andere Formen angenommen. Beispielhaft dafür steht die Geschichtsaufarbeitung, die jahrzehntelang als eine Legitimationsgeschichte geschrieben worden ist, bis zu einem gewissen Grad auch auf slowenischer Seite. Ich nenne nur die Rolle von Steinacher, der im Kärntner Geschichtsbewusstsein eine wichtige Rolle gespielt hat: In seinem 1943 herausgegebenen Buch über die Volksabstimmung hat er geschrieben »*Österreich wollten wir nicht sagen, Deutschland durften wir nicht sagen, deswegen war unser Kampfruf Kärnten*«. Da gibt es natürlich diese Kontinuitäten des deutschen Nationalismus, das muss man sehen und es wäre heute höchste Zeit, diese Dinge kritisch aufzuarbeiten. Wobei es höchst wahrscheinlich auf der slowenischen Seite auch ähnliche nationale Tendenzen gibt. Dabei möchte ich festhalten, dass mir der Landtagspräsident a. D. Pawlik kürzlich erzählt hat, dass sich Steinacher ihm gegenüber sehr negativ gegenüber der Vertreibung der Kärntner Slowenen ausgesprochen hat.

FELDNER: Marjan Sturm hat nun massiv Kritik an Aussagen, Veröffentlichungen und Publikationen des Kärntner Heimatdienstes geäußert, auf die ich im Rahmen dieses Dialoggesprächs nicht im Detail eingehen kann. Eine ausführliche Auseinandersetzung mit vielen offenen und strittigen Detailfragen würde den Rahmen unseres hier geführten Gedankenaustausches jedenfalls sprengen und wäre kontraproduktiv. Alle diese Fragen und seit Jahrzehnten im Raum stehenden gegenseitigen Vorwürfe sollten wir in eigenen Expertengruppen gemeinsam behandeln und damit sollten wir möglichst rasch beginnen. Darin sind wir uns ja einig, ebenso wie darin, daraus für die Zukunft zu lernen.

Auch wenn ich somit auf viele hier erhobene Detailvorwürfe nicht näher eingehen kann, so sehe ich mich dennoch gezwungen in Bezug auf das von Marjan Sturm gebrachte »Schlussstrich«-Zitat eine Ausnahme zu machen, weil uns dieses seit Jahrzehnten stereotyp vorgehalten wird:

Ich muss die von Marjan Sturm korrekt zitierte Passage, veröffentlicht 1970 im »Ruf der Heimat« – somit vor meiner Zeit als Obmann – noch mit einem nicht zitierten Satz ergänzen: »*... Die Kärntner wollen nichts anderes als im Lande friedlich zusammenleben, wirtschaftlich und sozial vorwärtskommen und für immer zur freien Welt Europas gehören ...!*« Der Autor dieses Artikels wollte somit ganz sicher keinen »Schlussstrich« unter die slowenische Volksgruppe ziehen. Dennoch wurde dieses niemals korrekt wiedergegebene Zitat Jahrzehnte hindurch immer und immer wieder als – übrigens einziger – »Beweis« für die angebliche Slowenenfeindlichkeit des Kärntner Heimatdienstes gebracht. Trotz wiederholter Aufrufe unsererseits, man möge doch andere Beweise bringen, konnte die slowenische Seite keinen einzigen vorlegen.

Zum zweiten von Marjan Sturm vorgebrachten Zitat, »*Slowenisches Gymnasium, das große Gift*«, muss ich zu unserer Rechtfertigung sagen, dass dieses Transparent bei einer von 10.000 Personen besuchten öffentlichen Kundgebung des Kärntner Heimatdienstes gezeigt wurde. Es war kein offizielles Transparent des Kärntner Heimatdienstes, sondern die Einzelmeinung eines Veranstaltungsteilnehmers. Ob es sich bei diesem Teilnehmer um einen Provokateur oder um einen Sympathisanten gehandelt hat, ließ sich nie feststellen.

STURM: Aber der Heimatdienst hat sich meines Wissens nie offiziell von dem Plakat distanziert und zum Film wurde auch noch keine Klarstellung abgegeben.

FELDNER: Bei einer Gerichtsverhandlung hat der Kärntner Heimatdienst sehr deutlich und klar eine Distanzierung vorgenommen. Zu unseren von Marjan Sturm erwähnten Partisanenvideos möchte ich hier vorerst nur einmal darauf hinweisen, dass in diesen Dokumentationen viele Einzelmeinungen von Zeitzeugen zumeist unkommentiert aneinandergereiht wiedergegeben wurden. Wir waren aber stets darauf bedacht, immer auch die an Slowenen begangenen NS-Verbrechen aufzuzeigen und auch zu verurteilen. Das wurde offenkundig auch von unseren Kritikern anerkannt. Zumindest ist uns kein einziger Fall einer massiven öffentlichen Kritik an unseren Dokumentationen bekannt geworden.

**Die historischen Traumata im kollektiven Gedächtnis**

GRAF/KRAMER: Marjan Sturm hat die historischen Traumata angesprochen, die bei den Angehörigen einer Volksgruppe durch bestimmte Einstellungen, Haltungen, Handlungen, Verhaltensweisen, Sprechweisen der jeweils anderen Seite wachgerufen werden können. Besonders, wenn das dann von der Politik aufgegriffen und unterstützt wird. Das verweist auf die mangelnde Aufarbeitung der

Geschichte in Kärnten. Ist das nur ein Defizit auf der Seite der Mehrheit, oder muss man das auf beiden Seiten feststellen?

FELDNER: Es geht nicht nur um die mangelnde Aufarbeitung der Geschichte, auf die ich noch zu sprechen kommen möchte, sondern es ist auch die oberflächliche Beurteilung der jeweils anderen Seite. Es fehlt auf beiden Seiten die Sensibilität, die Sensibilität bei der Gesamtbeurteilung der Kärntner Problematik. Ich glaube, das sollte man an die Spitze stellen. Eine Aussage, die von der anderen Seite gemacht wird, wird ungeprüft zum Beweis eines feindlichen Verhaltens genommen. Es wurde und wird zu wenig hinterfragt, wie viele Menschen aus der Gruppe, von der diese Aussage stammt, sich mit einer solchen Aussage identifizieren. Das ist das Problem. Das Verallgemeinern, vielleicht auch das Überbewerten einer einzelnen Aussage. Das müssen sich beide Seiten zum Vorwurf machen lassen. Dazu kommt die nicht gegebene Bereitschaft, sich mit der anderen Seite über eine Aussage von gravierender Bedeutung zusammenzusetzen.

Ich meine, wenn unser Verständigungsprozess weiterhin so positiv funktionieren sollte, dann wird es in Zukunft möglich sein, die jeweils andere Seite auf kürzestem Weg zu kontaktieren und zu befragen, noch bevor man eine solche Aussage publiziert und in der Öffentlichkeit kritisiert. Auf diese Weise könnte man eine Negativentwicklung schon in den Anfängen stoppen. Das wäre ein ganz wesentlicher Fortschritt. Ein Lernprozess, den beide Seiten erst durchmachen müssen. Wir sind da am Anfang. Wir haben in diesem Bereich auch noch keine Erfahrungswerte.

Wären wir schon in den Siebzigerjahren auf dem heutigen Weg der Verständigung gewesen, dann wäre es gar nicht passiert, dass dem Heimatdienst Zitate, wie sie vorhin von Marjan Sturm gebracht wurden, Jahre hindurch vorgehalten werden. Damals hatte man auch keine Bereitschaft gezeigt, sich mit den wiederholt veröffentlichten Rechtfertigungen des Heimatdienstes auseinanderzusetzen. Und umgekehrt haben auch wir Dutzende Zitate aus der slowenischen Presse von einzelnen slowenischen Funktionären wiedergegeben, ohne dass wir uns da bemüht haben, mit dem Verfasser einer solchen Aussage oder mit der betreffenden Organisation in Verbindung zu treten, zu hinterfragen, wie das zustande gekommen ist. Das sollte in Zukunft zwischen den um Konsens bemühten Gruppierungen anders, besser gemacht werden.

STURM: Was sind die großen Traumata im kollektiven Gedächtnis? Ich glaube, dass wir da ein großes Thema aufmachen. Ich würde das so sehen, die eine Linie ist die des Emanzipationsprozesses der slowenischen Nation bereits im Rahmen der österreichisch-ungarischen Monarchie und die andere, die des Deutschnationalismus im Rahmen des sogenannten Dranges nach Osten, um diesen Raum zu beherrschen. Dann kam es durch den Zerfall der Monarchie zu einem Bruch. Im Zuge dessen und der neuen Staatenbildungen hat es den Streit gegeben, wohin gehört Kärnten. Auf der slowenischen Seite gibt es seither das Trauma, dass Südkärnten eigentlich überwiegend einmal slowenisch war. Auf der anderen Seite steht die Gegenposition, wir sind hier auf diesem Territorium die Herren und die slowenische Minderheit möge sich unterordnen. Das waren zwei unversöhnliche Positionen. In der historischen Bearbeitung betonte und legitimierte man eher die eigene Seite und delegitimierte die andere. Wir betonen immer das Negative der deutschen Seite, und diese fragt immer wieder, sind die Slowenen noch eine Gefahr, oder sind sie keine Gefahr mehr? Ich bin überzeugt, in der Zwischenkriegszeit hat man die Kärntner Slowenen als eine potenzielle Gefahr gesehen. Man ist damals ideologisch von Blut- und Boden-Positionen ausgegangen. Was die Konzeption der Nation anlangt, da waren wir uns sicher sehr ähnlich. Aufgrund dieser Positionen hat jeder gewusst, wie der jeweils andere denkt. Das ist meiner Meinung nach das Spezifische an Kärnten, bis heute. Insofern halte ich die von Prof. Karner redigierte und herausgegebene Buchreihe für sehr wichtig. Damit wurde zum ersten Mal in Kärnten der Versuch gestartet, eine integrale Geschichte Kärntens zu entwickeln, durchaus kontroversiell und unterschiedlich, aber mit Historikern aus Slowenien, Kärnten, Historikern von der Minderheit und der Mehrheit. Ich möchte gerade hier auch darauf hinweisen, dass dieses Projekt am ersten runden Tisch entstanden ist, den der Landeshauptmann a. D. Dr. Zernatto einberufen hat. Diese Art von Geschichtsaufarbeitung erscheint mir bedeutend. Denn nur so wird man auf beiden Seiten eine größere Sensibilität dem jeweils anderen gegenüber an den Tag legen können.

Zurückkommend auf die Frage, die Josef Feldner früher aus seiner Sicht zu erklären versuchte, warum die Frage des Abwehrkampfes und der Volksabstimmung im Bewusstsein Kärntens eine so zentrale Rolle spielt. Seiner Sicht möchte ich unsere Wahrnehmung gegenüberstellen. Unsere Wahrnehmung ist eine andere. Obwohl mitunter die Volksabstimmung bei den Kärntner Slowenen im kollektiven Gedächtnis als Niederlage wahrgenommen wird, so gibt es wohl keinen einzigen Minderheitenangehörigen, der das Ergebnis dieser Entscheidung in Zweifel zieht. Sehr wohl aber ist schmerzhaft in Erinnerung geblieben, dass all die Versprechungen über die Gleichberechtigung der Volksgruppe, die vor der Volksabstimmung von offizieller Kärntner Seite gegeben worden sind, nach der Volksabstimmung nicht eingehalten worden sind. Letztendlich waren gerade diese Versprechungen mitentscheidend für das Abstimmungsverhalten der Kärntner Slowenen. Auf der anderen Seite ist unsere Wahrnehmung die, dass die Nazizeit in Kärnten bewusst oder unbewusst eher unterbeleuchtet geblieben ist, man hat sich damit nicht sehr intensiv beschäftigt, denn das hätte dann höchstwahrscheinlich irgendwelche dunklen Teile der Geschichte Kärntens ans Tageslicht befördert. Über den Abwehrkampf und die Volksabstimmung konnte man einen Konsens herstellen. Da konnte sich die »Nation« einigen. Eine Einigung in Bezug auf die Nazizeit war so nicht möglich.

Wir hätten uns erwartet und gewünscht, dass die Nazizeit von Kärntner Seite kritisch aufgearbeitet worden wäre, das ist nicht passiert. Die Diskussion in der Öffentlichkeit verfestigte die bestehenden Stereotypen: Die Partisanen haben für Jugoslawien gekämpft, und die Gegenreaktion war, und ihr seid alle Nazis gewesen. Ich denke da ist noch einiges zu bearbeiten und heute wäre die Zeit gekommen, einige Schritte vorwärts zu machen. Zumal die jüngeren Generationen mit diesen Dingen nicht mehr so viel am Hut haben, wenn ich die Situation richtig einschätze.

In Kärnten gab es, durch die Gebietsforderungen Jugoslawiens nach 1945, die immerhin bis 1949 aufrecht erhalten worden sind, sehr rasch einen Konsens über die Abwehr dieser Gebietsforderungen. Diese neuerliche Infragestellung der Einheit Kärntens führte sicher dazu, dass die Geschehnisse und Ereignisse, welche die nationalsozialistische Zeit betreffen, nicht thematisiert worden sind. In Österreich wurde lange die Position aufrechterhalten, wir waren Opfer und nur Opfer, tatsächlich hat sich herausgestellt, wir waren auch Täter. Mit dem Restitutionsgesetz und dem Nationalfonds beginnt man jetzt darauf zu reagieren. Ähnliche Entwicklungen gibt es jetzt spiegelverkehrt in den neuen, in den postkommunistischen Ländern, die eine noch viel schwierigere Aufgabe zu bewältigen haben. Einerseits waren sie Teil der antifaschistischen Koalition und gleichzeitig ist dann dort nach 1945 ein neuer Totalitarismus entstanden, ein kommunistischer Totalitarismus. Die Aufarbeitung dieser Geschichte ist nicht einfach.

Etwas davon spiegelt sich in der politischen Auseinandersetzung in Kärnten wider. In dieser wird uns vorgeworfen, wir hätten nur für Tito-Jugoslawien gekämpft, wobei die Freiheits- und die antifaschistische Dimension dabei völlig verleugnet werden. Auf der anderen Seite wurde alles nur unter dem Aspekt der Teilnahme am Nationalsozialismus gesehen, im Wesentlichen seien alle Kärntner Nazis gewesen. Ich denke, man wird dazu kommen müssen, eine Synthese zu finden. Wir können die Geschichte nicht rückgängig machen, aber wir müssen verstehen, wieso der Eine so reagiert hat, warum der Andere so reagiert. Was war bei dem Einen richtig und was war bei dem Anderen richtig, was war bei dem Einen falsch und was war bei dem Anderen falsch. Ich glaube, nur auf diese Art wird man zu einer neuen Qualität des Zusammenlebens kommen.

GRAF/KRAMER: Es gibt also auf der Seite der deutschsprachigen Kärntner eine Tendenz, alle Slowenen zu Partisanen zu machen, und alle Partisanen zu Parteigänger für den Anschluss an den »Titokommunismus«. Auf der slowenischen Seite gibt es demgegenüber die Tendenz, alle zu Nazis zu machen. Woran liegt das? Und was wird dabei auf beiden Seiten gewonnen, was verleugnet? Wenn die deutschsprachige Seite die freiheitlich-demokratische Seite des Kampfs der Slowenen gegen den Nationalsozialismus verleugnet, was verleugnet die slowenische Seite am Abwehrkampf?

STURM: Ich denke, dass die Volksabstimmung 1920 im kollektiven Gedächtnis auf beiden Seiten tatsächlich eine sehr wichtige Rolle spielt. Bei uns als Niederlage, weil all die Versprechungen bezüglich einer konstruktiven Entwicklung danach nicht eingehalten wurden. Da haben wir was verloren. Tatsache ist ja auch, dass der antifaschistische Widerstandskampf in Kärnten als Reaktion auf die nationalsozialistische Repression in Kärnten entstanden ist, in Reaktion auf Aussiedlung und Vertreibung und in Reaktion auf den Überfall auf Jugoslawien. Der Anschlussgedanke an Jugoslawien wird erst von Jugoslawien hier hereingetragen, was wiederum etwas mit der Volksabstimmung zu tun hat. Boris Kidrič, einer der Chefideologen der slowenischen Widerstandsbewegung, hat 1942 geschrieben, wir haben 1920 die Volksabstimmung verloren, jetzt haben wir die Chance, das zu revidieren. Und Gauleiter Rainer hat im Dezember 1942 gesagt, wir haben den Abwehrkampf 1920 defensiv geführt, jetzt werden wir ihn offensiv und zum endgültigen Ziel führen. Das bedeutete den Anschluss Oberkrains an Kärnten, die Rückgewinnung der Untersteiermark usw. usw. Also Sie sehen, von allen Seiten immer wieder der Bezug auf den Abwehrkampf. Doch was auf unserer Seite nicht verstanden oder in der Bedeutung auch unterschätzt worden ist, ist die Tatsache, dass schon mit der Moskauer Deklaration von 1943 die Alliierten festgelegt haben, dass Österreich in den Grenzen von 1938 wieder hergestellt werden sollte, natürlich unter der Bedingung, dass Österreich auch selbst aktiv etwas zur Befreiung beitragen wird. Evident ist, dass sich unsere Leute von der jugoslawischen Seite für den Kampf für den Anschluss instrumentalisieren haben lassen. Das konnte aber nur passieren, weil unsere Leute die konkreten Erfahrungen mit dem Nationalsozialismus gehabt haben und 1945 kein Vertrauen in eine bessere Zukunft entwickeln konnten. Um es deutlich zu sagen: Die Kärntner Partisanen hatten allen Grund, nach den Erlebnissen während der Ersten Republik – des nahezu nahtlosen Übergangs der Deutschnationalen zu den Nazis – und der in Kärnten nicht erfolgten Entnazifizierung nach 1945 für die Zukunft misstrauisch zu sein.

In Kärnten ist es damals zum nationalen Schulterschluss gegen die jugoslawischen Gebietsforderungen gekommen. Das hat mit dem Nationalsozialismus per se nichts zu tun, obwohl wahrscheinlich viele Nationalsozialisten auch dafür waren, diese Gebietsforderungen Jugoslawiens abzuwehren und damit zu Patrioten wurden, ohne die Nazi-Zeit selbstkritisch reflektieren zu müssen. Eine komplexe und vielschichtige Frage.

FELDNER: Das ist eine Fülle von Aussagen und Themen, die hier anzusprechen wären. Ich beginne mit dem Problem der »historischen Traumata«. Hauptverantwortlich war hierfür einerseits ein ausgeprägtes nationalistisches Denken auf beiden Seiten und andererseits einander feindlich gegenüber stehende Ideologien, die auch aus diesem nationalistischen Denken, aber nicht nur daraus, entstanden sind.

Diese – heute bei uns nicht mehr gegebene – Situation voneinander feindlich gegenüberstehenden Ideologien hat natürlich zu scharfen Abgrenzungen geführt, zumal diese Ideologien kaum volksgruppenübergreifend gewesen sind. Das hat diese Traumata entstehen lassen. Das ist das eine. Das andere ist das, was entstanden ist aus diesem nationalistischen Denken auf beiden Seiten und aus diesen einander feindlich gegenüberstehenden Ideologien.

Einerseits der Nationalsozialismus, Machtergreifung auch in Kärnten mit all den negativen Auswüchsen und dem Terror. Dazu die Tatsache, dass es auf der Deutschkärntner Seite durchaus Sympathien für den Nationalsozialismus gegeben hat. Dann auf der anderen Seite, als Reaktion darauf, aber nicht nur, der Kommunismus, die kommunistische Ideologie, die ebenfalls eine autoritäre war, wofür die Deutschkärntner kaum Sympathie entwickelten.

Diese beiden Blöcke sind sich, wenn auch nicht zeitgleich, gegenüber gestanden. Zumindest im Denken der deutschen Kärntner auf der einen und der slowenischen Kärntner auf der anderen Seite. Auch wenn keineswegs alle Deutschkärntner Nazis waren und ebenso wenig alle Slowenischkärntner Kommunisten, so waren diese beiden Ideologien doch noch Jahrzehnte nach Zerschlagung des Nationalsozialismus eine wesentliche Ursache für das so verhängnisvolle Freund-Feind-Denken in Kärnten.

Für viele Slowenen waren, wie schon mehrmals erwähnt, die Deutschkärntner pauschal Nazis, umgekehrt waren für viele Deutschkärntner die Slowenen als Titokommunisten verdächtig.

Bis heute sind diese Stereotypen nicht wirklich aufgearbeitet worden. Hier muss ein Beginn gesetzt werden, indem das damalige Verhalten der Menschen hinterfragt wird, das sodann nicht mehr nur negativ beurteilt werden würde. Man würde bald erkennen, dass es zumeist starke Zwänge waren, die die Menschen bewogen haben, so zu handeln und nicht anders.

Diese menschlichen Einzelschicksale verstehen zu lernen, von der einen Seite für die andere Seite und umgekehrt, das wäre einmal ein wesentlicher Ansatz.

Nun noch zur slowenischerseits geäußerten Kritik, die Zeit des Nationalsozialismus sei in Kärnten nicht so umfassend aufgearbeitet worden, wie es wünschenswert wäre. Der Grund hiefür – so glaube ich – dürfte die Tatsache sein, der Nationalsozialismus stehe ohnehin seit dessen Zerschlagung, somit seit Jahrzehnten weltweit im Mittelpunkt der historischen Analysen und kritischen Auseinandersetzungen. Hier über eine weltweit erfolgte Verurteilung hinaus noch ein besonderes Engagement zu zeigen, ist offenkundig als nicht so notwendig erachtet worden. Andererseits war insbesondere für rechtsgerichtete Organisationen immer die Notwendigkeit gegeben, sich gegen zumeist pauschal erhobene NS-Vorwürfe – auch gegen die Deutschkärntner insgesamt – zur Wehr zu setzen. Dazu gehört auch das Bemühen, darzulegen, dass die Kärntner nicht in dem Maße dem NS-Regime ergeben waren, wie oftmals behauptet wurde. Am Beispiel der scharfen Kritik aus Kärnten an den Aussiedlungsaktionen habe ich bereits klargemacht, dass von den Kärntnern nicht alles widerspruchslos hingenommen wurde.

STURM: Die weltweite Verurteilung des Nationalsozialismus und Auseinandersetzung mit dem Nationalsozialismus sollte nicht dazu führen, sich die Aufarbeitung des regionalen Geschehens und regionaler Verantwortlichkeiten zu ersparen. Zur sogenannten Kommunismusgefahr aus dem Süden gebe ich nur zu bedenken, ob die nicht ein bequemer Abgrenzungsfaktor war. In der Zeit vor dem Kommunismus stand ja der Kampf gegen »die klerikalen Slowenen« im Vordergrund. Und zu den Kärntner Protesten gegen die Vertreibung der Kärntner Slowenen muss man wohl anmerken, dass sie massenhaft nicht stattgefunden haben und auch der von Josef Feldner zitierte Brief von Josef Perkonig hat sich nur als Entwurf herausgestellt, der niemals abgesandt worden ist. Dass es nur ein, zwei belegte Proteste gegen die Vertreibung gegeben hat, macht eher nachdenklich.

FELDNER: Ich zitierte nicht einen Brief von Josef Perkonig, sondern von Erwin Aichinger.

STURM: Die Kommunismusfrage hat eine interessante Dimension in der Wahrnehmung der Kärntner Slowenen. Ich bin ja in einer bäuerlich-katholischen Familie fernab von Kommunismus aufgewachsen. Mein Vater hat mir immer erzählt, dass er in der Vertreibung für die Partisanen gebetet hat, weil das für ihn seine Form des Widerstandes war. Und er war anfänglich, 1945, sogar für den Anschluss, weil die Erfahrungen im Nationalsozialismus so existenziell bedrohend waren und er das nicht mehr erleben wollte. Diese Motive kann ich durchaus verallgemeinernd als die dominante Position im kollektiven Bewusstsein der Slowenen bezeichnen. Andere Dimensionen wurden nicht so sehr beachtet.

Auf der Mehrheitsseite hat Helge Stromberger in einer Untersuchung festgestellt, dass es in Kärnten in der Zeit des Krieges zwischen sechs bis achttausend Kriegsgefangene und Zwangsarbeiter gegeben hat, die hier entweder ermordet oder unter dubiosesten Umständen ums Leben gekommen sind. Darüber gibt es in Kärnten kein Problembewusstsein. Es gibt aber ein großes Problembewusstsein darüber, dass am Ende des Krieges von den Partisanen Menschen verschleppt worden sind, von denen knapp hundert umgebracht worden sind. Natürlich ist dies nicht zu rechtfertigen und natürlich ist es abzulehnen, keine Frage. Es geht mir aber um das umfassende Problembewusstsein und die umfassende Wahrnehmung.

FELDNER: Ich darf da gleich anschließen. Dass viele auf Kärntner Boden begangene Verbrechen des Nationalsozialismus, wie der erwähnte Tod einer großen Anzahl von Kriegsgefangenen, noch nicht oder kaum thematisiert wurden, ist nur den hierzu berufenen Historikern vorzuwerfen. Den einfachen Menschen jedenfalls kann man das nicht als Versäumnis anlasten. Die Historiker sollten mehr Augenmerk auf eine öffentliche rein kärntenbezogene Auseinandersetzung mit dem Nationalsozialismus und mit dem Widerstand in Kärnten legen und dabei alle maßgeblichen Seiten mit einbeziehen. Die bisher zumeist nur einseitig und lückenhaft behandelte Thematik sollte auf alle Bereiche ausgeweitet werden. Die Ergebnisse müssten zusammengefasst werden, um daraus eine gemeinsame Arbeit zu machen. Ein gemeinsam erstelltes und in der Folge anerkanntes Geschichtsbild wäre ein Meilenstein bei der Aufarbeitung der noch bestehenden Traumata.

## In der Kontinuität des 19. Jahrhunderts?
## Über Nationalstaatsidee und Bekenntnisprinzip

GRAF/KRAMER: Die Feindbilder des 20. Jahrhunderts haben zweifellos totalitäre Ideologien zur Grundlage, aber noch tiefer liegend, finden wir ein nationalistisches Denken in der Tradition der Nationalstaatsidee des 19. Jahrhunderts. Ich zitiere den französischen Soziologen und Philosophen Edgar Morin, aus dem Buch »Einen neuen Anfang wagen. Überlegungen für das 21. Jahrhundert« (Junius Verlag, 1992):

>»Das Modell des Nationalstaats ist in Europa entstanden, es ist zu einem Teil Europas geworden und hat sich, mit positiven und negativen Auswirkungen, über die ganze Welt verbreitet. Die positiven Auswirkungen bestehen darin, dass dieses Modell vielen Nationen ermöglicht hat, sich ihrer selbst bewusst zu werden und zu emanzipieren, und das nicht nur in Europa, sondern vor allem auch in anderen Teilen der Welt – der Wille zum eigenen Nationalstaat spielte für die Entkolonisierung eine bedeutende Rolle. Negativ wirkte sich das Modell des Nationalstaats insofern aus, wenn es dem paranoiden Egozentrismus verfällt, was verhängnisvolle Folgen für andere und für ihn selbst hat. Dies trifft umso mehr zu, wenn man bedenkt, dass der Nationalstaatsgedanke nicht nur den Patriotismus hervorgebracht hat, d.h. die Liebe eines Volkes zu den Wurzeln seiner Identität, zu den mütterlichen Aspekten seiner Kultur, sondern auch den Nationalismus, eine aggressive, intolerante, fremdenfeindliche Haltung, die von ihrem Wesen her zum Rassismus tendiert. Um den Nationalstaat hat sich eine echte moderne Religion entwickelt, die diesen in seiner matriarchalen und seiner patriarchalen Form sakralisiert. So wird zum einen die mütterliche Substanz des Mutterlandes und zum anderen die väterliche Substanz von Vater Staat verherrlicht, wobei wir dieser mütterlichen Substanz durch Liebe und der väterlichen Substanz durch Gehorsam verbunden sind. Diese einheitliche Substanz veranlasst offensichtlich jene zur Verbrüderung, die demselben Staat angehören, doch diese inner-nationale Brüderlichkeit schlägt gegenüber dem Ausland in ihr genaues Gegenteil um, in die Ablehnung alles Fremden, den Hass auf den Feind.«

Wie sehen Sie diese negativen und positiven Seiten des Nationalstaats? Würden Sie bestimmte Varianten des Nationalismus unterscheiden oder lehnen Sie den Nationalismus aus heutiger Sicht grundsätzlich ab?

FELDNER: Man muss beim Nationalismus zwischen Chauvinismus und Patriotismus unterscheiden. Chauvinismus ist die von Unduldsamkeit und Feindseligkeit gegenüber anderen Völkern und Volksgruppen geprägte radikale Form des Nationalismus. Den lehnen wir entschieden ab. Patriotismus hingegen umfasst Heimatbewusstsein und Vaterlandsliebe, ohne Hass und Überheblichkeit gegenüber anderen Völkern und Volksgruppen. Der Kärntner Heimatdienst versteht sich als österreichpatriotische Organisation. Das haben wir auch in unseren Grundprinzipien verankert.

Patriotismus erhebt keine Herrschaftsansprüche und ist auch nicht auf Missionierung ausgerichtet. Unser österreichischer Patriotismus und auch das Kärntner Heimatbewusstsein sind nicht allein auf die Deutschkärntner abgestimmt. Auch für einen bewussten Kärntner Slowenen dürfen österreichischer Patriotismus und Kärntner Heimatbewusstsein kein Widerspruch und schon gar kein Ausschließungsgrund sein.

Österreichischer Patriotismus und Kärntner Heimatbewusstsein sollte sogar das einigende Band zwischen Deutsch- und Slowenischkärntnern werden.

Ich weiß das gemeinsame Bekenntnis zu Österreich in einer »Feierlichen Erklärung« bei unserer gemeinsamen Veranstaltung am 9. Oktober 2006 im Klagenfurter Landhaushof als überaus positiv zu schätzen. Mit der sinngemäßen Behauptung, die Slowenen seien nie für Österreich gewesen, wird von Gegnern einer Konsenslösung pauschalierend eine scharfe Abgrenzung der angeblich generell pro-österreichischen Deutschkärntner von den angeblich generell anti-österreichischen Slowenischkärntnern vorgenommen. Eine Abgrenzung, die in dieser Schärfe unüberwindlich wäre. Gegen derartige verständigungsfeindliche Aussagen müssen und werden wir mit größter Entschiedenheit auftreten.

Wenn wir nunmehr verstärkt von der gemeinsamen Heimat Kärnten sprechen, dann umfasst das auch die Bereitschaft, sich zu verständigen, die Bereitschaft sich zu verstehen, das Wissen darum, dass wir so viele Gemeinsamkeiten haben.

Diese Gemeinsamkeit darf nicht uniformiert sein, sie muss für alle Facetten einer unterschiedlichen ideologischen Gesinnung und auch für verschiedene nationale und kulturelle Zugehörigkeit Platz haben. Wir müssen von der Kategorisierung, der Punzierung wegkommen, »heimattreu« kann nur der Deutschkärntner sein, der traditionsbewusst eine ganz bestimmte Marschrichtung einnimmt. Gelingt uns das, dann wird die Heimattreue auch von mancher slowenischen Seite nicht mehr mit Engstirnigkeit und Slowenenfeindlichkeit gleichgesetzt werden können, sondern als Bekenntnis zu Kärnten und Österreich, für das Toleranz und Weltoffenheit kein Widerspruch ist.

STURM: Der Lateiner sagt: *Ubi bene, ibi patria*, wo es mir gut geht, ist mein Vaterland. Mir fällt auf, dass wir in der slowenischen Volkskultur, in den Liedern, genauso die Heimat besingen, wie auf deutschsprachiger Seite. Das zweite, was mir auffällt, ist, dass diese Lieder, die einen wie die anderen, die gleiche Melancholie und die gleiche Tiefe haben. Man merkt, dass das eine Kultur ist und meine These ist, dass diese Kultur hier entstanden ist, durch die Vermischung durch Jahrhunderte im Rahmen des Zusammenlebens. Wir haben es zu tun mit einer Vielfalt an verschiedenen Kulturarten, verschiedenen Kulturstilen und verschiedenen Kulturinhalten und das durchaus auf beiden Seiten mit entsprechenden Berührungspunkten bzw. Schnittstellen.

Am Höhepunkt des Nationalismus im 19. und 20. Jahrhundert haben wir uns abgegrenzt und nationale Programme entwickelt. Ich möchte nur ein Beispiel nennen. Der slowenische Schriftsteller Prežihov Voranc hat die Zeit der Volksabstimmung in dem fantastischen Roman »Die Brandalm« beschrieben. Da habe ich zum ersten Mal die verschiedenen Dimensionen dieser Volksabstimmung erkannt und verstanden. Ich kann den Roman nur zur Lektüre empfehlen. Wir sind ja in dem entweder »Du-bist-das« oder »Du-bist-das-Andere« sozialisiert. Diese Traditionen sind in unseren Köpfen noch sehr präsent. Mir ist das in der eigenen Familie aufgefallen. Ich habe eine Tochter mit einer Kolumbianerin, deren Vater war ein deutscher Jude, der 1938 nach Kolumbien emigrieren musste und dort eine Kolumbianerin geheiratet hat. Seine Tochter kommt zum Studium nach

Europa, nach Wien. Da lernen wir uns kennen und aus dieser Beziehung entsteht eine Tochter. Da war natürlich die Frage, wie reden wir mit ihr. Ich rede mit ihr Slowenisch, die Mutter Spanisch. Wir hatten einmal eine Diskussion über Identität, darüber, was wir sind. Da habe ich sie gefragt, na, was bist du denn? Dann sagt sie provozierend, auf Slowenisch: »*Aber soviel, dass du weißt, eine Kärntner Slowenin bin ich nicht.*« Ich war schockiert, was ist das, um Gottes willen, »Verrat« in der eigenen Familie. Aber dann hat sie eigentlich richtig gesagt: »Schau ich habe jetzt jüdische Wurzeln durch den Großvater, ich habe kolumbianisch-indianische durch die Großmutter, ich habe deine slowenischen Wurzeln, und außerdem bin ich Kärntnerin, weil ich hier in Kärnten aufwachse.« Dann hat sie den einen Satz gesagt, der mich sehr bewegt hat und über den ich sehr lange nachgedacht habe: »*Und eigentlich möchte ich auf all diese Elemente nicht verzichten.*« Da ist mit bewusst geworden, dass wir alle, geprägt durch diese nationalen Konzeptionen, selbst strukturelle Gewalt entwickeln, wenn wir den Leuten einreden wollen, welche Identität sie haben müssen. Wir müssten eigentlich sagen: Es gibt ein vielfältiges Kärnten. Wir sind Teil dieses Kärntens, wir haben Elemente der Mehrheit, die tragen wir in uns, genauso wie die Mehrheit Elemente der Minderheit in sich trägt. Ob wir wollen oder nicht, ob sie es will oder nicht. Das kommt gerade in dieser Volkskultur zum Ausdruck, in den Volksliedern.

Für mich ist es wichtig, dass wir die Begrifflichkeit neu diskutieren. Historisch haben wir uns auf die nationalen Konzeptionen eingelassen und ich denke, dass wir heute die große Chance haben, die zu überwinden. Aber nicht im Sinne des berühmten Zitates – des Schlussstrichzitates, sondern in einer neuen Option, die da lautet: Natürlich, dieses Land ist sprachlich-kulturell und historisch vielfältig. Wir müssen das als etwas sehen, das uns allen gehört und ich fühle mich als zweisprachiger Kärntner. Wir sollten diese Trennlinie Deutschkärntner, Slowenischkärntner überwinden und positiver miteinander umgehen, gerade im Sinne von *Ubi bene, ibi patria.* Aber *bene* für alle.

FELDNER: Auch ich bin der Meinung, es soll zwischen den Kärntnern keine Trennlinien geben, keine Zäune und Barrieren, die uns voneinander abgrenzen. Nur: Die Unterscheidung Deutschkärntner hier, Slowenischkärntner dort, ist ja nicht so sehr eine von unserer Seite gewollte, sondern von der slowenischen Seite. Darauf möchte ich später noch etwas näher eingehen.

Bei aufrecht bleibender Unterscheidung zwischen Deutsch- und Slowenischkärntnern sollte die Frage pro oder contra Bekenntnisprinzip nicht ausgeklammert werden. Der Kärntner Heimatdienst ist stets für das Bekenntnisprinzip eingetreten und tut dies auch heute noch. Es geht dabei um ein Bekenntnisrecht, nicht um die Bekenntnispflicht. Das ist gleich zu Beginn klarzustellen. Das heißt, jeder hat das Recht, frei und ohne Zwang zu bekennen, ob er Deutschkärntner oder Slowenischkärntner sein will, ob er sich keiner der beiden Gruppen zugehörig fühlt oder auch ob er sich als in beiden Gruppen gleichermaßen beheimatet betrachtet.

Weshalb sollte man da gegen den Willen der Slowenenverbände auf einer Minderheitenfeststellung beharren und dabei das Risiko einer neuerlichen Polarisierung oder auch eines teuren Nullsummenspiels im Falle eines slowenischen Boykotts eingehen?

In diesem Zusammenhang noch einige Gedanken zum Thema Toleranz: Ich verbinde mit diesem Begriff vereinfacht gesagt die Pflicht jedes Einzelnen, den Mitmenschen so zu akzeptieren, wie er ist. Das heißt natürlich nicht, dass ich mich mit dessen Ansichten identifizieren muss. Toleranz ist niemals Selbstaufgabe und schließt auch keineswegs Kritik aus, wohl jedoch jegliche Form der Missionierung, der Druckausübung auf den Anderen, die eigenen Ansichten oder Weltanschauung anzunehmen und bei Weigerung Negativreaktionen zu setzen.

Toleranz ist nicht angeboren. Toleranz muss man lernen. Auch in Kärnten haben beide Seiten diesbezüglich noch viel zu lernen. Wir müssen lernen zu verstehen, warum die eine Seite so und die andere Seite anders handelt. Das erfordert Hineindenken in die Position des Anderen. Etwa was noch viel zu selten passiert. Über Hineindenken zum Verstehen zu gelangen, ist meines Erachtens für eine zielführende gemeinsame Aufarbeitung der dunklen Kapitel unserer gemeinsamen Geschichte eine Grundvoraussetzung.

Niemals sollte – wie schon erwähnt – zu Toleranz auch Selbstaufgabe erwartet werden. Wenn wir gegenüber den Slowenen Toleranz üben, dann werden wir Deutschkärntner keineswegs auf die Erhaltung unserer kulturellen Eigenheiten, unserer deutschen Sprache, unserer Kultur verzichten und auch nicht auf Forderungen, die damit im Zusammenhang stehen. Das müssen wir natürlich gleichermaßen auch der slowenischen Seite zugestehen.

Viele Menschen in Kärnten wollen Toleranz nur auf sich selbst angewandt wissen, sie sehen Toleranz nur als Recht, nicht auch als Pflicht. Besonders zahlenmäßig relativ kleine Gruppen, wie jene der Slowenen in Kärnten, neigen dazu, Toleranz stets nur für sich selbst einzufordern, ohne diese gegenüber den anderen, im konkreten Fall auch gegenüber den Deutschkärntnern zu üben. Ich sage das deshalb, weil der bei Slowenischkärntnern oft erkennbare Mangel an Verständnis für legitime Wünsche der Deutschkärntner oft ein Grund für Aversionen ist, was wiederum das friedliche Zusammenleben erschwert.

Umgekehrt gibt es natürlich noch immer Deutschkärntner, die nicht bereit sind, der slowenischen Seite – »Die haben eh schon alles!« – Toleranz, somit auch Verständnis entgegenzubringen.

Um das abzuschließen: Toleranz ist die erste Voraussetzung für einen funktionierenden Verständigungsprozess. Der nächste Schritt jedoch muss von der bloßen Duldung bzw. Respektierung zum Aufeinanderzugehen und schließlich zum aktiven Miteinander gesetzt werden. Und daran müssen wir noch intensiv arbeiten.

STURM: Ich möchte hier noch von einem Erlebnis bei einem Symposium über Sprachenpolitik in Europa in Strasbourg berichten, das mir sehr bezeichnend erscheint: Der Vertreter Deutschlands betonte, dass die deutsche Sprache bedroht sei. Dann betonte der französische Vertreter, auch Französisch sei bedroht und man müsse Maßnahmen entwickeln, um diese Sprache zu bewahren. Worauf ich dann sage, Leute, was soll ich sagen? Die Gruppe, die meine Sprache spricht, zählt etwas über zwei Millionen Menschen. Was hat dann diese Sprachgruppe überhaupt für Überlebenschancen? Dann hat der deutsche Vertreter gemeint, man dürfe das jetzt nicht kurzfristig sehen, langfristig aber ergeben sich gewisse Gefahren. Er erläuterte dies an einem Beispiel: In Japan gibt es derzeit über 10.000 Deutschlehrer. Das sind auch Botschafter der deutschen Kultur und so weiter. Wenn die Japaner jetzt draufkommen, dass man in Europa mit Englisch durchkommt, dann würden sie aufhören, Deutsch zu lernen, weil es ihnen nichts bringt. Das ist der Beginn des Erosionsprozesses einer Sprache.

Daraus hat sich eine interessante Diskussion entwickelt. Später haben beide, der französische und der deutsche Vertreter gesagt, dass sie erst jetzt erkannt haben, wie unsensibel wir in Europa gegenüber kleineren Sprachen und kleineren Sprachgruppen eigentlich waren, weil wir aus der Macht der Stärke – uns kann eh nichts passieren – völlig unsensibel gegenüber kleineren Sprachgruppen waren. Was wir brauchen, ist tatsächlich eine Sensibilität für sprachliche und kulturelle Vielfalt in diesem Europa.

Wenn ich zur Kärntner Situation zurückkomme, so möchte ich zu Josef Feldner schon einiges anmerken. Wenn Josef Feldner sagt, Toleranz ist nicht Missionierung, ist nicht Wertung, da stimme ich mit ihm nur zum Teil überein. Toleranz schließt etwas anderes ein: Einen Wertekonsens, einen Konsens darüber, dass natürlich sprachliche Vielfalt per se zu erhalten ist und dass dies eine gemeinsame Verantwortung darstellt. Es kann nicht sein, dass man im machiavellistischen oder darwinistischen Sinn sagt, ja, wenn ihr untergeht, dann ist das euer Pech, wir die Stärkeren haben uns durchgesetzt. Um die notwendige Sensibilisierung zu entwickeln, sollten wir die Bretter vor unseren Köpfen entfernen. Auf der einen Seite die slowenische Nationaltradition, die durchaus eine Opfertradition ist, wir haben immer verloren, die wollen uns immer was wegnehmen und auf der anderen Seite der Vorwurf von Josef Feldner, wir seien nicht dankbar genug und so weiter. Hier brauchen wir den Wertekonsens, dass wir nämlich gemeinsam eine Verantwortung haben, unser Zusammenleben bei gegenseitiger Wertschätzung konstruktiv zu gestalten. Meine These ist: Es gibt in Kärnten eine Kultur, die sehr vielfältig ist und sich widerspiegelt in zwei Sprachen. Jetzt wäre es interessant kreative und konstruktive Modelle im Umgang damit zu entwickeln.

FELDNER: Ja, das ist dieses unselige Schwarz-Weiß-Denken, das allerdings nicht nur in Kärnten so weit verbreitet ist.

STURM: Es gibt auch bei uns innerhalb der Minderheit ein eindimensionales Denken. Wo eine Organisation, in der katholischen Tradition stehend, ein sehr rigides Identitätsbild festlegt, um das herum sie die politische Homogenität herstellen will, was heute nicht mehr funktionieren kann. Das geht auch auf der Seite der Mehrheit nicht.

FELDNER: Ich pflichte Marjan Sturm voll und ganz bei. Das ist aus meiner Sicht eine gute Ergänzung meiner zweifellos laienhaften, ganz sicher unvollständigen, jedoch von meiner Lebenserfahrung geprägten Vorstellung, was ich unter Toleranz verstehe.

Nun zum Wertekonsens. Dieser ist für jeden, der für Verständigung eintritt, unverzichtbar. Ohne Zweifel. Wo ich nicht ganz mit Marjan Sturm übereinstimme, ist seine Vision, die Unterschiede zwischen Deutschkärntnern und Slowenischkärntnern kurzfristig oder mittelfristig zu beseitigen. Ich bin in den vergangenen Jahren auch von ausländischen Journalisten immer wieder gefragt worden, warum denn diese Unterschiede in Kärnten? Warum wird unterschieden zwischen Deutsch- und Slowenischkärntnern? Ich habe stets darauf geantwortet: Die Unterscheidung wollen in erster Linie nicht wir von der deutschsprachigen Seite. Das geht eher von der slowenischen Seite aus. Diese will unterschiedlich, als eigene ethnische Gruppe behandelt werden. Die slowenische Seite will Volksgruppenrechte, sprachliche, kulturelle Sonderrechte. Das billigen wir ihr selbstverständlich zu, dafür haben wir Verständnis, aber daraus resultieren diese Unterschiede. Und daher glaube ich, dass dieser Wertekonsens auch die Unterschiede und Unterscheidungen respektieren und akzeptieren sollte. Das heißt aber nicht, dass es keine Zukunftsvision geben dürfe, die Unterscheidung zwischen Deutschkärntnern und Slowenischkärntnern sukzessive aufzuheben. Noch wichtiger ist allerdings schon jetzt, die vielen Gemeinsamkeiten zu erkennen, im mentalen, wie auch im kulturellen Bereich. Wie schon erwähnt, drücken sich diese Gemeinsamkeiten auf vielfältige Weise aus: In der Art zu leben, in der Art sich zu freuen, in der Art zu feiern, in der Art zu trauern. In allen Bereichen kommt diese Gemeinsamkeit in Kärnten zum Ausdruck.

STURM: Zur Frage der Volksgruppenrechte ist zu sagen, dass wir die sprachlich-kulturelle Dimension natürlich erhalten wollen. Ich hoffe, auch Josef Feldner. Aber das sollte unser aller Anliegen sein. Einheit in der Vielfalt. Dazu braucht es natürlich auch gesetzliche

Rahmenbedingungen, die der Staat getroffen hat und zu treffen hat. Dazu braucht es auch Förderungen, zu denen sich der Staat gesetzlich verpflichtet hat.

FELDNER: Dazu bekenne auch ich mich, wie ich ja schon ausgeführt habe.

**Zur Tiefendynamik des Nationalismus:**
**Das Spiel mit den Ängsten**

GRAF/KRAMER: Der norwegische Friedensforscher und internationale Mediator Johan Galtung hat zwei konfliktpsychologische Syndrome entdeckt, kollektiv unbewusste Denkweisen, Gefühle und Reaktionsmechanismen, die in tiefen gesellschaftlichen Krisen emporkommen und zu hohen Eskalationsstufen in nationalistischen Konflikten führen. Einerseits ein emotionales Syndrom: Kollektive Traumata in der Geschichte werden mit entsprechenden politisch-kulturellen Mythen kompensiert, Ruhmes-Mythen aufseiten der Sieger, Opfer-Mythen aufseiten der Verlierer, wobei man Niederlagen im Nachhinein auch oft in einen Sieg umdefiniert. Und diese Mythen verbinden sich manchmal mit einem politisch-theologischen »Erwählungs-, Missions- oder Sendungsbewusstsein«. Andererseits lässt sich ein mehr kognitives Syndrom erkennen: Zunächst ein starker Dualismus im Denken, eine scharfe Trennung zwischen »Wir« und »den Anderen« bzw. zwischen »dem Einen« und »dem Anderen«. Dazu kommt oft Manichäismus: Das eine ist das Gute, und nur das Gute, das andere ist das Böse, und nur das Böse. Und schließlich, auf der höchsten Eskalationsstufe, zeigt sich auch die Tendenz zum Armageddon. Das heißt, die letzte Entscheidungsschlacht.

FELDNER: Mit dem Ziel, den Anderen zu vernichten.

GRAF/KRAMER: Das geht hin bis zur Vernichtung. Würden Sie sagen, dass es solche Eskalationsmuster in der Geschichte des letzten Jahrhunderts auch hier in den Kämpfen in und um Kärnten gegeben hat, und gab es das unabhängig von den Machtverhältnissen auch auf beiden Seiten?

FELDNER: Also ganz sicher gibt es diese Dynamik und solche Muster auch bei uns in abgeschwächter Form. Es gibt in Kärnten eine Reihe von historisch bedingten Traumata. Die vom Nationalsozialismus verfolgten Slowenen auf der einen Seite und die von Partisanen verfolgten und zu Schaden gekommenen Deutschkärntner auf der anderen Seite. Wobei bei der Erlebnisgeneration auf beiden Seiten – ältere Menschen ungefähr 75 plus – eine Genesung – das ist ja ein Krankheitsbild – die Bereitschaft zum kollektiven Verzeihen eher selten ist.

Was den Verständigungsprozess erschwert, ist, dass diese Traumata von den Menschen, die alles persönlich erlebt haben, gleichsam tradiert werden an die Nachkommen, was ich bereits erwähnt habe. Es gibt Leute, aus der Kinder-, Enkel- oder vielleicht auch schon Urenkelgeneration, die auch daran festhalten. »*Das hat mein Großvater erlebt und so ist es auch gewesen*«, hört man dann und diese Leute nehmen sich dann auch nicht die Mühe zu hinterfragen, ist das wirklich in dieser ganzen geschilderten Dramatik passiert?

Dazu kommen die Mythen auf beiden Seiten. Der Mythos des Kärntner Abwehrkampfes, der, so positiv man dieses Ereignis auf unserer Seite nach wie vor sieht, bei vielen Deutschkärntnern noch mit Aversionen bis hin zu Kollektivschuldvorwurf gegen die Slowenen verbunden wird. Mit dem heute noch an die slowenische Urenkelgeneration gerichteten Vorwurf, die Urgroßeltern hätten 1920 gegen Österreich und damit gegen die Kärntner Landeseinheit gestimmt. Auf der anderen Seite der Mythos des als Volksbefreiungskampf heroisierten Partisanenkampfes und die vielfach noch gegebene Weigerung, auch die Negativseite dieses Kampfes, die Nachkriegsverbrechen an schuldlosen Deutschkärntner Zivilpersonen, zu verurteilen oder auch nur zu bedauern.

Da es sich bei diesen Mythen eher um ein Generationsproblem auf beiden Seiten handelt, habe ich die Hoffnung, dass die damit verbundenen gegenseitigen Schuldzuweisungen in Zukunft aufhören werden.

STURM: Heute gibt es diese Muster nicht mehr. Aber früher hat man ganzen Generationen einzureden versucht, dass Slowenisch nicht attraktiv ist und ich würde sagen, dass man es eigentlich zum Verschwinden bringen wollte.

FELDNER: Ein nicht unbedeutender Streitgrund zwischen der deutschen und slowenischen Seite in Kärnten war und sind die Kärntner Windischen. Die Windischen, Angehörige eines schwebenden Volkstums, wollen, wie schon erwähnt, nicht den Slowenen zugezählt werden.

Ungeachtet dessen wurden sie von slowenischer Seite stets als Slowenen reklamiert. Und wer sich dagegen wehrte, galt als Nemčur, als Deutschtümler, somit als Abtrünniger. Von der deutschen Seite wurde der Windische nie als Deutscher reklamiert, sondern man hat es akzeptiert, wenn er ausdrücklich Windischer sein wollte.

Nun zur Abgrenzung voneinander: Dieses Bestreben ist bei jenen Menschen stark ausgeprägt, die sich heute noch einer Verständigung verschließen. Meines Erachtens noch auf beiden Seiten. Das haben wir bei unseren Konsensbemühungen bemerkt. Das sind jene Leute, welche die Konfrontation beibehalten wollen. Die wollen die Abgrenzungen, die wollen keine übergreifende Verbindung. Das ist ja auch der Grund, dass von den Unversöhnlichen allein schon die Tatsache, dass ich mich mit Marjan Sturm und Bernard Sadovnik zusammensetze, als »Verrat« verurteilt wird. Insgeheim fürchten diese Leute das Aufbrechen einer lieb gewordenen scharfen Abgrenzung und wehren sich dagegen. Ich werde von ihnen deshalb so vehement angegriffen, weil sie fälschlicherweise in mir immer den scharfen Gegner der Slowenen gesehen haben. Dieses einmal von mir gezeichnete Bild wollten sie unbedingt beibehalten und haben sich daher stets vor allen meinen schon seit Jahrzehnten zum Ausdruck gebrachten Dialogbemühungen verschlossen. Das war in ihren Augen immer nur Taktik. Man differenzierte einfach nicht, wenn ich einzelne slowenische Exponenten, übrigens ausnahmslos namentlich und unter Quellenangabe, kritisierte. »Der zeigts den Slowenen wieder«, hieß es krass verallgemeinernd.

Seit dem gemeinsamen öffentlichen Auftreten mit verständigungsbereiten Slowenen können mich selbst diese »Hardliner« nicht mehr als slowenenfeindliche Speerspitze vereinnahmen. Deshalb die scharfen Angriffe gegen mich, die oft Ausdruck eines blanken Hasses sind.

Das gilt für die slowenische Seite gleichermaßen. Sturm und Sadovnik wird von slowenischen Verständigungsgegnern ebenfalls allein schon die Tatsache angekreidet, dass sie sich mit mir zusammensetzen.

Auch wenn somit ausgeprägte Feindbilder nach wie vor auf beiden Seiten vorhanden sind, bin ich zuversichtlich, dass es fortschreitend immer weniger Menschen in Kärnten sein werden, die an diesen Feindbildern weiter festhalten möchten.

Nun zum Thema Gewalt zwischen Deutsch- und Slowenischkärntnern: In den Siebzigerjahren standen wir in Kärnten knapp vor einer gewaltsamen Auseinandersetzung. Nach den bereits vorher diskutierten, von slowenischer Seite durchgeführten, Schmieraktionen rund um den 10. Oktober 1970 und nach den flächendeckenden Demontagen von zweisprachigen Ortstafeln von Deutschkärntner Seite, kam es zu etwa einem Dutzend Bombenanschlägen, die entweder auf öffentliches Gut, auf Einrichtungen von Heimatorganisationen, wie 1974 auf das Büro des Kärntner Heimatdienstes, oder auf Denkmäler zur Erinnerung an den Kärntner Abwehrkampf verübt wurden.

Auf der anderen Seite gab es den Bombenanschlag auf das Partisanendenkmal in Robesch und viel früher bereits auf jenes in Völkermarkt/St. Ruprecht.

Auch wenn sich alle diese Anschläge nicht unmittelbar gegen Menschen richteten, so nahmen die Täter, die übrigens zumeist nicht ausgeforscht werden konnten, zumindest in Kauf, dass auch Menschen dadurch zu Schaden kommen könnten. Es hätte damals nur eines Funkens bedurft und die Auseinandersetzungen wären eskaliert, zumal auch von gewissen Kreisen in Jugoslawien Öl ins Feuer gegossen worden war. So sprach sich das Blatt der Laibacher Hochschüler, »Tribuna«, im November 1970 ganz entschieden gegen gutnachbarliche Beziehungen zwischen Jugoslawien und Österreich aus, da diese die Kärntner Slowenen in ein »Ghetto« brächten. Es bliebe – so hieß es in diesem Blatt – nur der Weg »aus der ghettohaften, friedliebenden Orientierung, und wenn dieser Weg gewaltsam sein wird, dann ist das eine geschichtlich berechtigte Gewalt.« Auch in der Kärntner Slowenenpresse konnte man damals ähnliche Aufrufe lesen.

Der letzte und gleichzeitig spektakulärste Bombenanschlag wurde im September 1979 auf das »Abstimmungsmuseum« in Völkermarkt verübt. Dabei wurden die jugoslawischen Täter, die zugaben, aus slowenisch-nationalistischen Motiven gehandelt zu haben, selbst schwer verletzt. Heute schließe ich es für beide Seiten definitiv aus, dass es auch nur einzelne Personen gibt, die zur Durchsetzung ihrer nationalistischen Ziele Gewalt anwenden möchten.

Allerdings gibt es innerhalb der Mehrheitsbevölkerung da und dort noch das nicht immer ganz ernst zu nehmende Wunschdenken: *»Gehts zruck übern Loibl, wenns eich bei uns nit passt!«* Das sind extrem verständigungsfeindliche Aussagen, die jedoch fast nie an Einzelpersonen gerichtet sind, sondern nahezu ausschließlich an eine eher anonyme Gruppe von Unzufriedenen unter den Slowenen.

STURM: Zu den Bombenattentaten ist anzumerken, dass ich Gewalt zur Durchsetzung politischer Ziele prinzipiell ablehne. Man muss aber hier anfügen, dass das Südtiroler Beispiel, wo man ja auch mit Bombenattentaten für die Durchsetzung der Minderheitenrechte kämpfte, eine gewisse Beispielswirkung gehabt hat. Jedenfalls hört man in Österreich des Öfteren die Meinung, dass ohne diese Bombenattentate die Autonomieregelung nicht gekommen wäre. Auf das Engagement österreichischer Politiker bei den italienischen Stellen für die Begnadigung der damaligen Täter möchte ich auch hinweisen. Konkret ist noch anzumerken, dass das Bombenattentat auf das Partisanendenkmal in Robesch/Robež sehr wohl aufgeklärt worden ist und die Täter auch verurteilt worden sind.

Zu den angesprochenen konfliktpsychologischen Syndromen »Dualismus – Manichäismus – Sendungsbewusstsein« bzw. »Trauma – Mythen – Entscheidungsschlacht« möchte ich feststellen, dass es diese sicherlich auch bei uns gegeben hat, wobei ich natürlich schon Veränderungen sehe von Generation zu Generation.

Was nun die Auseinandersetzung mit dem Thema des Partisanenkampfes betrifft: Ich nehme an diesen Partisanenveranstaltungen teil, weil ich der Überzeugung bin, dass die Menschen, die den Nationalsozialismus durchlitten, das Recht haben, ihrer Geschichte zu gedenken, so wie sie sie erlebt haben. Ich sage immer, wenn ich als Redner eingeladen werde, dass ich dieses Recht auf Erinnern völlig akzeptiere, dass aber jede Generation neue Aufgabenstellungen zu bewältigen hat. Ich betone dann, dass für mich Antifaschismus heute bedeutet, sich für eine offene und tolerante Gesellschaft und für eine Gesellschaft der Vielfalt, die mit Unterschieden umgehen kann, einzusetzen. Das ist die Voraussetzung für »Niemals wieder«. Aber ich sehe die Menschen, auch in der eigenen Familie, jene Geschwister von mir, die als Kinder die Vertreibung miterlebt haben, die haben ein ganz anderes Bild von der Geschichte als ich, der nach 1945 geboren wurde; oder meine Tochter, die wiederum einen anderen Zugang zur Geschichte hat, obwohl mütterlicherseits auch viele Angehörige im KZ ums Leben gekommen sind.

Natürlich gibt es auch die Mythen, aber ich glaube, dass die Globalisierung unserer Gesellschaft, die Öffnung der Gesellschaft diese Mythen in den Hintergrund drängt. Da fällt mir gerade ein: Eines der beeindruckendsten Bücher über die psychologische Aufarbeitung des Nationalitätenkonfliktes in Kärnten hat Klaus Ottomeyer mit »Ein offener Brief an Sieglinde Tschabuschnigg« geliefert. Absolut lesenswert. Ich möchte die Wahrnehmungsveränderungen im Generationswechsel an einem Beispiel illustrieren. Mein Heimatbegriff, oder mein Auslandsbegriff war zur Zeit meiner Kindheit ein sehr eingeschränkter. Als wir das erste Mal ein Auto bekamen, sind wir nach Tarvis in Italien gefahren. Das war für mich damals das weite Ausland. Wenn ich mir heute den Aktionsradius anschaue, den wir alle haben, wo es selbstverständlich ist, nach Udine auf ein Mittagessen zu fahren oder nach Ljubljana, um auf dem dortigen Markt einzukaufen und einen Kaffee zu trinken. Da hat es in den letzten Jahrzehnten eine interessante Entwicklung gegeben, die zeigt, wie relativ eine Grenze ist. Als es zum Beispiel in den Achtzigerjahren in Jugoslawien keinen Kaffee zu kaufen gab, haben die Einkäufe in Kärnten ein Ausmaß angenommen, dass sogar neue Geschäfte entstanden sind, die sich auf den slowenisch-jugoslawischen Markt konzentriert haben. Das ist auch etwas, das ich jetzt einschiebe, weil mir auffällt, dass man bei uns das jugoslawische System taxfrei als Ostblock darstellt, was aus meiner Sicht nicht stimmt. Es hat natürlich eine stalinistische Phase gegeben, aber nach dem Bruch Stalin-Tito im Jahre 1948 hat Jugoslawien einen anderen Weg eingeschlagen, noch immer ein Einparteiensystem, aber nicht vergleichbar mit dem Ostblock. Die Grenzen waren viel offener, die Jugoslawen haben ja auch seit den Sechzigerjahren einen Reisepass gehabt. Es gab Reisefreiheit, was es im Ostblock nicht gab. ORF 1 und 2 und auch die italienischen Sender konnte man in fast ganz Slowenien empfangen. Die Grenze hier war einfach viel transparenter als anderswo im Ostblock, und die Menschen haben hier eingekauft und unsere Menschen haben unten eingekauft. Ich kann mich an den Tanktourismus oder an Dinge erinnern, die in Slowenien billiger waren. Die wirtschaftliche Entwicklung und die europäische Integration haben diesen Prozess gewaltig gefördert und natürlich auch geholfen, Traumata und Mythen auf beiden Seiten ein bisschen zu relativieren. Mythen entstehen ja eher in abgeschlossenen Gesellschaften. Wenn Menschen miteinander kommunizieren, dann ist das positiv und hilft Vorurteile abzubauen. Solange der Bauer im Prinzip nur zuhause war, vielleicht einmal im Monat mit der Bezirksstadt korrespondiert hat und zweimal im Jahr in die Landeshauptstadt gefahren ist, er keinen Fernseher und keine Tageszeitung gehabt hatte, lebte er in seiner eher abgeschlossenen Welt. Aber mit der Modernisierung, in die auch die Minderheit eingebunden war und ist – Thomas Pluch hat das in der Filmserie »Dorf an der Grenze« so wunderschön beschrieben – haben sich die Verhältnisse in Kärnten wesentlich zu ändern begonnen. Apropos »Dorf an der Grenze«, gegen diesen Film hat es in Kärnten einen großen Unmut gegeben, der Heimatdienst hat sogar Unterschriften gegen die Ausstrahlung im ORF gesammelt und der Kärntner Landtag hat eine Resolution dagegen beschlossen. Wie steht ihr eigentlich heute dazu?

FELDNER: In einer von 20.000 Personen mit ihrer Unterschrift unterstützten Beschwerde des Kärntner Heimatdienstes an die damalige »Kommission zur Wahrung des Rundfunkgesetzes« wurde kritisiert, dass der TV-Film »Dorf an der Grenze« grobe Unwahrheiten über Kärnten und seine Menschen beinhalte und dass die Deutschkärntner pauschal als faschistoid, aggressiv, slowenenfeindlich und großdeutsch abqualifiziert würden.

Auch wenn das Verfahren vor der Rundfunkkommission mit einem Vergleich beendet wurde, erblickten wir damals den an den ORF ergangenen Auftrag, über diesen TV-Film eine Club-2-Diskussion durchzuführen, als Erfolg. Die aufrecht bleibende Kritik an diesem Film hindert mich heute nicht daran, dem Film auch eine positive Seite abzugewinnen.

STURM: Thomas Pluchs Dreiteiler »Dorf an der Grenze« war aus meiner Sicht ein großartiger künstlerischer Beitrag zur Aufarbeitung der Problematik des Zusammenlebens in Kärnten. Ich habe viel davon gelernt und viel darüber nachgedacht. So z. B. auch über die Leistungen der Generationen, die nach dem Krieg daran gegangen sind, das Land wieder aufzubauen.

Dabei ist mir dann auch aufgefallen, dass wir die Frage der wirtschaftlichen Unterentwicklung Südkärntens eine Zeit lang völlig falsch eingeschätzt haben, wenn wir etwa gesagt haben, dass Unterkärnten bewusst unterentwickelt gelassen worden ist. Gebiete in Oberkärnten und Mittelkärnten haben genauso große wirtschaftliche Schwierigkeiten gehabt.

Noch eine Anmerkung zur sogenannten Missionierung: Natürlich findet sie statt, z. B. bei politischen Parteien, die um Wählerstimmen missionieren, oder bei Vereinen, die ebenfalls um Mitglieder werben und missionieren und zu einem gewissen Grad findet sie auch im nationalen Kontext statt, weil sie dem nationalen Denken inhärent ist. Nationales Denken, egal auf welcher Seite, ist natürlich immer ein Denken in der Kategorie der Reinheit und beinhaltet immer eine Ablehnung der Diversität. Deswegen glaube ich, dass ethnisch-nationales Denken per se etwas Totalitäres an sich hat. Weil es nämlich vorgibt, wie man zu sein hat. Und der Deutschkärntner muss so sein, und der Slowenischkärntner muss so sein. Heute gibt es diese Missionierung nur noch auf einer symbolischen Ebene, wenn Themen z. B. politisch durch den Landeshauptmann instrumentalisiert werden. Wenn der Landeshauptmann sagt, Ortstafeln haben mit Partisanen, mit Slowenisierung zu tun, dann versucht er bewusst, Vorurteile, die es in diesem Land gibt, am Leben zu halten und zu instrumentalisieren. Solche Instrumentalisierungen gibt es auf der slowenischen Seite vereinzelt auch.

Die Kirche spielt hier auch eine Rolle, weil sie im Prinzip dadurch, dass sie sich historisch als die Wahrerin des slowenischen Volkstums verstanden hat, versucht hat, über die Volkstumsschiene auch die Loyalität der Menschen zur Kirche zu stärken. Das ist so lange relativ gut gegangen, solange die Kirche eine Autorität in der Gesellschaft war. Aber das bricht heute auf. Deswegen ist die Kirche auch in einer gewissen Krise. Realität ist, dass sich die Menschen in einer größeren Welt zurechtfinden müssen und das Leben vielfältiger geworden ist. Auf der Ebene der politischen Eliten gibt es noch Akteure, die mit dieser Schwarz-Weiß-Malerei versuchen politisches Kapital heraus zu schlagen. Ich bin aber überzeugt davon, dass das die Masse nicht mehr mitmacht, auf beiden Seiten. Weil, da stimme ich mit Josef Feldner überein, der Unterschied zu anderen ethnischen Konflikten der ist, dass aufgrund der Tatsache, dass wir die gleichen Kulturtechniken haben, in die gleiche Kirche gehen, die gleichen Lebensverhältnisse haben, wir mehr gemeinsam haben als es anderswo, bei ähnlichen Problemen, der Fall ist.

Es gibt noch kein durchgehendes Miteinander, sondern eher ein Nebeneinander. Manche Dinge aus der Geschichte und aus der Tagespolitik werden in den Dörfern bewusst aus der Kommunikation ausgeklammert, denn das könnte zu Konflikten und Streitereien führen. Aber ein konstruktives Nebeneinander gibt es. Von da her haben es jene politischen Eliten auf beiden Seiten, die auf den Konflikt setzen, zunehmend schwer, weil das reale Leben anders verläuft und die Menschen nicht mehr jeden Blödsinn glauben. Auch das Manichäische, das eine ist gut, das andere ist schlecht, kann sich nicht mehr in dem Maße durchsetzen wie früher. Ich habe als Wahlbeobachter der OSZE im Kosovo tatsächlich Kulturunterschiede zwischen Albanern und Serben gesehen z. B. allein schon in der Bauweise der Häuser. Das ist etwas ganz anderes. Das hat es bei uns nicht gegeben. Wir sehen ja jedem Nachbar in den Garten hinein.

Ich möchte noch eine Anmerkung zur sogenannten Entscheidungsschlacht machen. Realpolitisch muss man schon davon ausgehen, dass die slowenischnationale Bewegung in Kärnten als eine potenzielle Gefahr gesehen worden ist. Mir gegenüber hat das ein hoher Beamter der Landesregierung vor mehr als zehn Jahren noch so formuliert: »*Jetzt glaube ich auch, dass wir euch nicht mehr zu assimilieren brauchen. Es ist keine Gefahr mehr gegeben*«. In der Zwischenkriegszeit und nach dem Krieg, genährt durch das kommunistische Jugoslawien, hat es offensichtlich eine reale Angst gegeben. Eine ganze Generation an Staatspolizisten hat durch Überstunden recht gut verdient, weil sie alle slowenischen Veranstaltungen observieren mussten. Das ist mir aufgefallen, als Innenminister Löschnak die sogenannten Stapoakten geöffnet hat und ich meinen Akt angefordert habe. Der Inhalt war eher »dünn« und ist über Berichte an welchen Veranstaltungen ich teilgenommen und wo ich gesprochen habe nicht hinausgegangen. Über all das hätte man auch in den slowenischen Zeitungen nachlesen können. Aber Tatsache ist, dass man in der slowenischen Minderheit eine Gefahr gesehen hat. Die Entscheidungsschlacht war aber die Zeit um die Volksabstimmung und eine Entscheidungsschlacht war auch das Jahr 1945. Aber wiederum die Frage: Hätte die ganze Geschichte nicht einen anderen Verlauf genommen, wenn man nach 1920 einen Weg der Versöhnung und des konstruktiven Zusammenlebens eingeschlagen hätte? Hätte man damit nicht diese Homogenisierung auf beiden Seiten aufgebrochen und vielleicht eine andere Entwicklung, weniger blutig und weniger kontroversiell eingeleitet? Hat eigentlich schon jemand ausgerechnet, was dieser Konflikt in Kärnten an (destruktiven) Energien gebunden hat?

GRAF/KRAMER: Spielt diese Vorstellung, es braucht eine »endgültige« Entscheidung oder eine »endgültige« Lösung, heute auch noch eine Rolle, die dann bei den sogenannten »Hardlinern« auf beiden Seiten einen pragmatischeren oder großzügigeren Ansatz in der Konfliktregelung behindert?

STURM: Ein bisschen von dieser Philosophie haben wir noch, das merken wir bei der Ortstafeldebatte, wo es heißt, »*einmal muss eine Ruhe sein*«. Im Zusammenleben kann es keine »Ruhe« geben. Es geht doch darum, ob man die Differenzen konstruktiv oder destruktiv löst. Zu Problemen oder Differenzen wird es im Zusammenleben immer kommen. Die wirkliche »Ruhe« gibt es erst unter der Erde.

FELDNER: Die Ablehnung der sogenannten Öffnungsklausel, somit die Möglichkeit nach einer Neuregelung der Ortstafelfrage für einzelne weitere Orte zweisprachige Ortstafeln, wenn auch nur auf dem Petitionsweg zu verlangen, ist, hier wiederhole ich mich, innerhalb der Mehrheitsbevölkerung extrem stark verbreitet. Auch bei Menschen, die den Konsens durchaus positiv beurteilen. Das darf man keinesfalls als eine slowenenfeindliche Gesinnung einstufen. Im Gegenteil, zumeist kann man dabei die Hoffnung erkennen, dass ein unserem Ansehen in Kärnten längst Schaden zufügender Konflikt endlich einmal bereinigt werden sollte.

Auch ich kann die Forderung *»Einmal muss Schluss sein!*« in dieser pragmatischen Form nicht gut heißen. Abgesehen davon, dass es ein Petitionsrecht für jedermann und in allen Angelegenheiten schon seit der Monarchie gibt und abgesehen davon, dass keine Partei und schon gar nicht irgendein Verein verpflichtet werden können, ein, wenn auch gesetzlich geregeltes, Thema nie mehr aufgreifen zu dürfen, verstößt dieses Schlussstrichdenken auch gegen Grundprinzipien des Volksgruppenrechts, das stets dynamisch und niemals statisch zu sehen ist. Viel wichtiger als diese theoretischen Auseinandersetzungen ist die Schaffung eines Klimas des gegenseitigen Vertrauens, wozu wir uns in der Konsensgruppe verpflichtet haben.

In einem Klima des gegenseitigen Vertrauens sollte es dann auch kein Problem mehr sein, da oder dort auch im Ortstafelbereich Nachbesserungen vorzunehmen, die gerechtfertigt und der Mehrheitsbevölkerung auch zumutbar sind. Ein »Slowenisch-Kärnten« würde durch einige wenige zusätzlich zweisprachig zu beschildernde Dörfer ganz sicher nicht geschaffen werden.

**Diktatur der Mehrheit oder Diktatur der Minderheit?**

GRAF/KRAMER: Wir haben jetzt sehr viel über die kulturellen Unterschiede und Gemeinsamkeiten geredet, und deren unbewusste Tiefendimensionen. Mit diesen tieferen Annahmen, Einstellungen und Haltungen werden die Verhältnisse und Handlungen motiviert und legitimiert. Damit können die Konfliktdynamiken auf beiden Seiten besser verstanden werden. Um konstruktive Lösungsperspektiven zu finden, müssen die Konfliktparteien lernen, diese Grundannahmen und Fixierungen ein wenig zu durchschauen und zu relativieren, vor allem auch auf der eigenen Seite. Aber das führt nicht automatisch zum besseren Verständnis der äußeren Konfliktgeschichte oder der strukturellen Konfliktursachen. Kreative Konfliktlösung erfordert nicht nur Dialog und Empathie, sondern auch kritische Machtanalyse und letztlich auch den Ausgleich und größere Symmetrie im politischen und sozialen Bereich. Wenn wir von Mehrheit und Minderheit sprechen, drückt das manifest oder latent ein Machtverhältnis aus. Zunächst handelt es sich in Kärnten um das Machtverhältnis zwischen einer überwältigenden Mehrheit und einer sehr kleinen Minderheit. Trotzdem gibt es auch hier im Prinzip zwei extreme Möglichkeiten, dieses Verhältnis zu gestalten oder zumindest wahrzunehmen: als Diktatur der Mehrheit aufseiten der Minderheit, aber auch als Diktatur der Minderheit aufseiten der Mehrheit. Wie hat dieses Machtverhältnis zwischen Mehrheit und Minderheit im Lauf der Geschichte des 20. Jahrhunderts in Kärnten ausgesehen, und wie ist das heute? Wann war eine klare Diktatur der Mehrheit im Vordergrund? Hat es einmal Ansätze zu einer Diktatur der Minderheit gegeben?

FELDNER: Die Machtverhältnisse werden einerseits durch die Politik geprägt, andererseits, in der heutigen Zeit, auch ganz besonders durch die Medien. Demnach verfügen jene Personengruppen, welche die Medien hinter sich haben, auch über eine entsprechende Macht, somit über bessere Möglichkeiten zur Durchsetzung ihrer Ziele. Das gilt natürlich auch für das Machtverhältnis zwischen Deutschkärntnern und Slowenischkärntnern. Statt von Macht, sollte man besser von Einfluss oder Durchsetzungsvermögen, was die eigenen Interessen anbelangt, sprechen. Macht im Sinne von Staatsmacht konnte auch in der Vergangenheit von keiner der beiden Seiten ausgeübt werden. Beide waren und sind ja letztlich Machtunterworfene des jeweils herrschenden Regimes. Daher sollte man jetzt, wie gesagt, richtigerweise von der Möglichkeit, die eigenen Ziele durchzusetzen, ausgehen. Und diese Möglichkeit sich durchzusetzen, ist zweifellos in den einzelnen Regimen völlig unterschiedlich gewesen.

Wenn wir an die nationalsozialistische Gewaltherrschaft denken, da war die Position der Slowenen zweifellos deutlich schlechter als jene der Deutschkärntner. Umgekehrt hatten in der unmittelbaren Nachkriegszeit eher die Slowenen die besseren Karten, weil sich die slowenische Seite als Gruppierung, die auf der Siegerseite stehen durfte, angesehen hat, wenn man den Widerstand hernimmt, wenn man den Partisanenkampf berücksichtigt und so weiter. Und da war wiederum bei der Mehrheitsseite das Gefühl gegeben, die Slowenen können sich besser durchsetzen, die sind uns gegenüber bevorzugt.

Dieses Denken ist auch noch heute innerhalb der Mehrheitsbevölkerung relativ stark verankert, einfach weil man das Gefühl hat, die Sympathie der Medien wird zumeist den Slowenen entgegengebracht, was bei einer Analyse der Berichte tatsächlich objektiv nachgewiesen werden kann.

Der Grund hierfür dürfte weniger im ideologischen oder volkspolitischen Bereich zu suchen sein, sondern ganz einfach in der vermeintlich deutlich schwächeren Position der Slowenen aufgrund des zahlenmäßig eklatanten Unterschieds. Und da glaubt man, die kleinere und damit automatisch schwächere Gruppe medial besonders unterstützen zu müssen.

Das ist der Grund dafür, dass es der slowenischen Seite viel leichter gelungen ist, und ich bin davon überzeugt, auch noch gelingt, ihre Problembereiche medial zu transportieren. Das war und ist für die deutschsprachige Seite viel schwieriger. Daraus ist bei uns das Gefühl entstanden, unsere Wünsche werden einfach ignoriert, wir können uns nicht durchsetzen, obwohl wir die Mehrheitsbevölkerung sind. So entstand im Laufe der Jahrzehnte die an sich paradoxe Meinung, die Mehrheit sei einflussmäßig in der Minderheit.

Diese weitverbreitete Ansicht sollte nicht unterschätzt werden. Es wäre im Interesse einer Verbesserung des Klimas zwischen den beiden Gruppen wünschenswert, wenn sich Politik und Medien auch einmal etwas ernster mit den Wünschen und Forderungen der Mehrheitsbevölkerung, die sich aus dem Zusammenleben mit den Slowenen ergeben, auseinandersetzten. Das könnte zu einer deutlichen Verbesserung des Klimas beitragen, weil sodann bei der Mehrheitsbevölkerung das Gefühl beseitigt wäre, es würde immer nur den Slowenen gegeben, während die Wünsche der Deutschkärntner nicht beachtet werden. Dabei muss man wissen, dass die Wünsche und Forderungen der Mehrheitsbevölkerung an sich recht bescheiden und keineswegs unerfüllbar sind.

GRAF/KRAMER: Um welche Wünsche und Forderungen der Mehrheit geht es dabei, und welche würden Sie auf der Suche nach einer tragfähigen Lösung als »legitim« ansehen, d. h. auch kompatibel mit den Grundbedürfnissen aufseiten der Minderheit?

FELDNER: Da ist einmal die Forderung nach besserer Förderung im Bereich des Vereinswesens. In der Mehrheitsbevölkerung Südkärntens wird kritisiert, dass die slowenischen Vereine mit gleicher Aufgabenstellung mehr Förderungen erhalten würden als die vergleichbaren Deutschkärntner Vereine. Das ist tatsächlich der Fall, weil neben etwa gleich hoher Förderung seitens der Gemeinden und des Landes für beide Seiten, bis heute noch Förderungen vom Bund aus dem Titel des Volksgruppengesetzes nur slowenischen und nicht auch deutschsprachigen Vereinen zufließen. Slowenische Vereine werden dazu noch von Slowenien gefördert, was für die Deutschkärntner Vereine natürlich nicht der Fall ist. Der Kärntner Heimatdienst unterstützt die Forderungen der Deutschkärntner Vereine nach Erhöhung der staatlichen Subventionen, ohne dass gleichzeitig die Förderungen an die slowenischen Vereine gekürzt werden sollen. Die Erfüllung dieser Forderung würde zweifellos zum besseren Verhältnis zwischen Mehrheit und Minderheit beitragen und würde ein derzeit noch bestehendes Neiddenken beseitigen.

Ein weiterer Bereich ist die sogenannte Kirchenfrage. Es gibt katholische Pfarren in Südkärnten, in denen heute noch Deutschkärntner Gläubigen, auch wenn diese die Mehrheit in der Pfarre bilden, Gottesdienste in ihrer Muttersprache, und sei es auch nur im Rahmen einer zweisprachigen Messe, verwehrt werden.

Es gibt sprachliche Wünsche bei Taufen, Hochzeiten oder Begräbnissen. Dabei geht es nicht um eine Einschränkung des Gebrauchs der slowenischen Sprache, sondern um eine zusätzlich bessere Berücksichtigung der deutschen Sprache. Diese noch bestehenden kirchensprachlichen Ungerechtigkeiten sorgen nach wie vor für Unmut innerhalb der deutschsprachigen Mehrheitsbevölkerung, was natürlich zulasten eines Klimas des gegenseitigen Vertrauens geht.

Es ist mir auch völlig unverständlich, warum sich einige slowenische Geistliche nicht mehr bemühen, auch ihre deutschsprachigen Gläubigen stärker in das kirchliche Geschehen einzubinden, ihnen das Gefühl zu geben, dass ihre Sprache gleichermaßen willkommen ist.

Die guten Kontakte, die der Kärntner Heimatdienst inzwischen zum Kärntner Diözesanbischof Alois Schwarz herstellen konnte, lassen hoffen, dass der unnötige »Sprachenstreit« im Bereich der Kirche endlich beigelegt wird.

Der dritte Bereich ist der Schulbereich. Hier gibt es seitens der Mehrheitsbevölkerung Klagen über eine überproportionale Präsenz von slowenischsprachigen Lehrern auch an Schulen mit überwiegend deutschsprachigen Kindern und auch von Benachteiligungen dieser Kinder durch slowenischsprachige Lehrer.

Um die Wünsche und Forderungen der Deutschkärntner konkret zu erfassen, hat der Kärntner Heimatdienst im April 2007, wie schon erwähnt, an die 40.000 Bezieher seiner Zeitung und darüber hinaus auch an jeden Südkärntner Haushalt unter dem Titel »Wo drückt der Schuh?« dazu aufgefordert, solche Wünsche, Forderungen, aber auch Anregungen und Vorschläge, bekannt zu geben. Die – soweit das vor endgültigem Abschluss der Aktion bereits gesagt werden kann – eher spärlichen Rückmeldungen lassen erkennen, dass die genannten Deutschkärntner Wünsche nicht von elementarer Bedeutung sein können.

Umso mehr müsste es möglich sein, diesen an sich bescheidenen Wünschen zu entsprechen, um den Deutschkärntnern auch das Gefühl zu geben, ihre Forderungen würden ernst genommen werden. Die ernsthaften und erfreulichen Bemühungen der katholischen Kirche, noch bestehende sprachliche Schlechterstellungen in einzelnen Pfarren zu beseitigen, sowie legistische Bestrebungen auf Regierungsebene, bessere Fördermöglichkeiten auch für Deutschkärntner Vereine zu schaffen, lassen hoffen, dass damit einige weitere noch vorhandene Steine auf dem Weg zu einem Klima des gegenseitigen Vertrauens beseitigt werden können.

STURM: Die Frage der Wahrnehmung des Minderheitenkonfliktes in Kärnten durch die Öffentlichkeit außerhalb Kärntens sollte man nicht so leichtfertig damit abtun, dass es der Minderheit leichter gelungen sei, ihre Anliegen medial zu transportieren.

Da sollte Josef Feldner schon auch hinterfragen, dass gewisse Positionen, die in Kärnten vertreten worden sind bzw. vertreten werden, außerhalb Kärntens für Kopfschütteln sorgen müssen. Ich erinnere nur an die Kampagne gegen den Verfassungsgerichtshof, die irrationale Angst vor zweisprachigen Ortstafeln usw. Für einen einigermaßen aufgeklärten Menschen ist das ja wirklich nicht leicht zu verstehen.

FELDNER: Nun, ich bleibe dabei. Unser Eindruck ist seit vielen Jahren, dass die slowenische Volksgruppe in der Medienwelt – auch in Österreich und Deutschland – viele einflussreiche und engagierte Fürsprecher hat. Das sei ganz allgemein festgestellt und bezieht sich auf eine breite mediale Parteinahme für slowenische Positionen.

Etwas anderes ist die Kritik an vielen Peinlichkeiten, die über die Landesgrenzen Kärntens nach außen dringen. Hier stimme ich mit Marjan Sturm voll und ganz überein. Wenn einige Dutzend weitere zweisprachige Ortstafeln vom Obmann eines Kärntner Traditionsverbandes als »Dritte Landnahme« bezeichnet werden und das – unwidersprochen von unseren politischen Repräsentanten – auch noch mit dem Kärntner Abwehrkampf um die Erhaltung der Kärntner Landeseinheit auf dieselbe Stufe gestellt wird, dann sind das – gelinde ausgedrückt – Peinlichkeiten, die zurecht außerhalb unseres Landes Kopfschütteln verursachen.

Auch wenn man – wie ich – das Zustandekommen des VfGH-Erkenntnisses nach wie vor kritisch beurteilen sollte, weil es keine Notwendigkeit gegeben hat, auf die in der Kärntner Bevölkerung fast durchwegs negativ aufgenommenen Geschwindigkeitsüberschreitungen des Spitzenfunktionärs des Rates der Kärntner Slowenen, Rudi Vouk, mit einer Prüfung des Volksgruppengesetzes und der Aufhebung von wesentlichen Bestimmungen desselben zu reagieren, so kann man deshalb dennoch Entscheidungen dieses Höchstgerichtes nicht einfach ignorieren oder gar offen bekämpfen. Das hat mit berechtigter Kritik nichts zu tun, damit stellt man Grundprinzipien unserer Verfassung in Frage.

STURM: Zurück zur Frage der Machtverhältnisse. Ich glaube, dass wir es hier mit einer asymmetrischen Entwicklung zu tun haben. Für mich ist es z. B. sehr interessant, dass in Österreich und in Kärnten die Autonomie in Südtirol als etwas Selbstverständliches angesehen wird. Es wird auch irgendwie als selbstverständlich angenommen, dass für den Kampf um Autonomie auch Bomben geworfen werden mussten und jeder österreichische Bundespräsident, ganz egal welcher Couleur, wird sich bei seinen Staatsbesuchen in Italien dafür einsetzen, dass die damals Verurteilten endlich begnadigt werden. Das ist ein gesellschaftlicher Konsens in Österreich.

An eine Machtteilung in Kärnten ist eigentlich nie gedacht worden. Auch in Zeiten nicht, in denen die slowenische Volksgruppe zahlenmäßig tatsächlich noch stark war, als Autonomiemodelle, in welcher Form auch immer, eine Rolle gespielt hätten oder bedeutsam gewesen wären und man sich wahrscheinlich damit viele Konflikte hätte ersparen können. Es geht um Konkordanzdemokratie. Eine Form der Konkordanzdemokratie hat es aber 1945 gegeben, als die Kärntner Landesregierung in einer Deklaration festgehalten hat, wir wollen einen Schlussstrich unter die Geschichte des Konfliktes ziehen, wir wollen nicht mehr die Einteilung in Minderheit und Mehrheit, sondern wir gehen davon aus, dass ein gewisses Territorium als zweisprachig gilt; wir fragen nicht nach ethnischen Bekenntnissen, sondern dieses Territorium ist zweisprachig. Die provisorische Kärntner Landesregierung hat in ihrer Sitzung am 29. 8. 1945 beschlossen, dass »*ein näher zu umgrenzendes Gebiet im Süden des Landes dauernd als zweisprachiges Gebiet angesehen werden soll, in dem auch die Schulen zweisprachig zu führen sind*«. Damals wurde das obligatorische zweisprachige Schulwesen eingeführt, wo jeder, unabhängig davon, ob er der Mehrheit oder Minderheit angehört, in diesem Territorium beide Sprachen erlernen musste. Dieses System ist 1958/59 durch Schulstreiks ausgehebelt worden, und ich halte das für einen historischen Fehler, der damals passiert ist. Hätte man an diesem Modell festgehalten, dann hätte man tatsächlich die ethnischen Grenzen überwunden, man hätte hier eine Region gehabt, die bilingual ist und hätte nicht mehr in Minderheit und Mehrheit eingeteilt; man hätte sich dadurch viele Konflikte ersparen können. Nach 1945 hatte man die Chance gehabt, das nationale Denken endgültig über Bord zu werfen, die Regierung hat das damals unmittelbar nach Ende des Kriegs auch gemacht. Aber 1958 hat man in Kärnten das nationale Denken durch das Anmeldeprinzip zum zweisprachigen Unterricht institutionell wieder eingeführt.

Interessant ist heute die Entwicklung, dass immer mehr Menschen aus der Mehrheitsbevölkerung sich des Angebots der zweisprachigen Ausbildung bedienen. Ich interpretiere das so, dass die europäische Entwicklung hier eine nicht unbedeutende Rolle spielt. Slowenisch ist heute eine europäische Amtssprache, Slowenien ist Mitglied der Europäischen Union, der NATO und für die wirtschaftlichen Kooperationen sind Kenntnisse slawischer Sprachen von Vorteil. Einige suchen auch ihre Wurzeln und einige meinen, dass es wichtig ist, auch die Nachbarsprache zu beherrschen. 70 Prozent der zum zweisprachigen Unterricht angemeldeten Kinder kommen offensichtlich aus deutschsprachigen Familien oder zumindest aus Familien, in denen zuhause nicht Slowenisch gesprochen wird. Ich halte das an und für sich für etwas Positives. Nicht in dem Sinne, dass aus ihnen Slowenen werden, um Josef Feldners Missionierungsangst zu besänftigen. Ich finde, dass man heute niemanden zwingen kann, irgendetwas sein zu müssen. Das ist, denke ich, einfach die moderne Entwicklung, wo Leute sagen, ich nehme diese sprachlich-kulturelle Vielfalt für mich in Anspruch, das könnte mir wirtschaftlich nützen und so weiter.

Daher denke ich, dass man die Minderheitenschutzgesetzgebung in Österreich wird modernisieren müssen. Auch das Volksgruppengesetz, das ja suggeriert, dass es hier die eine und dort die andere Gruppe gibt. Diese Trennung bricht dann z. B. an der Frage der Förderungen auf. Ich habe nichts dagegen, wenn die deutschsprachigen Vereine mehr Geld bekommen. Es ist schon heute kein Problem, wenn ich mir nur die Landesförderung anschaue, nachlesbar in den Kulturberichten des Landes Kärnten. Im Jahre 2006 betrug das gesamte Kulturbudget € 24.664.086,36. Davon erhielten örtliche slowenische Vereinigungen ca. € 30.000,–, weitere € 70.000,– gibt das Volksgruppenbüro des Landes für das vom Land organisierte Symposion, die slowenische Kulturwoche und eigene Publikationen aus. Selbst wenn wir die Förderungen des Bundeskanzleramtes hinzufügen, können wir nicht von einer unausgewogenen Förderungspolitik sprechen. Als Vorsitzender des Beirates kenne ich jeden Cent, der ausgeschüttet wird. Aber ich habe prinzipiell jetzt nichts dagegen, wenn das noch mehr wird und wenn auch deutschsprachige Vereine mehr bekommen. Ich möchte am Beispiel des Musikschulwesens in Kärnten zeigen, dass es keine Benachteiligung deutschsprachiger Vereine gibt. Dem Land Kärnten erwachsen pro Musikschüler im Kärntner Musikschulwesen, in dem ca. 14.000 Schüler unterrichtet werden, 1.300,– Euro an Kosten. Dabei werden diese Kosten zu einem großen Teil aus dem sogenannten Kulturschilling, der durch die ORF-Beiträge der Hörer und Seher eingehoben wird, abgedeckt. Für die weiteren Kosten kommen die einzelnen Gemeinden auf.

Die Slowenische Musikschule (556 Schüler) erhält vom Land eine Förderung in der Höhe von 265,– Euro pro Schüler. Rechnet man die Förderung des Bundeskanzleramtes hinzu, kommen wir auf eine Förderhöhe von zusammen 442,– Euro pro Schüler, wobei die Betriebskosten etc. der Slowenischen Musikschule von den örtlichen Vereinen abgedeckt werden müssen. Diese Zahlen sprechen für sich.

FELDNER: Diese Zahlen sind mir im Detail nicht bekannt. Ich berufe mich nur auf viele Klagen von Deutschkärntner Vereinen, gegenüber gleichartigen slowenischen Vereinen finanziell benachteiligt zu sein. Konkrete Vergleiche aller öffentlichen Zuwendungen sei es von der Gemeinde, dem Land oder dem Bund sollen zeigen, ob das stimmt oder nicht. Bestätigt sich eine finanzielle Benachteiligung von Deutschkärntner Vereinen, dann sollen diese mehr bekommen, ohne dass die den slowenischen Vereinen zuerkannten Mittel gekürzt werden.

STURM: Ich möchte noch zu den angesprochenen kirchlichen Fragen etwas sagen. Zu meinen beruflichen Obliegenheiten gehört es auch, dass ich zu Begräbnissen gehe. Ich war jetzt in Zell Pfarre/Sele auf einem Begräbnis, und habe ein vorbildlich zweisprachiges Begräbnis erlebt. Sogar in Zell Pfarre/Sele, wo ja niemand daran zweifelt, dass das eine zu über 90 Prozent slowenische Gemeinde ist. Ebenso war es vor wenigen Tagen in Ludmannsdorf/Bilčovs. Da ändert sich schon was, das hat offensichtlich damit etwas zu tun, dass die Kirche tatsächlich interkulturell zu denken beginnt. Im Jahre 1972 hat auch die Kirche in den Synodaldokumenten noch von den »Deutschen und Slowenen« in Kärnten gesprochen. Historisch gesehen waren diese Dokumente in der damaligen angeheizten Stimmung sicherlich ein Fortschritt, aber heute müssten sie sicherlich ebenfalls modernisiert werden. Vor allem die jüngeren Pfarrer merken, dass der alte klerikal-nationale Kurs eigentlich nicht mehr in die Zeit passt und keine Perspektive hat.

Aber nun zurück zur Frage der asymmetrischen Entwicklung. In einer Zeit, in der Autonomiemodelle, Modelle der Machtteilung, zur Befriedung beigetragen hätten und in die Diskussion gebracht wurden, waren die Machthaber in Kärnten dazu nicht bereit. Dies hat zu den permanenten Konflikten geführt mit all den Auswirkungen, von denen wir geredet haben.

Heute geht es nicht um Machtteilung in dem Sinn, weil ich glaube, dass die Minderheit in diese Gesellschaft integriert ist und sich die weltanschaulichen und politischen Differenzierungen natürlich auch innerhalb der Minderheit widerspiegeln. Es gibt rote Zweisprachige, schwarze Zweisprachige, grüne Zweisprachige usw. Daher geht es mir nicht darum, Sonderbedingungen für ein Mandat im Landtag zu erhalten, wie dies die eine Gruppierung noch verlangt, oder eine ethnische Kammer, wie sie von einer anderen Gruppierung angestrebt wird. Ich denke, dafür ist die Zeit wirklich vorbei. Mir geht es darum, eine Sensibilität der gesamten Gesellschaft für das Zusammenleben zu entwickeln, und ich glaube, da gehört dazu, dass wir alle unsere Konzeptionen in den Köpfen überdenken. Wir brauchen eine modernere Gesetzgebung, welche die Vielfalt schützt, die Vielfalt von Minderheit und Mehrheit. Wir brauchen ein regionales Bildungssystem, damit wir von der Diskussion wegkommen, ist das jetzt für die Minderheit, oder ist das jetzt für die Mehrheit? Wir brauchen ein regionales Bildungssystem, das den Menschen Chancen für ihre Zukunft eröffnet. Wir haben spezifisch in dieser Region die Voraussetzungen Sprachen zu lernen, Slowenisch zu lernen, Italienisch zu lernen, nützen wir unsere Ressourcen.

Das sind meine Zugänge zu diesen Fragen. Man sieht allerdings auch, wenn wir diese Fragen diskutieren, dass wir nach wie vor in einem Teil des Kopfes die ethnonationale Teilung haben. Die ist immer dabei, sei es bei Förderungen, Kirche, oder Schulbereich. Und ich glaube, das wird die Aufgabe der Zukunft sein, auch in der Konsensgruppe und in unserem Dialog diese Fragen zu erörtern. Was brauchen wir wirklich an Sonderschutz? Was ist wirklich notwendig? Und in welche Bereiche müsste mehr investiert werden, in welche Richtung muss die Entwicklung gehen? Das sind durchaus spannende Fragen, denen man sich nicht verschließen sollte, auch aufseiten der Minderheit nicht.

FELDNER: Darf ich da gleich anknüpfen. Das Wegkommen von dieser Differenzierung kann nur ein langfristiger Prozess sein. Wenn dieses

Unterscheiden heute noch da ist, und wenn auf der Mehrheitsseite gewisse Forderungen, Wünsche vorhanden sind, so ist es einfach die Realität, der man noch entsprechen muss. Die kann man nicht negieren, denn das würde das Gegenteil erreichen, das würde zu Unmut führen, und zu dem Gefühl, wirklich benachteiligt zu sein.

Nur ein Wort zu Südtirol. Das lässt sich mit Kärnten nicht vergleichen, weil die Deutschen in Südtirol zwar italienweit eine kleine Minderheit sind, in der Provinz Südtirol jedoch eine Zweidrittelmehrheit gegenüber den Italienern bilden. Die Autonomie in Südtirol könnte somit keinesfalls deckungsgleich auch den Kärntner Slowenen zuerkannt werden.

Ein ganz anderer Bereich ist der Schulbereich in Südkärnten. 1945 wurde die Schulverordnung – von uns als Zwangsschulverordnung bezeichnet – geschaffen. An 107 Volksschulen in den politischen Bezirken Klagenfurt-Land, Villach-Land, Völkermarkt und Hermagor mussten in den ersten drei Schulstufen alle Kinder in allen Gegenständen je zur Hälfte in Deutsch und Slowenisch unterrichtet werden. Der weite Umfang der Verordnung weckte in der Bevölkerung Südkärntens die Befürchtung, dieser könnte der Unterstützung der noch viel weiter reichenden jugoslawischen Gebietsforderungen dienen.

Als 1958 die von einem Großteil der Eltern geforderte Beseitigung des Zwangs noch immer nicht erfüllt war, drohten die Eltern mit einem Warnstreik. So weit ist es dann nicht gekommen, weil der damalige Landeshauptmann Ferdinand Wedenig per Erlass die Abmeldung der Kinder von dieser Unterrichtsform ermöglichte. Davon machten im Oktober 1958 mehr als 83 Prozent der Eltern Gebrauch.

Ich glaube, man sollte die Freiwilligkeit hinsichtlich der Unterrichtssprache in Südkärnten beibehalten. Eine für alle Deutschkärntner Volksschüler Südkärntens verbindliche Eingliederung in einen zu gleichen Teilen in Deutsch und Slowenisch zu erteilenden Unterricht der Volksgruppe – die übrigens einen primär muttersprachlichen Unterricht für ihre Kinder ablehnt – wäre nicht der richtige Weg, weil er nur zur Verschlechterung des Klimas führen würde. Dass diese Unterrichtsform auch ohne Zwang von vielen Eltern der Mehrheitsbevölkerung für ihre Kinder angenommen wird, zeigen die von Jahr zu Jahr steigenden Anmeldezahlen.

Zur Vereinsförderung möchte ich, ergänzend zum vorhin Gesagten, auf den vorliegenden Entwurf einer Novelle des Volksgruppengesetzes hinweisen, der Fördermöglichkeiten aus diesem Titel erstmals auch für jene Deutschkärntner Vereine vorsieht, die sich auch zur kulturellen Zusammenarbeit mit slowenischen Vereinen bereit erklären. Das wäre ein Schritt in die richtige Richtung und würde einerseits zu einer Erhöhung der Vereinsförderung für unsere Vereine führen und andererseits der interkulturellen Zusammenarbeit dienen.

Vorher sollte man, wie gesagt, einmal erheben, wie viel jeder Verein in Südkärnten von welcher Stelle jährlich tatsächlich erhält.

STURM: Wir haben das schon gemacht. Die Zahlen, die ich oben angeführt habe, sprechen eine eindeutige Sprache. Dazu erhalten die örtlichen slowenischen Vereine vom Bundeskanzleramt eine Förderung in der Höhe von 120.000 Euro. Den Rest des Geldes aus dem Bundeskanzleramt bekommen ja die zentralen Vereinigungen in Klagenfurt, die wiederum fast kein Geld vom Land bekommen.

FELDNER: Zu Vergleichszwecken darf ich doch auch einmal auf die zahlenmäßigen Mehrheitsverhältnisse in Kärnten – nur 2,4 Prozent slowenischer Sprachanteil nach den Volkszählungsergebnissen – hinweisen, ohne damit – wie schon mehrmals klargestellt – Kürzungen auf der slowenischen Seite erreichen zu wollen.

STURM: Das ist das alte Problem: Ist es gerechtfertigt, Millionen Eurobeträge für die Bundestheater auszugeben? Wer geht dort hin? Das ist das alte Dilemma und eine Frage des gesellschaftlichen Konsenses. Der Staat hat sich in der Staatszielbestimmung zur Förderung der österreichischen Volksgruppen explizit bekannt und das sollte auch ein gesellschaftlicher Konsens sein. Ich möchte noch zur Schule etwas sagen, weil mir das wichtig erscheint. Die moderne Sprachwissenschaft spricht nicht mehr von Muttersprachenunterricht, sondern von erster Sprache, zweiter Sprache, dritter Sprache usw. Und wir haben ja heute sehr moderne Ansätze und die Menschen geben viel Geld aus, um Kinder in Schulen zu bringen, wo sie mehr Sprachen lernen. Ich kann das ja auch nur aus meinem Bereich erzählen, meine Schwester lebt in Wien und hat dort zwei Söhne erzogen, die haben zuhause Slowenisch gesprochen, dann sind sie in den französischen Kindergarten gegangen, danach in die französische Schule. Die haben binnen kürzester Zeit Deutsch und Französisch gelernt. Ich glaube, mehrsprachige Bildung ist eine große Herausforderung in unserer Zeit. Jeder in Kärnten hat das Anrecht möglichst schnell und gut mehrere Sprachen zu lernen, weil das ein immenser Wettbewerbsvorteil im Rahmen der europäischen Integration ist. Von dieser Warte aus gesehen erkennt man erst, wie dumm eigentlich die Parole »Kärnten wird einsprachig« war und ist.

FELDNER: Vollkommen richtig.

**Erste Zukunftsperspektiven: Neue Wege für die Bildung**

STURM: Mit dieser Sicht sollte man sich diesem Problem nähern. Es ist eine Tatsache, wenn wir von meinem Konzept ausgehen, dass dieses Land sprachlich, kulturell vielfältig ist. Daher sollte es zu Angeboten für einen attraktiven Slowenischunterricht kommen. Für jeden, der das will. Dann sollte man sich auch überlegen, was brauchen wir hier noch, z. B. Italienisch und natürlich Englisch als Lingua franca. Welche Unterrichts- und Schulformen brauchen wir in Zukunft? In diese Richtung wird man sich ein modernes Bildungswesen in Kärnten anschauen und das bestehende reformieren müssen. Wie werden wir die Zukunftschancen wahrnehmen? Das ist hier die Frage.

FELDNER: Das ist ein völlig anderer Diskussionsbereich, dem ich sehr viel abgewinnen kann. In unserer vorhin geführten Diskussion ging es jedoch um die derzeit bestehende Art des Unterrichts. Neue, sinnvolle, fördernde Unterrichtsformen einzuführen, das ist eine andere Sache und es wäre sicher wert, darüber zu diskutieren.

STURM: Es geht um eine konstruktive Verbindung von Erhalten und Weiterentwickeln. Es gibt auf der einen Seite eine Minderheit mit konkreten Rechten und darüber hinaus gibt es Menschen, die unabhängig von ethnischer Zugehörigkeit die sprachlich-kulturelle Vielfalt für sich kreativ in Anspruch nehmen wollen. Das ist mein moderner Ansatz. Für meine Tochter war z. B. Spanisch die Muttersprache, Slowenisch die Vatersprache und Deutsch die Umgangs- oder Umgebungssprache. Sie war in der siebten Klasse in Amerika. Im Laufe ihres Studiums hat sie ein Semester in Madrid studiert, wo sie zwei Diplomprüfungen abgeschlossen hat. Zwischendurch besuchte sie Slowenischkurse in Ljubljana. Was will ich damit sagen? Ich will damit sagen, dass wir tatsächlich von einem Konzept ausgehen müssen, dass man mehr Sprachen lernen wird müssen. In Kärnten haben wir eine autochthone Ressource, die wir funktional nützen sollten. Warum sollten nicht Kinder, die ohne slowenische Vorkenntnisse zum zweisprachigen Unterricht angemeldet werden, Teile ihrer Ferien bei Familien verbringen, deren Familiensprache slowenisch ist und umgekehrt. Warum kann man daraus nicht auch ein grenzüberschreitendes Projekt entwickeln, dass diese Kinder zu Familien nach Slowenien gehen und umgekehrt Kinder aus Slowenien, die deutsch lernen wollen, eine Zeit bei Familien in Kärnten verbringen? Hätte das nicht auch einen wichtigen Aspekt des gegenseitigen Kennenlernens? Da muss ich selbstkritisch feststellen, dass auch von Teilen der Minderheit ein Fehler gemacht wurde und man zu selbstgefällig war: Wir sind eh zweisprachig und das reicht uns schon. Anstatt zu sagen, wenn ich jetzt schon zwei Sprachen kann, dann lerne ich noch die dritte oder die vierte dazu, dann bin ich noch besser. Auch in der Mehrheit wird die bei Teilen vorhandene Mentalität »Deutsch reicht völlig aus« und »Slowenisch brauche ich eh nicht« geändert werden müssen. Wenn man sich heute anschaut, was Eltern zusätzlich zur Schule an Geld für Schüleraustausch, Sprachferien etc. ausgeben, dann merkt man, dass sich die Einstellungen zu ändern beginnen.

Und für mich ist in diesem Zusammenhang sehr interessant, dass diese Diskussion um die Trennung der Schüler nach ethnischen Kriterien, die damals in den Achtzigerjahren vom Heimatdienst angezettelt worden ist und sehr viel böses Blut geschaffen hat, heute überhaupt nicht mehr aktuell ist. Die Menschen wollen eine gute Bildung und Ausbildung und wollen auch keine Segregation. Heute hätte niemand mehr die Chance, ein Segregationsmodell durchzusetzen. Also Zwei- und Mehrsprachigkeit als Perspektive hat sich, glaube ich, in Kärnten durchgesetzt. Das ist positiv.

FELDNER: Unsere Argumentation ist ja immer die gewesen, dass das Modell eines nach Sprachgruppen getrennten Unterrichts der Regelfall in Europa ist, und nicht die Ausnahme.

STURM: Da bin ich mir nicht so sicher.

FELDNER: Wenn man die einzelnen Staaten mit vergleichbaren Volksgruppen betrachtet, so ist die Volksgruppenschule, Minderheitenschule, wie immer man das bezeichnen will, eigentlich der Wunsch der jeweiligen Volksgruppe und der Minderheit.

STURM: Aber lieber Josef Feldner, ich sage eins: Zum zweisprachigen Schulwesen in Kärnten kann man in Bezug auf die Qualität kritisch sein, auch als Minderheitenangehöriger. Aber diese Schule hat einen großen Vorteil: Die Kinder sind in eine gemeinsame Schule gegangen und sind in einer wichtigen Phase der Sozialisation miteinander in Kontakt gekommen. Und diese Menschen, die diesen Hintergrund haben, sind schwerer verführbar für ethnischen Hass und Nationalismus. Das ist die Bedeutung dieser Schule. Sie war, trotz aller Kritik, aber doch eine Schule des Zusammenlebens, wo Kinder gelernt haben miteinander umzugehen. Man muss das System natürlich verbessern, aber nicht in Richtung Segregation.

FELDNER: Wir sind immer für das gute Zusammenleben eingetreten, unabhängig von unserer Forderung nach sprachlich getrenntem Unterricht, immer unter der Bedingung, dass das die Eltern wünschen. Das Zusammenleben von deutsch- und slowenischsprachigen Kindern eines Dorfes kann auch bei getrenntem Unterricht auf vielfältige andere Weise funktionieren. Das haben wir stets vertreten. Eine gemeinsame Schule unter slowenischer Dominanz haben wir immer kritisiert. Es war für uns nie einzusehen, weshalb die Mehrheitsbevölkerung ihre Kinder in die für die slowenische Volksgruppe eingerichteten Elementarschulen schicken soll.

Jedoch, die Zeit ist eine andere geworden. Die Entscheidung darüber, welche Schule letztlich gewünscht wird, werden die Eltern treffen. Und so, wie es derzeit aussieht, sind auch die deutschsprachigen Eltern nicht bereit, vom derzeitigen Schulsystem abzugehen. Wenn der Wunsch nach sprachlich getrenntem Unterricht von der Mehrheitsseite nicht mehr breit geäußert wird, und die Fakten sprechen dafür, dann haben wir das zur Kenntnis zu nehmen.

STURM: Das Wort slowenische Dominanz stört mich. Wenn wir alle glecihberechtigte Kärntner sind, dann dürfen wir eine solche Begrifflichkeit nicht mehr verwenden. Letztendlich haben alle Lehrer, die in Kärnten unterrichten, an der Pädagogischen Akademie ihre Lehrbefähigung erworben.

FELDNER: Das ist schon richtig, aber es wird nun einmal noch immer in der Bevölkerung unterschieden, ob ein Lehrer der Volksgruppe oder der Mehrheitsbevölkerung angehört und leider wurden in der Vergangenheit auch Fälle bekannt, wo von slowenischen Schulleitern Einfluss auf die Eltern ausgeübt worden sei, ihre Kinder zum zweisprachigen Unterricht anzumelden, wodurch sich manche in ihrer freien Entscheidung eingeengt fühlten. Seit einiger Zeit werden allerdings derartige Beschwerden nicht mehr an uns herangetragen. Ich bin sicher, dass Unterscheidungen nach sprachlichen Gesichtspunkten dann nicht mehr erfolgen werden, wenn alle Lehrer konsequent beim gemeinsamen Unterricht von deutsch- und slowenischsprachigen Kindern auf jegliche Beeinflussung verzichten, was für die überwältigende Mehrheit der Lehrer an zweisprachigen Schulen jetzt schon selbstverständlich ist.

**DER DRITTE TAG**
**Von der differenzierten Auseinandersetzung**
**zu kreativen Lösungsvorschlägen.**
Zukunftsperspektiven für Vermittlungs- und Versöhnungsarbeit in Kärnten

GRAF/KRAMER: Sie haben uns schon kurz von einigen interessanten Begegnungen und Erfahrungen zwischen dem zweiten und dritten Gesprächstag erzählt. Vielleicht fangen wir mit diesen Berichten an?

STURM: Ich habe vorgestern am Abend noch ein Gespräch mit Vertretern der slowenischen Jugendorganisationen geführt. Diese haben sich in einem offenen Brief gegen faule Kompromisse in der Ortstafelfrage ausgesprochen. Sie verlangen in der Ortstafelfrage die Durchsetzung des sogenannten Territorialprinzips. Es war eine interessante Diskussion und ich bin natürlich ziemlich kritisiert worden, wegen der Gespräche mit Josef Feldner. Ich habe den Jugendlichen vorgeschlagen, dass sie Josef Feldner zu einem Diskussionsabend einladen und ihm die Kritik persönlich sagen sollen. Dazu waren sie nicht bereit. So was komme nicht in Frage, meinten sie.

Aber irgendwie hatte ich das Gefühl, dass die Sprecher dieser Jugendorganisationen – allesamt Kinder von bekannten slowenischen Familien, die in der Minderheitenpolitik eine Rolle gespielt haben oder noch spielen – von ihren Eltern einen ziemlich schweren Rucksack mitbekommen haben, mit dem sie zu kämpfen haben. Letztlich hat es in der Diskussion keine Einigung gegeben, aber ich habe die Schüler und die Studenten aufgefordert, sie sollen doch konkrete Vorschläge machen, wie sie sich das Zusammenleben in Kärnten vorstellen und welche Durchsetzungsschritte sie dabei ergreifen wollen. Wir haben dann vereinbart, dass wir uns regelmäßig treffen und diese Fragen weiter diskutieren werden. Das war dann schon positiv. Und ich habe mich natürlich an meine Jugendzeit erinnert. Damals war es ja auch so, dass wir – und das habe ich den Studenten erzählt – die slowenischen Organisationen kritisiert haben, weil sie nichts zusammen bringen. Wir haben dann Ortstafeln beschriftet, wir haben Solidaritätskomitees entwickelt, und so weiter. Jede Generation sollte selbst ihren politischen Stil finden und für sich ein Programm entwickeln.

FELDNER: Da möchte ich gleich anschließen, das ist recht interessant. Ich habe durchaus Verständnis für diese Jugendlichen. Man muss ihnen einfach Zeit geben. Sie haben in der Schule die Konfrontation mitbekommen. Einerseits Heimatdienst, andererseits Zentralverband, um nur zwei zu nennen. Und sie leben noch in dieser Konfrontation. Dass nun ausgerechnet von den ehemaligen Hauptkontrahenten versucht wird, diese Konfrontation zu beenden, um in der Folge ein Klima des Konsenses, der Verständigung zu schaffen, das ist für diese jungen Leute einfach noch nicht nachvollziehbar. Und ich sage ja, Zeit geben. Vielleicht denken sie in einem Jahr schon anders. Es fehlt einfach noch der Glaube an der Ernsthaftigkeit dieses Prozesses. Das ist bei vielen unserer Leute jetzt auch so und nicht nur bei den Jungen. Es fehlt der Glaube, dass dieser Prozess zu irgendetwas führt. Es ist das Misstrauen, die Beweggründe könnten auf der anderen Seite ganz andere sein. Warten wir ab, wie sich das entwickelt.

So ungefähr kann ich mir die Verunsicherung und Skepsis signalisierenden Überlegungen der Jugendlichen vorstellen. Die Jugend hat auch das Privileg, alles dramatischer und radikaler zu sehen, als das aus dem Blickwinkel der Abgeklärtheit eines älteren Menschen, zu denen ich mich zähle, betrachtet wird.

Nun möchte ich aber über eine Veranstaltung berichten, die gestern in Leše/Liescha, im ehemaligen Kärntnerischen Mießtal stattgefunden hat. Ich bin als Angehöriger von zwei nach Kriegsende von Partisanen nach Jugoslawien verschleppten Verwandten, die höchstwahrscheinlich unten ermordet und verscharrt wurden, zu dieser schlichten Gedenkstätte gefahren. Auch als Obmann des Kärntner Heimatdienstes und zwar über Einladung des Bleiburger Altbürgermeisters Othmar Mory, dessen Eltern auch verschleppt und ermordet wurden. An der Stelle, an der heute das Massengrab vermutet wird, wurde inzwischen ein einfaches Holzkreuz errichtet. Das ist keine Gedenkstätte in dem Sinn. Aber gerade diese Schlichtheit beeindruckt.

Es hat dann einige hundert Meter entfernt in einer ehemaligen Knappenkirche einen Gedenkgottesdienst gegeben, der vom Bleiburger Stadtpfarrer, Monsignore Olip zelebriert wurde, unter Mitwirkung eines Kaplans aus der örtlichen Pfarrgemeinde. Der Gottesdienst wurde überwiegend in deutscher Sprache gehalten, dann wurden einige Aussagen in slowenischer Sprache gemacht. Beide Geistlichen riefen dabei zur Verständigung und Versöhnung auf. Und ich habe den Eindruck gehabt, dass die etwa hundert anwesenden Personen, die aus Kärnten gekommen sind – viele unter ihnen Angehörige von Verschleppten – diesen Aufruf durchaus positiv aufgenommen haben.

Von keiner Seite war auch nur ein Anzeichen von Hass und Vergeltung erkennbar. Ein beeindruckendes Erlebnis. Alle um Versöhnung bemühten Anwesenden mussten den Eindruck gewinnen, dass der Hass auf beiden Seiten überwunden ist. Was aber dann das stärkste Erlebnis war, war die anschließende spontane Einladung von örtlichen Pfarrangehörigen, von slowenischen Einheimischen, an die Teilnehmer dieser Gedenkveranstaltung, zu einem Imbiss und zu einem Getränk unter der Linde. Das sei erstmals erfolgt, hieß es, obwohl diese Gedenkveranstaltung schon seit dem Jahr 1990 alljährlich stattfindet.

Damit wurde ganz offenkundig ein Bedürfnis nach Versöhnung bekundet und es war auch der Ausdruck von Mitgefühl für die Opfer erkennbar. Ist das nicht die beste Art der Aufarbeitung von traumatischen Ereignissen? Mit kleinen Gesten des Mitgefühls, spontan aus der Bevölkerung kommend, können noch offene Wunden leichter geschlossen werden als mit weiß ich welchen großmächtigen Erklärungen.

STURM: Aber da hätte ich zwei Anmerkungen: Josef Feldner hat vom ehemaligen Kärntner Liescha/Leše gesprochen. Was heißt das?

FELDNER: Das Mießtal und somit auch der Ort Liescha/Leše war in der Donaumonarchie bis 1918 Teil des Erzherzogtums Kärnten. Ich weiß, dass der heute slowenische Teil im Mießtal ebenfalls als Koroška, somit Kärnten, bezeichnet wird. Wenn ich vom ehemaligen Kärnten gesprochen habe, dann verstehe ich darunter – und ich meine das wertfrei – das noch in der Monarchie mit dem heutigen Bundesland Kärnten verbunden gewesene Gebiet.

STURM: Mir fällt dabei auf, dass es niemandem einfallen würde, vom ehemalig kärntnerischen Kanaltal zu sprechen. Das Kanaltal war ja auch Teil Kärntens. Beim Kanaltal sagt man nicht ehemals kärntnerisch. Ich könnte mir vorstellen, dass jemand dahinter eine gewisse Absicht vermutet, deswegen habe ich ja auch darauf hingewiesen.

FELDNER: Dahinter steckt keine Absicht. Davon sollten wir wegkommen, hinter allem und jedem etwas Verstecktes, etwas Negatives zu vermuten. Faktum ist, sowohl das Mießtal, als auch das heute italienische Kanaltal waren Teil des ehemaligen Erzherzogtums Kärnten. Beide Gebiete, ebenso wie die Kärntner Gemeinde Seeland, wurden 1918 ohne Volksabstimmung von Kärnten abgetrennt.

Viel wichtiger als diese historischen Reminiszenzen ist der inzwischen auf beiden Seiten der Karawanken erkennbare Wille der Menschen sich nicht mehr gegenseitig die Vergangenheit vorzuwerfen, sondern diese zu überwinden und sich um Verständigung zu bemühen.

**Vom Umgang mit Gedenken:**
**Die Perspektive von Wahrheit und Versöhnung**

STURM: Ich habe noch eine zweite Anmerkung: Vor einer Woche nahm ich an einer Partisanenveranstaltung auch in dieser Gegend, in Poljana, teil. Dort sind die Kämpfe zwischen den Partisanen und der deutschen Wehrmacht weit über den 8. Mai hinausgegangen. Der Zweite Weltkrieg in Europa endet auf Kärntner Boden, in der Region Bleiburg, Ravne. Hier hat es noch bis Mitte Mai 1945 massive militärische Auseinandersetzungen gegeben. Dabei sind noch Hunderte, höchstwahrscheinlich Tausende auf beiden Seiten ums Leben gekommen. Man muss sich vorstellen, dass sich die deutsche Wehrmacht vom Balkan zurückgezogen hat und auf keinen Fall vor der Partisanenarmee kapitulieren wollte, obwohl Feldmarschall Alexander am 8. Mai die Kapitulation unterschrieben hat. Die deutsche Wehrmacht versuchte mit allen Mitteln, österreichischen Boden zu erreichen. Auch die kroatischen Truppen und andere Kollaborationstruppen sind Richtung Österreich marschiert. Ich habe an der Veranstaltung, die jährlich in Erinnerung an diese Schlusskämpfe abgehalten wird, auch eine Rede gehalten. Ich habe auf die tragische Geschichte in den letzten Kriegstagen hingewiesen auch auf die Menschenrechtsverletzungen auf beiden Seiten, um aber dann auf das Beispiel Südafrika zu kommen, wo Nelson Mandela und Frederik Willem de Klerk ein völlig neues Modell der Versöhnung nach dem Fall des Apartheidregimes entwickelt haben. Dort ist es nicht zu dieser blutigen Abrechnung gekommen, dort hat man mit der sogenannten Wahrheits- und Versöhnungskommission, wo Opfer und Täter über ihre Erlebnisse berichtet mussten, Großartiges geleistet. Das ist ein völlig neuer Weg, der mich sehr fasziniert. Das ist für mich eigentlich die Schlussfolgerung, die man auch bei solchen Erinnerungsveranstaltungen immer wieder bringen muss, weil es darum geht, aus der Vergangenheit Lehren zu ziehen. Auch in Slowenien gibt es heute eine große Auseinandersetzung zwischen der Partisanentradition und der Kollaborationstradition. Wobei der Prozess in Slowenien noch vielschichtiger ist, weil es gleichzeitig auch um die Bewertung des kommunistischen Regimes geht, in Verbindung mit dem Kampf gegen das Hitlerregime.

Ich glaube, dass wir hier in Kärnten die Chance hätten, ein neues Blatt in der Geschichtsaufarbeitung aufzuschlagen, zunächst einmal auf symbolischer Ebene. Ich wäre durchaus bereit, bei einer Veranstaltung in Leše/Liescha mitzumachen und von Josef Feldner würde ich mir erwarten, dass er an einer Erinnerungsveranstaltung der Vertriebenen oder der Widerstandskämpfer teilnimmt. Das wäre so ein großer Schritt in Richtung Versöhnung und auch ein Zeichen dafür, wie man die richtigen Schlussfolgerungen aus einer Zeit zieht, die für den überwiegenden Teil der Bevölkerung auf beiden Seiten nicht einfach war. Es sollte eines verhindert werden, dass wir – die einen, wie die anderen – in der jeweiligen Tradition verharren, ohne die andere Seite auch verstehen zu versuchen. Ich denke, das wäre spannend, wenn es uns gelänge, hier etwas Neues zu entwickeln.

FELDNER: Ich kann dem sehr viel abgewinnen. Wir müssen Schritte setzen. Der erste Schritt sollte die Aufarbeitung der Geschichte sein, und das beinhaltet auch das Aufzählen von damaligen Ereignissen, durchaus kritisch und aus der jeweiligen Sichtweise. Wir müssen einfach offen über alles reden dürfen, ohne Tabus. Nur so werden wir die noch offenen Wunden allmählich schließen können. Auch wenn diese heute noch schmerzen sollten. Wichtig ist nur, dass beide Seiten davon überzeugt sind, dass es letztlich keine Wunde gibt, die nicht verheilen kann. Dabei geht es nicht um das Vergessen, nur um das Verzeihen, um den Verzicht auf Rache und Vergeltung, auf Kollektivschulddenken und Sippenhaftung.

Nun aber zurück zur ersten Phase der Geschichtsaufarbeitung. Zurück zur offenen und auch kritischen Auseinandersetzung mit den damaligen Ereignissen aus jeweils unterschiedlicher Sichtweise. Marjan Sturm begründet slowenische Sympathien unmittelbar nach Kriegsende für den Anschluss an Jugoslawien mit der damals herrschenden Unsicherheit, wie sich das wiedererstandene Österreich entwickeln werde. Gut, das mag für die ersten Wochen und Monate nach Kriegsende noch eine gewisse Berechtigung haben. Ich kann das aber nicht für die noch drei, vier Jahre nach Kriegsende aufrechten, vom kommunistischen Jugoslawien massiv unterstützten, Anschlussbestrebungen gelten lassen. Damals hatte sich die zweite österreichische Republik bereits nach voller Souveränität strebend konsolidiert.

Ich erinnere nur an zwei von einer ganzen Reihe von Anschlusskundgebungen, sogenannten Tabors, im Herbst 1948 auf Südkärntner Boden. Dabei hat der ehemalige Obmann des »Zentralverbandes slowenischer Organisationen«, Franci Zwitter bei einem Tabor in Fürnitz bei Villach bekundet: »*Feierlich erklären wir: Die slowenische Gail ist ein Bestandteil des slowenischen Gebietes. Wir slowenischen Gailtaler wollen zur Volksrepublik Slowenien in Titos neuem Jugoslawien.*«

Bei derselben Veranstaltung sprach auch der langjährige Obmann des »Kärntner Partisanenverbandes«, Karel-Prušnik-Gasper: »*Ich erachte es als meine nationale Pflicht zu erinnern, wofür die slowenischen Partisanen drei Jahre lang ihr Herzblut vergossen haben: Für das vereinigte Slowenien, den Anschluss Slowenisch-Kärntens an Titos Jugoslawien.*«

Ich habe diese Aussagen in meinem 1982 erschienen Buch »Grenzland Kärnten« zitiert und dabei auch den nachmaligen Obmann der »Befreiungsfront« France Petek erwähnt, der bei einem weiteren Tabor im Oktober 1948 in Suetschach sagte; »*Alle, die sagen, die*

*Kärntner Slowenen begnügen sich mit Minderheitenrechten, haben sich vollkommen demaskiert. Unsere Helden sind nicht für papierene Minderheitenrechte, sondern für die Freiheit Slowenisch-Kärntens in der Föderativen Volksrepublik Jugoslawien gefallen! Darum gebührt ihnen ewige Ehre und Ruhm.«*

Die Angst der Südkärntner Mehrheitsbevölkerung vor einem Anschluss ihrer Heimat an Jugoslawien war bis 20. Juni 1949 mehr als begründet. Erst an diesem Tag bekräftigten die vier Großmächte, dass die Grenzen Österreichs, wie sie am 1. Jänner 1938 bestanden hatten, unangetastet bleiben sollen. Die akute Gefahr für die Einheit Kärntens war damit beseitigt. Das Misstrauen ist bei vielen Menschen im Grenzland jedoch geblieben.

Und da ist es jetzt notwendig, dass wir im Rahmen unseres vor zwei Jahren in Gang gebrachten Verständigungsprozesses von der Deutschkärntner Seite aus entschieden jenen entgegentreten, die der slowenischen Seite heute noch dieses Anschlussdenken pauschal unterstellen und die sogar die Forderung nach weiteren zweisprachigen Ortstafeln damit in Zusammenhang bringen.

Interessant ist noch zu erwähnen, dass diese Vereinsfunktionäre, die gegen die Kärntner Slowenen Pauschalschuldvorwürfe erheben und die Sippenhaftung angewandt wissen wollen, andererseits es – zu Recht – verurteilen, wenn heute auch noch der dritten Nachkriegsgeneration die Verbrechen des Nationalsozialismus vorgeworfen werden.

STURM: Bei dieser Diskussion geht es doch darum, wie wir Geschichte rezipieren und speichern. Wenn jetzt jemand vom Kärntner Partisanenverband da wäre, der würde die Geschichte so darstellen: 1938 ist Österreich von den Nationalsozialisten angegriffen und überfallen worden. Sehr viele Kärntner waren in dieser nationalsozialistischen Bewegung aktiv. Die Grenze an den Karawanken ist von den Nationalsozialisten unter tatkräftiger Hilfe von maßgeblichen Kräften in Kärnten niedergerissen worden. Es hat den Versuch gegeben, Teile Sloweniens rückzuführen an Kärnten, und alles, was dann passiert ist, war eine Reaktion darauf.

Ich muss jetzt noch einmal auf bereits Gesagtes zurückkommen. Jede Seite sieht nur eine Dimension der Geschichte. Auf unserer Seite werden eher die Zeit vor 1938 und die Ereignisse im Nationalsozialismus in den Vordergrund gestellt. Auf der anderen Seite wird eher die Zeit um 1945 und danach in den Vordergrund gestellt, die Gebietsforderungen, die Verschleppungen und so weiter. Daher brauchen wir jetzt eine Synthese. Die könnte so lauten: Es gibt einen Konsens darüber, dass das nationalsozialistische Regime abzulehnen ist und der Widerstand dagegen berechtigt war. Die Kärntner Partisanen haben ja auch im Einklang mit den Kriegszielen der Alliierten gekämpft, sie sind ja von den Alliierten auch mit militärischen Gütern versorgt worden und zeitweise waren ja auch alliierte Militärmissionen in Kärnten, um sich ein konkretes Bild von der militärischen Bedeutung des Partisanenwiderstandes hier zu machen. Das alles gilt bis zum 8. Mai 1945. Jetzt beginnt es, schwierig zu werden. Es gibt die eine Dimension, dass militärische Sieger auch Landgewinne anstreben, siehe Deutschland/Polen, die andere Dimension stellt das mangelnde Vertrauen in ein friedliches Zusammenleben in Kärnten dar – das habe ich am Beispiel meiner Familie illustriert – und dann gibt es noch eine Dimension, die wiederum bei uns eher in den Hintergrund gerückt wird. Natürlich ist der antifaschistische Widerstandskampf vonseiten Jugoslawiens auch geführt worden als ein Versuch, bei Erfolg das Plebiszit 1920 zu revidieren und wenn sich die Chance ergibt, wiederum Teile Kärntens an Jugoslawien anzuschließen. Dies hatte vor allem die Funktion im Lande Slowenien selbst zur Mobilisierung der Menschen für den Partisanenwiderstand beizutragen. Solange das im Einklang mit den militärischen Zielen der Alliierten war, nämlich Schwächung und Zerschlagung des nationalsozialistischen Regimes, hat das die Alliierten gar nicht gestört. Jugoslawien hat damals im Jahre 1945 alles auf eine Karte gesetzt, auf die internationale Konstellation nach dem Krieg, von der man sich eine Unterstützung für die Gebietsforderungen erwartet hat.

Ich denke, man wird eine Synthese dieser Art andenken müssen: Der Nationalsozialismus muss abgelehnt werden, der Kampf gegen den Nationalsozialismus ist prinzipiell berechtigt. Die Konstellation nach 1945, die Gebietsforderungen sind zu kritisieren und die Verschleppungen zu verurteilen. Die Gebietsforderungen haben letztlich den Kärntner Slowenen sehr geschadet. Das sage ich auch deswegen, weil ich Dokumente gelesen habe, in denen das Zentralkomitee der Kommunisten Sloweniens schon im April, Mai 1945 darüber diskutiert hat, ob der Anschluss realistisch sei oder nicht und die Chancen eher negativ eingeschätzt worden sind. Trotzdem hat man die Menschen in Kärnten ins Feuer geschickt, vor allem die Partisanen, die ganz gewöhnliche Bauern und Arbeiter waren, die damals aus existenziellen Gründen in den Widerstand gegangen waren. Und die wurden dann dadurch, dass sie sich für die Gebietsforderungen drei Jahre lang eingesetzt haben, in Kärnten diskreditiert und das bis heute. Was völlig ungerechtfertigt ist, denn das waren keine Eliten, das waren ganz gewöhnliche Menschen, die aufgrund ihrer Erfahrungen in den Widerstand gegangen sind und die nach dem Krieg manipuliert wurden.

Da kommt noch ein Punkt dazu, den ich für sehr wichtig halte. Gerade politische Eliten und Führungskräfte haben eine immense Verantwortung dafür, wohin sie die Menschen bewegen, und an unserem Beispiel sieht man, dass die Partisanen, die Freiheitskämpfer waren, zweimal verloren haben, einmal ihre Jugend und ihre Gesundheit und das andere Mal in Teilen der Kärntner Öffentlichkeit ihre Ehre. Natürlich haben gewisse Kreise in Kärnten diese Tatsache ausgenützt und die Frage als Irredentismus noch potenziert. Auf der anderen Seite hat man der Frage der selbstkritischen Aufarbeitung der eigenen Vergangenheit in den Strukturen des Nationalsozialismus nur wenig Aufmerksamkeit geschenkt, es gab ja den Konsens über die Abwehr der Gebietsforderungen. Jetzt sollte endlich die Zeit reif sein, für einen symbolischen Akt, bei dem beide Seiten sagen, das war richtig, das war falsch bei uns, das war auf der anderen Seite richtig, und das war auf der andern Seite falsch. Ich glaube, dass das etwas ist, was jetzt im einundzwanzigsten Jahrhundert möglich sein sollte. Das kann nicht die betroffene Generation machen, das ist mir schon klar, denn bei denen sind die Erinnerungen viel zu tief, die haben persönliche Erlebnisse. Aber wir, die Nachgeborenen, wir sollten diese Herausforderung annehmen und hier daran denken, wie man eine Synthese zustande bringt.

FELDNER: Nun, was die Verurteilung des NS-Regimes betrifft, da gibt es, so glaube ich, überhaupt keine unterschiedlichen Auffassungen. Es gibt wohl nur mehr ein paar Dutzend Verrückte in ganz Kärnten, die das NS-Regime heute positiv beurteilen. In dieser Hinsicht wird es keinerlei Probleme geben. Davon bin ich überzeugt. Auch der Widerstandskampf gegen den Nationalsozialismus, der bis zum 8. Mai 1945 auf dem Gebiet des heutigen Bundeslandes Kärnten geführt wurde, ist ein berechtigter Kampf gewesen und als solcher auch zu würdigen.

Das gilt nicht für die brutalen Übergriffe der überwiegend nicht aus Kärnten stammenden Partisanen auf Zivilpersonen auch schon während des Krieges. Das gilt nicht für Menschenrechtsverbrechen, begangen an Unschuldigen, die meines Erachtens mit dem Kampf gegen den Nationalsozialismus nichts zu tun hatten. Ich denke – um ein Beispiel zu nennen – an die Aktionen im Saualpengebiet, wo wehrlose Bauernfamilien überfallen und in vielen Fällen jeweils der Familienvater, oft vor den Augen seiner Kinder, gefoltert und ermordet wurde. Noch leben Zeitzeugen dieser brutalen Verbrechen.

Auch diese Fälle von Menschenrechtsverbrechen sollten bei der gemeinsamen Aufarbeitung unserer Geschichte nicht ausgeklammert werden. Das ist notwendig, denn es soll kein Bereich unerwähnt bleiben.

Es ist positiv zu vermerken, wenn heute auch von slowenischer Seite die nach Kriegsende erfolgte Verschleppung von annähernd 300 Deutschkärntner Zivilisten, von denen viele ermordet wurden, obwohl man ihnen keine Kriegsverbrechen anlasten konnte, verurteilt wird. Dass diese aufgrund von schwarzen Listen erfolgten Verschleppungen erst der Beginn einer groß angelegten Aussiedlungs- und Vertreibungsaktion gewesen wäre, lässt sich natürlich nur vermuten. Tatsache ist, dass die britische Besatzungsmacht diesem Treiben mit einem Ultimatum an Tito ein rasches Ende setzte und damit möglicherweise Tausenden oder sogar Zehntausenden Kärntnern ein ähnliches Schicksal ersparte.

Die Tatsache, dass neuesten Publikationen zufolge kein einziger der 1945 aus Kärnten verschleppten Personen in Kriegsverbrechen in Jugoslawien unmittelbar involviert gewesen ist, lässt die Verschleppungen als Racheaktionen und Willkürakte einstufen. Jedenfalls war die außergerichtliche Liquidierung von Verschleppten, denen keine Verteidigungsmöglichkeit geboten worden war, ein Verbrechen und ist als Mord zu qualifizieren.

Den Partisanenkampf als einen Teilbereich unserer Kärntner Geschichte aufzuarbeiten, sehe ich ebenso wie die Aufarbeitung aller anderen relevanten Kapitel unserer Geschichte des 20. Jahrhunderts als sehr wichtig an. Dazu gibt es allerdings weitaus Berufenere, als ich es bin. Das ist in erster Linie die Aufgabe von Historikern. Noch viel wichtiger als die gemeinsame Aufarbeitung ist aber dann in weiterer Folge eine Übereinkunft zu finden, hinsichtlich einer gemeinsamen Beurteilung dieser Ereignisse. Das ist auch notwendig, um überhaupt im Verständigungsprozess weiter zu kommen. Das Allerwichtigste jedoch ist – und das kann ich nicht oft genug wiederholen – dass aus den damaligen Ereignissen keine weiteren gegenseitigen Schuldzuweisungen erfolgen, dass diese somit nicht weiterhin eine Barriere historischer Belastungen zwischen Deutsch- und Slowenischkärntner bilden.

GRAF/KRAMER: Sind damals auch sogenannte Windische verschleppt worden? Oder nur deutschsprachige Kärntner und Kärntnerinnen?

FELDNER: Ganz sicher sind auch Kärntner dabei gewesen, die sich selbst als Windische einstuften. In einer amtlichen Darstellung wird die Zahl von 263 aus Kärnten verschleppten Zivilpersonen genannt. Hiervon wurden 96 heute noch als vermisst geltende Personen höchstwahrscheinlich in Jugoslawien ermordet, die anderen sind nach Kärnten zurückgekehrt.

GRAF/KRAMER: Und wie viele Kärntner Sloweninnen und Slowenen sind vertrieben worden?

STURM: Ca. 1.000 sind 1942 vertrieben worden und später sind im Zuge des Krieges sehr viele Menschen, die in Verdacht standen, mit Partisanen in Verbindung zu stehen, in die KZs verschleppt worden und ums Leben gekommen. Wer den Partisanen auch nur Lebensmittel gegeben hatte, ist zumeist ins KZ gekommen. Prinzipiell bin ich der Überzeugung, dass diese Vorfälle tatsächlich aufgearbeitet werden müssen, vor allem von Historikern fachlich aufgearbeitet werden sollen. Aus folgenden Gründen: Wenn Josef Feldner von Partisanenübergriffen auf Zivilpersonen zu Kriegszeiten spricht, so ist das sehr schwierig zu beurteilen, weil eine kriegerische Auseinandersetzung ihre Logik hat, auch wenn man diese nicht gutheißt. Ich könnte stundenlang aus Berichten von Zeitzeugen zitieren, wie brutal die deutsche Wehrmacht gegen die Zivilbevölkerung vorgegangen ist. Etwas anderes ist die Zeit nach dem 8. Mai 1945. Ich fürchte, dass wir im Krieg auf viele Übergriffe auf Zivilpersonen stoßen werden, höchstwahrscheinlich auf allen Seiten. Von den Verschleppten sind 92 nicht zurückgekommen und man muss davon ausgehen, dass sie ermordet worden sind. Die anderen Verschleppten sind zurückgekommen. Das muss man genau aufarbeiten. Ich habe mit Partisanen darüber geredet, die bei den Verschleppungen dabei waren. Einer hat mir das damals so erklärt: »*Lieber Marjan Sturm, wir waren drei Jahre im Wald und haben dort gekämpft, sind verfolgt worden und haben gelebt wie Viecher. Dann haben wir kurze Zeit wie Viecher reagiert*«. Ich glaube, dass das die damalige Situation beschreibt. Dieses Phänomen hat es ja auch in Frankreich, Italien oder in Holland usw. gegeben, wo man mit den vermeintlichen oder wirklichen Kollaborateuren nicht gerade zimperlich umgegangen ist. In Frankreich hat man ca. 10.000 vermeintliche oder wirkliche Kollaborateure ohne Gerichtsverfahren umgebracht, davon 2.200 nach dem Krieg. Wahr ist aber auch, dass nach der ersten Rache sehr schnell rechtsstaatliche Verfahren zur Evidenzierung und Bestrafung von Kollaboration durchgeführt worden sind. Das ist auch der wesentliche Unterschied des Westens zur kommunistischen Sphäre, die auf der Ebene der Rache ohne rechtsstaatliche Verfahren geblieben ist.

Meine Schlussfolgerung ist die: erstens, seriöse wissenschaftliche Aufarbeitung und zweitens, bewusste und aktive Versöhnungspolitik. Das muss jede Seite für sich tun, es braucht Aufklärungsarbeit, Abbau von Vorurteilen, Abbau von ideologisch determinierten Geschichtsbildern, und dann muss das auch gemeinsam passieren. Für mich dabei ein wichtiges Vorbild: der südafrikanische Weg von Nelson Mandela und Frederik Willem de Klerk.

Vielleicht sollte man gerade hier auch auf die Grausamkeiten der nationalsozialistischen Okkupation in Slowenien hinweisen. Der Verein »Erinnern-Villach« hat in Zusammenarbeit mit der Villacher Kulturinitiative »Kärnöl« die Webseite www.karawankengrenze.at gestaltet und online gestellt. Auf dieser Webseite befinden sich

323 Dokumente, welche die nationalsozialistische Germanisierungspolitik in Oberkrain und der Untersteiermark zum Inhalt hat. Die Dokumente stammen aus dem Buch »Quellen zur nationalsozialistischen Entnationalisierungspolitik in Slowenien 1941–1945«, das der slowenische Historiker Tone Ferenc im Jahre 1980 in einem Mariborer Verlag herausgegeben hat. Da das Buch seit vielen Jahren vergriffen ist und der Mariborer Verlag nicht mehr existiert, hat sich der Verein »Erinnern-Villach« zu dieser Form der Veröffentlichung entschlossen.

FELDNER: »Nie wieder!« muss die kürzeste gemeinsame Formel für uns sein. Das müssen wir in die Bevölkerung insgesamt bringen, mit großem Einsatz, in der Überzeugung, dass das und nur das der richtige Weg ist. Ich finde es sehr positiv, dass wir ganz offen aus unserer noch unterschiedlichen Sicht diskutieren. Daraus sollten wir in der weiteren Folge gemeinsam unsere Schlussfolgerungen ziehen, was wir in einem ersten Schritt ja schon mit diesem Buch machen.

Mir hat die Aussage des Marjan Sturm bei einer gemeinsamen Diskussion im Mai 2006 an der Universität in Graz sehr gut gefallen, wo er, an beide Seiten gerichtet, gesagt hat, hören wir endlich einmal damit auf, die eine Seite als Nazis und die andere Seite als Partisanen zu beschimpfen. Genau das ist es. Was uns Deutschkärntnern dabei immer aufgestoßen ist, ist, dass jede nationale und patriotische, heimatbewusste Aussage, in welchem Bereich auch immer, die der slowenischen Seite nicht gepasst hat, Jahrzehnte hindurch als deutschnationalistisch oder sogar als nazistisch bekämpft wurde. Und das hat das Zusammenfinden in den vergangenen Jahrzehnten so erschwert. Und umgekehrt waren wir oft vorschnell und ungeprüft mit der Einstufung von slowenischen Kontrahenten als Titokommunisten zur Stelle.

Dieses Denken in alten Kategorien, dieses verständigungsfeindliche Schwarz-Weiß-Denken müssen wir überwinden. Das geht nicht mit einem Federstrich, wohl jedoch im Rahmen eines Prozesses, den wir begonnen haben und der zügig fortgesetzt werden muss.

GRAF/KRAMER: Könnte man das, was jetzt von Ihnen beiden gesagt wurde, auch so zusammenfassen: Um den Prozess einer nachhaltigen Verständigung und Versöhnung in Kärnten wirklich einzuleiten, braucht es beides, Wahrheit und Versöhnung. Wobei jede Seite das Recht haben muss, ihre jeweils subjektive Wahrheit zum Ausdruck zu bringen. Wenn gemeinsames Gedenken und Trauern möglich werden sollen, braucht es das Eingestehen von dem, was wirklich passiert ist, aber auch, was wirklich empfunden wurde, von allen Seiten. Also einerseits kein Vergessen, und kein Verdrängen von dem, was geschehen ist, andererseits sehr wohl Empathie, Mitgefühl für die Opfer der anderen Seite.

FELDNER: Ja, neben dem Ringen um die Wahrheit ist auch das Mitgefühl auf beiden Seiten für die Opfer der jeweils anderen Seite ganz besonders wichtig. Das ist bei dieser Gedenkfeier für die Verschleppten in Slowenien erkennbar geworden, das muss ich nochmals hervorheben. So sollte es sein, so könnte es gehen. Die emotionale Seite in diesen Verständigungsprozess einzubauen, ist wirklich wichtig. Ohne die geht es auch gar nicht, denn es wird bei jenen Menschen auf beiden Seiten große Widerstände geben, die innerlich noch nicht bereit sind, sich zu verständigen. Diese Menschen zu überzeugen, wird schwierig werden, aber es muss versucht werden und je hartnäckiger und vor allem glaubwürdiger wir als Versöhner und Verständiger auftreten, desto erfolgreicher werden wir sein. Auch wenn eine, wie ich hoffe, nur kleine Gruppe von Unversöhnlichen übrig bleiben wird, so wird deren Einfluss nicht groß sein. Davon bin ich überzeugt. Unsere Zielgruppe müssen jene Menschen sein, die noch zweifeln, die noch Misstrauen, noch Aversionen haben. Die sich aber einem Verständigungsprozess nicht grundsätzlich verschließen. Da werden neben gezielter Aufklärung auch Überzeugungskraft, Ausdauer und Geduld notwendig sein.

Sehr wichtig dabei sind gemeinsame Veranstaltungen vor Ort, wie wir sie bereits in Klagenfurt, in Völkermarkt, Ferlach und St. Kanzian durchgeführt haben. Dabei geht es vor allem darum, den Menschen die noch immer vorhandenen Ängste zu nehmen.

Wir sind damit erst am Beginn. Aber schon die ersten gemeinsamen Veranstaltungen unserer Konsensgruppe mit Stefan Karner als Mediator haben zu positiven Reaktionen auf beiden Seiten geführt. Marjan Sturm und Bernard Sadovnik haben überzeugend versucht, den Deutschkärntner Veranstaltungsteilnehmern das Gefühl der Bedrohung für die Kärntner Landeseinheit zu nehmen und von unserer Seite waren Heinz Stritzl und ich bemüht, den slowenischen Besuchern glaubhaft zu machen, dass die große Mehrheit der Deutschkärntner die Rechte und Einrichtungen der slowenischen Mitbürger respektiert und mit diesen friedlich zusammenleben möchte.

Dabei geht es nicht nur darum, das Recht der slowenischen Volksgruppe auf natürliche Entwicklung zu respektieren, sondern auch deren Förderung zu akzeptieren.

Wichtig für die Schaffung eines Klimas des gegenseitigen Vertrauens ist die Bereitschaft, auch grenzüberschreitend tätig zu sein. Aus diesem Grund haben wir im Vorjahr eine Veranstaltung in Ljubno durchgeführt, das ist, jetzt sage ich es wieder, in der ehemaligen Untersteiermark. Die deutsche Ortsbezeichnung war Laufen. Für diesen Ort sollte man den Hinweis auf die Geschichte nicht verschweigen, wie überhaupt und insgesamt eine stärkere Erinnerung in Slowenien an unsere gemeinsame altösterreichische Geschichte sehr zum besseren Verständnis beitragen würde.

Die Veranstaltung in Ljubno war für alle, die daran teilgenommen haben, sehr beeindruckend. Eine gemeinsame Kulturveranstaltung unter Einbeziehung der heimischen Bevölkerung. Wir sind mit einer Musikkapelle gekommen, mit einem Chor und einem Quintett. Und aus der Gemeinde Ljubno haben sich heimische slowenische Kulturgruppen beteiligt. Beeindruckend war auch der vom Marburger Domherrn Stanko Lipovšek gemeinsam mit Diakon Siegfried Muhrer vorbildlich zweisprachig zelebrierte Gottesdienst in der Dorfkirche. Besonders positiv ist uns aufgefallen, wie die heimische slowenische Bevölkerung unsere österreichische Marschmusik aufgenommen hat. Es herrschte eine fröhliche, eine entspannte Stimmung. Dem trugen auch die Kurzaussagen im Festzelt u. a. von der örtlichen Bürgermeisterin Anka Rakun, dem Eisenkappler Bürgermeister Dietfried Haller und vom Botschaftssekretär Siegfried Zahn (als Vertreter des österreichischen Botschafters in Laibach, Valentin Inzko) Rechnung, die ausschließlich auf das Ziel der grenzüberschreitenden Verständigung ausgerichtet waren. Ein Beginn, der auf beiden Seiten der Grenze zur Festigung der gutnachbarlichen Beziehungen auch auf Vereinsebene und zur Schaffung eines Klimas des gegenseitigen Vertrauens fortgesetzt werden soll. Ich bin fest davon überzeugt, dass wir auf diese Weise mehr für die deutsche Volksgruppe in Slowenien tun können, als mit bloßen, noch so gut gemeinten Appellen von außen an Laibach.

STURM: Wenn Josef Feldner die zweisprachige Messe in Ljubno so positiv hervorhebt, kann ich nur darauf hinweisen, dass solche zweisprachigen Messen jeden Sonntag in vielen Südkärntner Pfarren stattfinden. Das Gute liegt oft auch sehr nah.

FELDNER: Wir haben uns nie gegen zweisprachige Gottesdienste in Südkärnten ausgesprochen, nur gegen die da und dort noch immer erfolgende Missachtung von sprachlichen Wünschen der Deutschkärntner Gläubigen. Aber ich weiß das erfolgreiche Bemühen der Kirchenführung in unserer Diözese um schrittweise Beseitigung noch bestehender Ungerechtigkeiten zu würdigen.

**Konfliktbearbeitung jetzt: die offenen Fragen**

GRAF/KRAMER: Kommen wir jetzt wieder zurück zur Gegenwart. Wenn ein Versöhnungsprozess wirksam werden und breit unterstützt werden soll, braucht es zunächst eine Lösung der offenen Fragen. Welche Konfliktfelder oder Probleme sind dabei aus Ihrer Sicht vordringlich? Sicherlich braucht es vor allem eine tragfähige Regelung für die Ortstafelfrage, aber wie ist die erreichte Konsenslösung durchsetzbar und welche offene Fragen gibt es darüber hinaus?

STURM: Ja, primär muss die Frage der zweisprachigen Aufschriften gelöst werden. Der Konflikt um diese Ortstafeln bringt keiner Seite etwas. Durch die Negierung von Erkenntnissen des Verfassungsgerichtshofes wird der Rechtsstaat permanent ad absurdum geführt und Kärnten zur Lachnummer. Das war ja gerade unser Versuch, mit dieser Konsensgruppe eine Lösung zu finden, die einerseits dem Erkenntnis des Verfassungsgerichtshofes nahe kommt und andererseits die emotionale Befindlichkeit in Kärnten berücksichtigt. Dabei haben wir die Philosophie entwickelt, Recht mit vertrauensbildenden Maßnahmen zu kombinieren, im Widerspruch zur bewussten Instrumentalisierung des Themas durch den Landeshauptmann. Das Zweite, wovon Josef Feldner vorhin gesprochen hat, ist sehr wichtig: dass vonseiten des Kärntner Heimatdienstes gesagt wird, dass er die slowenische Volksgruppe in ihrer Existenz nicht gefährden will. Das halte ich deshalb für wichtig, weil in diesem Land nach wie vor Vorurteile und Ängste vorhanden sind, die dazu führen, dass Menschen sagen, wenn ich jetzt Slowenisch rede oder mein Kind zur Schule schicke, zum zweisprachigen Unterricht anmelde, dann werde ich irgendwie dazu gerechnet und da spielen die ganzen historischen Dinge dann eine Rolle. Wir wissen, dass dem nicht so ist. Von slowenischer Seite glaube ich, wird es wichtig sein, dieses nationale Denken und die Sprache als nationalen Markierungsmechanismus aufzuheben und zu erkennen, dass heute in einer Zeit der europäischen Integration diese Nationalismen der Vergangenheit keine Rolle mehr spielen sollten, sondern dass Sprache etwas Wichtiges ist, auch Vorteile bringen kann. Es muss von allen Seiten deutlich gemacht werden, dass es heute nicht mehr darum geht, irgendwelche Grenzen in die eine Richtung noch in die andere zu verändern. Wir sind in Europa, in einem Friedensprojekt. Wir müssen in die Richtung arbeiten, dass die rechtlichen Grundlagen, die es gibt, von jedem, der das will, auch in Anspruch genommen werden können, ohne Angst haben zu müssen. Das gilt auch, wenn er Slowenisch als Amtssprache in Anspruch nehmen will. Wo sie erlaubt ist, soll sie problemlos praktiziert werden. Und ich glaube, dass dann die kreativen Potenziale dieses Landes im Interesse aller viel besser zur Geltung kommen werden.

FELDNER: Ich möchte schon darauf hinweisen, dass es für den Kärntner Heimatdienst am Beginn des Konsensprozesses das Problem gegeben hat, unsere Leute davon zu überzeugen, warum der Kärntner Heimatdienst von einer noch wenige Monate zuvor vertretenen Nullpositionierung in Bezug auf zweisprachige Ortstafeln abgeht.

Da haben wir unseren Leuten gegenüber Erklärungsbedarf gehabt, und zwar sehr großen und wir haben folgendermaßen argumentiert: Wir sind von unserer Positionierung, »Keine weiteren zweisprachigen Ortstafeln«, deshalb abgegangen, weil sich die slowenische Seite, das hat sich bei den ersten Gesprächen bereits herauskristallisiert, konsensbereit gezeigt hat. Damit konnten wir von unserem strikten Nein zu weiteren zweisprachigen Ortstafeln abgehen. Die Bereitschaft der slowenischen Seite, ihre ursprüngliche Maximalforderung aufzugeben, hat uns somit diesen Schritt ermöglicht.

Das war ganz wichtig, auch wenn unsere sodann grundsätzlich gezeigte Bereitschaft nun eine Erweiterung der bestehenden Ortstafelregelung in vertretbarem Ausmaß zu akzeptieren, natürlich nicht von allen unsern Mitgliedern und Sympathisanten mitgetragen wurde, was auch nicht zu erwarten war. Die Gegner eines Konsenses in den eigenen Reihen haben dann unseren Schritt sofort scharf verurteilt und sogar als Verrat an der eigenen Position bezeichnet. Manche sind dann noch weiter gegangen und haben uns Verrat an den Interessen Kärntens insgesamt vorgeworfen. Gegen diese bösen und sogar noch weiter gehenden Anschuldigungen setzen wir uns mit Sachargumenten zur Wehr.

Wir richten uns dabei nicht nur an unsere Mitglieder und Zeitungsbezieher, sondern an die Kärntner Bevölkerung insgesamt. Über unsere Zeitungen *Der Kärntner* und *KHD-Intern*, aber auch mit bezahlten Einschaltungen in den Tageszeitungen und in Postwurfsendungen machen wir Werbung für einen Weg der Verständigung, für die Notwendigkeit der Schaffung eines Klimas des gegenseitigen Vertrauens und bemühen uns dabei die Menschen über die strittige Ortstafelfrage sachlich aufzuklären. Das heißt, wir finanzieren aus eigenen Mitteln den Verständigungsprozess, was natürlich für uns eine große finanzielle Belastung darstellt.

GRAF/KRAMER: Welche Art von Unterstützung würden Sie sich konkret wünschen und von wem?

FELDNER: Es sollten sich endlich auch die Parteien in unseren Verständigungsprozess einbringen und diesen öffentlich unterstützen. Bei Veranstaltungen, in Aussendungen, über die Medien, in Publikationen. Schließlich geht es darum, einen seit Jahrzehnten schwelenden Konflikt zu bereinigen. Da darf doch ein entsprechendes Engagement von der Politik erwartet werden. Für diese Werbearbeit sollten auch entsprechende finanzielle Mittel zur Verfügung gestellt werden.

Nun aber wieder zurück zu den Ortstafeln, zum aktuellsten offenen Problem. Wichtig ist, und das ist wieder unsere Aufgabe, den Menschen zu sagen, dass zweisprachige Ortstafeln keine Marksteine für ein Slowenisch-Kärnten sind. Darauf habe ich schon hingewiesen. Es geht somit darum, Ängste zu nehmen und einer gezielten Angstmache entgegen zu wirken.

Daher ist es ein völlig falsches Signal, wenn von »radikalslowenischer« Seite mit überhöhten Forderungen unseren Bemühungen eine Beruhigung herbeizuführen, entgegengearbeitet wird. Die Erfüllung derartiger Forderungen würde dem Verständigungsprozess enorm schaden, zumal dann eine große Mehrheit der derzeit verständigungsbereiten Deutschkärntner diesen nicht mehr unterstützen würde.

Deshalb ist unser Kompromissvorschlag so wichtig. Ich bin davon überzeugt, dass wir eine Kompromisslösung erreichen, und dass sich auch der Großteil der Bevölkerung mit einer solchen identifiziert.

STURM: Ich möchte dazu noch etwas sagen, was mir von Bedeutung erscheint: Nämlich zur Chimäre Slowenisch-Kärnten. Ich glaube, dass dieser Begriff noch die alte Sichtweise der Geschichte darstellt, den nationalen Besitzstandkampf des 19. und 20. Jahrhunderts hier im Lande. Leider sind diese zweisprachigen Ortstafeln gänzlich in diese Richtung verpolitisiert. Es gibt einfach niemanden innerhalb der slowenischen Minderheit, der ein Slowenisch-Kärnten anstreben wollte. Das ist eine Chimäre. Meine Intention ist es, den Leuten zu sagen, sich nicht mit zwei Sprachen zufriedengeben, sondern diesen Vorteil zu nützen, um eine dritte und vierte Sprache zu lernen: Kärnten als eine Wissensregion, Kärnten als eine Friedensregion, die die Lehren aus der Geschichte gezogen hat, das wäre doch eine interessante Perspektive. Ich bin der Überzeugung, dass wir in der Begrifflichkeit einen Schritt weiterkommen müssen, das halte ich für äußerst wichtig. Dazu gehört, dass wir offensiv gegen Positionen auftreten, die zweisprachige Ortstafeln als Marksteine eines Slowenisch-Kärnten bezeichnen. Das sind sie nicht. Selbst wenn achthundert Ortstafeln zweisprachig wären, hat das nichts mit einem Wunsch nach einem Slowenisch-Kärnten zu tun. Und das entspricht auch der Zeit, in der wir leben. Niemand denkt daran, irgendwelche Grenzen zu verändern. Daher gebe ich auch zu bedenken, dass der Kärntner Heimatdienst mit solchen Begrifflichkeiten wie Slowenisch-Kärnten etwas selbstkritischer umgehen sollte. Wir alle müssen uns weiterentwickeln, weil sonst die Gefahr besteht, dass wir trotz aller Bemühungen um Dialog und Konsens auf der Stelle treten und nur wenig zur Überwindung alter Vorurteile beitragen werden. Wir sollten aufzeigen, dass dieses Land doch historisch ein vielfältiges Land ist. Viele Ortsnamen haben slawische, slowenische und auch andere Wurzeln. Wenn wir davon ausgehen, dass wir zwei Jahrhunderte Nationalismus hinter uns lassen wollen, dann kann die Synthese heute nur sein, dass wir zu diesen historisch vorhandenen vielfältigen Wurzeln stehen. Wir sollten diese Wurzeln nicht mehr im Sinne des 19. oder 20. Jahrhunderts missbrauchen, sondern mit ihnen im Sinne des einundzwanzigsten Jahrhunderts konstruktiv und kreativ umgehen.

GRAF/KRAMER: Welche offene Fragen gibt es im Bereich der Kirche? Welche Lösungsvorschläge gibt es dazu von Ihrer Seite?

STURM: Natürlich hat es auch im Bereich der Kirche Schwierigkeiten gegeben. Ich tue mir da ein bisschen schwer, weil ich kein offensiver Kirchengeher bin. Meiner Meinung nach gibt es hier verschiedene Ebenen: Zum einen gibt es das Phänomen, dass sich Leute über die Kirche aufregen, die gar nicht in die Kirche gehen. Da kann ich nur sagen, so geht das nicht. Wenn es Kritik gibt, dann sollten jene diese vorbringen, die tatsächlich in die Kirche gehen, denen die Kirche tatsächlich ein inneres Anliegen ist. Auf der anderen Seite gibt es tatsächlich Probleme, die ich mit zwei Beispielen illustrieren möchte: Ich bin in der heutigen Gemeinde Magdalensberg aufgewachsen. Es ist heute kein zweisprachiges Gebiet mehr, obwohl es dort einige wenige Familien gibt, die noch slowenisch sprechen. Hier hat die Nähe zu Klagenfurt den Assimilationsprozess verstärkt und andererseits haben meine Eltern nach den Erfahrungen der Vertreibung im Krieg nach 1945 nicht mehr die Kraft gehabt kulturelle Aktivitäten zu organisieren bzw. zu entfalten. Meine Eltern sind innerhalb von drei Tagen im Jahre 1978 verstorben. Da war bei uns zu Hause die Diskussion, wie und in welcher Sprache wird das Begräbnis sein.

Es war für uns (mit Ausnahme eines Bruders) natürlich klar, dass es in slowenischer Sprache sein muss. Es sollte auch ein Zeichen gesetzt werden, dass es hier in Magdalensberg noch eine slowenische Familie gibt, die zur slowenischen Minderheit steht. Es wurde ein slowenisches Begräbnis mit einem deutschen »Vater unser«, obwohl klar war, dass ein Teil der Besucher dieser Sprache nicht mächtig war. Aus heutiger Sicht muss ich sagen, das war natürlich nicht nur religiös motiviert, das war tatsächlich auch national motiviert. Ich habe dann viel später mit den ehemaligen Schulkollegen und Nachbarn gesprochen und sie gefragt, wie sie denn das Begräbnis empfunden hätten? Und die haben geantwortet, dass sie es von uns so erwartet haben.

Und jetzt will ich das andere Extrem erzählen: Voriges Jahr ist ein Cousin von mir gestorben, in der Gemeinde Grafenstein. Dieser Cousin hat in seiner Kindheit zuerst Slowenisch gesprochen und erst später Deutsch gelernt. Dort sind aber die Familienverhältnisse bezüglich der Sprache offensichtlich anders geworden, weil das Begräbnis nur in deutscher Sprache durchgeführt worden ist. Und da habe ich eigentlich diese zwei konträren Positionen kennengelernt und auch gelernt, wenn man in diesem nationalen Denken verhaftet ist, wie selbstverständlich es dann ist, dass man nur in den eigenen Kategorien denkt und die andere Seite, deren Bedürfnisse und Wünsche völlig ausblendet.

Hier stellt sich erneut die Frage nach der Synthese. Man muss aber auch feststellen, dass sich die Dinge im Bereich der Kirche verändern. Auch hier geht es um einen Generationenkonflikt. Während einige der älteren Pfarrer noch in der nationalen Tradition stehen, sind die jüngeren Pfarrer bereits viel weiter und praktizieren die zweisprachige Messe ohne Ausgrenzung der einen oder der anderen Gruppe. Das muss man anerkennen. Wo es hin und wieder noch Probleme gibt, das sind zum Beispiel die ganz persönlichen Feste: Taufen, Hochzeiten, da würde ich Josef Feldner zustimmen und meinen, dass der Wunsch jener, die dieses Fest veranstalten, zu akzeptieren ist. Ich als Pfarrer würde eine solche Frage zum Anlass nehmen, über interkulturelle Beziehungen und Zweisprachigkeit eine konstruktive Diskussion zu führen. Aber letztendlich würde ich bei einer Taufe oder Hochzeit den Wunsch der Eltern akzeptieren.

Natürlich hat das Argument etwas für sich, dass jeder kirchliche Akt im öffentlichen Raum stattfindet und in diesem öffentlichen Raum auch die zweite Sprache präsent ist. Aber hier geht es immer auch um ein gewisses Maß an Fingerspitzengefühl, wie man diesen Raum gestaltet. Hier glaube ich, die Kirche wird sich mit der Frage der Interkulturalität mehr auseinandersetzen müssen. Mittlerweile bin ich mir ziemlich sicher, dass die Problemfälle eher Einzelfälle sind.

FELDNER: Ja ich glaube auch, dass sich im Bereich der Kirchensprache schon einiges zum Besseren geändert hat. Viele slowenische Pfarrer sind sehr um Gleichbehandlung der beiden Sprachen bemüht. Es sind somit nur Einzelne, die glauben die »slowenische Sache« auch in der Kirche vertreten zu müssen und die sich vor den berechtigten sprachlichen Wünschen ihrer Deutschkärntner »Schäfchen« verschließen. Das wird dann natürlich auch außerhalb solcher Pfarrgemeinden diskutiert. Da darf man sich dann nicht wundern, wenn Leute, die gar nicht im gemischtsprachigen Gebiet leben, dann schnell mit der verallgemeinernden Behauptung zur Hand sind, es sei schwer mit den Slowenen in Kärnten, die immer und überall bevorzugt seien, friedlich zusammenzuleben. Daran sieht man, wie wichtig es für eine weitere Klimaverbesserung und für die Beseitigung von Vorurteilen und Verallgemeinerungen wäre, auch die letzten noch bestehenden Anlassfälle für einen kirchlichen Sprachenstreit zu bereinigen.

Bei allen das Zusammenleben in Kärnten betreffenden Problembereichen zeigt sich immer wieder, dass es dabei nirgends um Existenzfragen, um überlebenswichtige Angelegenheiten geht. Oft sind die Probleme auch gar nicht rational erklärbar, sondern ausschließlich im emotionalen Bereich angesiedelt, aufgebaut auf fest gefügten nicht selten von Generation an Generation weitergegebenen Vorurteilen und Aversionen.

Wenn man Leute anspricht, die eine besonders ausgeprägte Abneigung gegenüber Slowenen zeigen und sie fragt, welche persönlichen negativen Erlebnisse sie im Zusammenhang mit Slowenen nennen können, welche Benachteiligungen sie selbst erfahren haben, dann herrscht zumeist betretenes Schweigen. Dann merkt man, dass dieser Slowenengegner überhaupt keine persönlichen Erfahrungen mit Slowenen gemacht hat, dass seine antislowenischen Aversionen gar keinen persönlichen Hintergrund haben, sondern das Ergebnis einer Negativmeinung sind, die ausschließlich auf Erzählungen Dritter beruht.

Erst mit einer allmählichen Verbesserung des Klimas in Kärnten werden solche Aversionen abgebaut werden.

### Existenzangst als Konfliktursache?
### Über reale Bedürfnisse und kollektive Fantasien

GRAF/KRAMER: Woher kommen diese Aversionen und Ängste? Liegt es an realen Defiziten, was die Grundbedürfnisse anlangt, wir meinen damit Bedürfnisse wie das existenzielle Überleben, das materielle Wohlbefinden, die psychosoziale und kulturelle Identität, die persönliche und politische Wahlfreiheit? Wenn Sie aber nun sagen, es ist eigentlich nicht erklärbar: Handelt es sich mehr um kollektive Fantasien, die oft eine sehr hartnäckige Rolle spielen und meist doch auch wieder mit Grundbedürfnisdefiziten verbunden sind? Was sind Ihre Hypothesen dazu?

FELDNER: Meines Erachtens geht es nicht so sehr um Existenzfragen, auch nicht um Identitätsfragen, sondern um die Frage der gegenseitigen Gruppenbeurteilung. Ich glaube, dass die leider noch weit verbreiteten Aversionen gegen die Slowenen – gleichermaßen gibt es natürlich auch die Aversionen auf slowenischer Seite gegen die Deutschkärntner – auf einen Mix zwischen einer noch nicht aufgearbeiteten Geschichte, auf oftmals stark überzogene slowenische Forderungen, auf häufige slowenische Angriffe gegen Österreichs Minderheitenpolitik und deren Verunglimpfung im Ausland und schließlich auch auf viele viele ganz allgemeine Vorurteile zurückzuführen sind.

Sowohl die sachlich begründbare Negativbeurteilung als auch ganz besonders die sachlich nicht begründbaren Vorurteile sind in erster Linie darauf zurückzuführen, dass wir, das bezieht sich auf beide Seiten, bisher viel zu wenig aufeinander zugegangen sind. Die Meinung über den jeweils anderen wird nicht aufgrund von persönlicher Erfahrung gebildet, sondern aufgrund dessen, was man von dritter Seite erfahren hat.

**Bilder und Dokumente**

Die Bilder sind eine kleine Chronologie der Ereignisse der Kärntner Geschichte, beginnend mit der Volksabstimmung 1920. Im aktuellen Teil vermitteln sie Blitzlichter zur Geschichte der Bemühungen um einen Konsens. Die Auswahl wurde von den beiden Dialogpartnern gemeinsam getroffen. Im Bildteil wurden die Orte konsequent zweisprachig, unabhängig von der Rechtslage, bezeichnet.

**Deutschösterreichs Wirtschaftslage.**

Der steierische Erzberg von heute.

# VERZWEIFELTE LAGE DEUTSCH-ÖSTERREICHS

„Wir stehen vor einem wirtschaftlichen Trümmerhaufen, vor dem gänzlichen Zusammenbruch des Staates."

Aus der Eröffnungsrede des Präsidenten Steiner in der Versammlung der großdeutschen Volkspartei in Graz.

Kärntner Volksabstimmung 1920:  Propaganda für Jugoslawien.

Aus: Wilhelm Neumann »Kärnten 1918–1920«, Klagenfurt 1980

Kärntner Volksabstimmung 1920: Propaganda für Österreich.

Aus: Wilhelm Neumann »Kärnten 1918–1920«, Klagenfurt 1980

# Koroški Slovenci!

Kranjci Vam pravijo, da boste prišli ob jezik in narodnost, če glasujete za Avstrijo.

**To je laž!**

Na Koroškem boste lahko kakor do sedaj v miru živeli ter svoj jezik (sprabo) in svojo šolo obdržali. Koroški deželni zbor je v svoji 66. seji dne 28. septembra 1920 l. enoglasno sklenil, da bo

**„glavno načelo bodoče deželne politike sprava in pravičnost".**

„Deželne zbor izjavlja torej — v svesti si odgovornosti — v imenu po njem zastopanega ljudstva, **da hoče čuvati nad jezikovnimi in narodnimi posebnostmi slovenskih Korošcev zdaj in vseh bodočih časih** in da bode skrbel za njih duševno in gospodarsko povzdigo ravno tako, kakor za ono nemških prebivalcev. Podrobni načrt, kako je izvesti ta načela, se bo **po zopetni združitvi izdelal sporazumno z zastopniki koroških Slovencev."**

## Ta slovesna obljuba ščiti vse koroške Slovence!

### Zato glasujte 10. oktobra za
### nedeljeno, svobodno Koroško
z  **zeleno** glasovnico in **raztrgajte belo!**

---

# Kärntner Slowenen!

Die Laibacher wollen Euch glauben machen, daß Ihr Eure Sprache und Euer Volkstum verliert, wenn Ihr für ein Kärnten bei Oesterreich stimmt.

Dies ist Lüge!

Ihr werdet in Kärnten ruhig wie bisher leben können und Sprache und Schule behalten.

Die Kärntner Landesversammlung hat in ihrer 66. Sitzung vom 28. September 1920 einstimmig beschlossen, daß

„als Grundsatz der zukünftigen Landespolitik Versöhnung und Gerechtigkeit zu gelten habe".

„Die Landesversammlung erklärt daher im Bewußtsein der verantwortungsvollen Stunde namens der von ihr vertretenen Bevölkerung, daß sie den slowenischen Landesleuten ihre sprachliche und nationale Eigenart jetzt und alle Zeit wahren will und daß sie deren geistigem und wirtschaftlichem Aufblühen dieselbe Fürsorge angedeihen lassen wird, wie den deutschen Bewohnern des Landes. Eine genaue Ausarbeitung dieser Grundsätze wird nach durchgeführter Wiedervereinigung mit den Vertretern der Kärntner Slowenen vereinbart werden."

Dieses feierliche Versprechen schützt alle Kärntner Slowenen!

Daher stimmet am 10. Oktober für ein

ungeteiltes, freies Kärnten

mit dem  grünen Stimmzettel und zerreißet den weißen!

---

Die Landesversammlung appelliert an Kärntner Slowenen für Kärnten zu stimmen und verspricht nationale Gleichberechtigung.

Aus: Wilhelm Neumann »Kärnten 1918–1920«, Klagenfurt 1980

---

## Sonderausgabe
### Klagenfurter Zeitung
Donnerstag, den 14. Oktober 1920.

### Kärnten ungeteilt!

Deutschösterreich . . . . . 22.025 Stimmen.
Jugoslawien . . . . . . . 15.278 Stimmen.
Mehrheit für Deutschösterreich . 6.747 Stimmen.

Der gerechte Sieg ist unser!
Kärnten ungeteilt für alle Zeiten!

---

## Kärntner
## Landsmannschaft.

Nr. 81. Klagenfurt, Mittwoch, 27. Oktober 1920. Nr. 81.

Das nächste Ziel heißt:

Versöhnung, Verständigung Frieden!

---

Nach der siegreichen Volksabstimmung ruft der Kärntner Heimatdienst zur Versöhnung auf.

Aus: »Kärntner Landsmannschaft« Nr. 81, 27. Oktober 1920, Archiv KHD

**D e n k s c h r i f t**

des Gauleiters in Kärnten, über die Wiederherstellung des alten
Reichsgaues Kärnten durch eine neue Grenzziehung im Süden der
Karawanken.

Die Neuordnung im Südosten Europas ist solange keine vollständige und endgültige, bis sie nicht auch den südslawischen Staat erfasst hat. In dem Augenblick aber, mit dem Jugoslawien in diese Neuordnung einbezogen wird, müssen die durch das Diktat von Versailles an Jugoslawien abgetretenen ehemaligen österreichischen, jetzt deutschen Landesteile an das Reich rückgegliedert werden. Es handelt sich hierbei um die Gebiete des Miesstales und Seelandes, (beide bis 1918 zu Kärnten gehörig) und der Untersteiermark. Es ist kaum denkbar, dass sich der Führer mit der Rückgabe dieser Gebiete allein begnügen wird, er wird vielmehr im Interesse einer gesicherten Grenze im Süden des Reiches die derzeitige Grenze auf dem Kamm der Karawanken, welche schon vom strategischen Standpunkt aus für das Reich eine Unmöglichkeit ist, nicht belassen, sondern sie weiter nach dem Süden verlegen. Die neue südliche Reichsgrenze muss historisch, nationalpolitisch, geographisch, verkehrstechnisch und volkswirtschaftlich begründet sein. Eine solche Begründung ist nur dann in jeder Hinsicht gegeben, wenn die neue Grenzziehung sich als Grundlage die Grenze des alten Reichsgaues Kärnten nimmt, die im Jahre 976 unter Otto dem II. von Bayern abgetrennt und zu einem eigenen Herzogtum erhoben wurde. Durch eine solche Grenzziehung erhielte der jetzige Reichsgau Kärnten wieder seine alte Gestalt und könnte besser als bisher, seine Aufgaben als Bollwerk des Reiches im Süden erfüllen.

Dass der jetzige Reichsgau Kärnten in seiner neuen Gestalt hierzu in der Lage wäre, die alten von ihm durch beinahe ein Jahrtausend abgetrennten und jetzt zum grossteil anderssprachigen Gebiete, zu assimilieren und zu führen, liegt in der ungeheuer großen nationalen Kraft seiner Bewohner begründet. Das nationalsozialistische Kraftzentrum des jetzigen Kärnten ist Garant für die Festigkeit und Zuverlässigkeit des durch die vorgeschlagenen alten Grenzführung entstandenen neuen Reichsgaues Kärnten als Bollwerk des Reiches im Süden. Dass diese noch im jetzigen Kärnten vorhanden ist, äußerte sich nicht nur in den vergangenen Jahrhunderten, z. B. während der Türken- oder Franzoseneinfälle , sondern vor allem in den letzten 25 Jahre, denn:

1. Kärnten brachte von allen deutschen Stämmen während des Weltkrieges die größten Blutopfer.
2. Die Bewohner Kärntens standen mitten im Zusammenbruch des Jahres 1918 auf und erstritten mit bewaffneter Hand die Unversehrtheit ihres Landes.
3. Die nationalsozialistische Bewegung fasste in Kärnten schon im Jahre 1921 festen Fuß.
   Kärnten galt in der Systemzeit als das nationalsozialistischeste Land, was schon aus dem Ausspruch des Separatistenkanzlers Schuschnig hervorging: »Ein Stacheldraht um Kärnten und das Konzentrationslager für Nationalsozialisten ist fertig.«
   Kärnten hatte beim nationalsozialistischen Aufstand im Juli 1934 die meisten die Blutopfer von allen Ostmarkgauen. Kärnten meldete am 11. März 1938 als erster Oststmarkgau die Übernahme der Macht durch die nationalsozialistische Bewegung.
4. Die Helden von Narvik sind zu 2/3 Kärntner.
   Diese Hinweise genügen, um Kärntens nationale Kraft unter Beweis zu stellen.
   (…)

## NS-Begründung für »eine neue Grenzziehung im Süden der Karawanken«.

Aus: www.karawankengrenze.at, Dokument 8, gekürzt

Abschrift/1

Veldes, am 22. Mai 1941

**Denkschrift über die Wege, die besetzten Gebiete Kärntens kulturell und völkisch in den Altgau Kärnten und das Reich einzugliedern.**

Lage des Problems:

Durch die vom Reich ursprünglich gar nicht gewollte Zerschlagung des südslawischen Staates kam ein Teil des slowenischen Draubanat und zwar die alte Landschaft Oberkrain zum Gau Kärnten. Kärnten erhielt damit die Aufgabe, ein ausschließlich slowenisch besiedeltes Gebiet mit über 180.000 Menschen, in dem sich nur ganz wenige einsatzfähige Volksdeutsche befinden, dem Altgau Kärnten und damit dem Reiche zuzuführen. Über diese Aufgabe steht der Auftrag des Führers, dieses Land deutsch zu machen.

…..

Lösungsmöglichkeiten:

Lösung 1:

vollständige Aussiedlung des besetzten Gebietes und damit radikale Lösung der Frage Oberkrain, Diese Lösung ist aus folgenden Gründen unmöglich:

Die technischen Möglichkeiten einer derartig großen Aussiedlung sind nicht gegeben, weil die Aufnahmemöglichkeiten Serbiens zu klein sind und dieses Gebiet außerdem zu wenig entfernt ist. Der starke deutsche Blutsanteil der krainischen Bevölkerung und die rassische Hochwertigkeit des überwiegenden Teiles der Bevölkerung schließen aus grundsätzlichen Erwägungen diese radikale Lösung aus.

Die wirtschaftliche Struktur des Gebietes, die Anlage der Siedlungen und der Volkscharakter überhaupt sind derart, dass die Lösung 1 nicht in Frage kommt.

Lösung 2:

Um das Gebiet deutsch zu machen, soll sämtliche Intelligenz, alle seit 1914 zugewanderten Familien, Bewohner eines 20 km breiten Grenzstreifens und alle Minderrassigen ausgesiedelt, zum Teil ins Altreich umgesiedelt werden.

(…)

Lösung 3:

In zielbewusster Arbeit wird das neue Gebiet langsam eingedeutscht. Die Intelligenz wird dadurch zerschlagen, dass sie systematisch ins Altreich versetzt wird. Es wird versucht, den einfachen Mann, der ohne volkseigene Führung beeinflussbar ist, zu gewinnen und an unseren Staat heranzuführen. Die deutsche Schule und die deutsche Kultur beginnt das Werk der Verdeutschung, das ohnedies erst in Generationen zum Erfolg führen kann. Das Nahziel ist die Schaffung einer Mittelschicht, die sich zum Reich und zur engeren Landschaft Kärnten zugehörig fühlt. Diese Schicht macht den ganzen Schritt zum Deutschtum bereits leicht mit. Es muss im Wesen der gleiche systematische Umvolkungsprozeß angesetzt worden, der im alten Kärnten dazu geführt hat, dass die Windischen in ihrer Schicksalsgemeinschaft mit den Deutschen den Abwehrkampf gekämpft haben, der es schließlich heute den Steirern ermöglicht mit den Windischen der Untersteiermark, die im Wesen mit den Krainer Slowenen bis auf das Bekenntnis gleich geartet sind, Aufbauarbeit zu leisten. Außerdem wird durch diese scheinbar milde aber umso zielbewußtere Lösung der Erfolg einer Eindeutschung viel eher sichergestellt als mit allen anderen Methoden, außerdem gehen dem Reiche nicht alle möglichen Planungen in nahen Südosten durch Schaffung einer dauernden Kampfstimmung verloren. Kärnten hat durch die Art seiner Menschen und die Erfahrung seiner politischen Führerschicht in der Menschenführung größere Assimilationsmöglichkeiten als irgend einer anderer Gau; es kann daher an die Lösung 3 mit der Überzeugung herangehen, sie zu der im Reichsinteresse optimalsten zu gestalten.

Gang der Entwicklung:

Es muss gelingen, den führenden Stellen die Richtigkeit der drei Möglichkeiten vorzulegen und zur Diskussion zu stellen. Sollte die Lösung 3 zur Annahme kommen, so ist folgendes zu überlegen:

Alle Maßnahmen sind, abgesehen von allen anderen Überlegungen, so zu treffen, dass in diesem Gebiet jene Menschen untergebracht werden können, die in diesen Gebieten untergebracht werden müssen:

Die Kärntner Neubauern, der Bevölkerungsüberschuss Kärntens, die Kanaltaler und die Grödnertaler; weiters kommen für die kärglichen Gebiete im Gebiet Littai die Fersentaler und Luserner in Betracht, die unter Zurücklassung ihres Besitzes aus der Provinz Trient auswandern müssen, dort aber unter den bescheidensten Verhältnissen gelebt haben und den Folgen einer übertriebenen Realteilung ihrer Besitzungen (die aber gutrassig sind).

Die zielbewusste Ansetzung dieser Siedler muss in jedem Falle zum Erfolg führen, da die unbedingt notwendige Aussiedlung von slowenischen Menschen, die durch deutsche ersetzt werden sollen, weniger Staub aufwirbeln wird, als die Aussiedlung ganzer Gebiete von vornherein.

gez. Dr. Starzacher (Stabsführer)

NS-Denkschrift »über die Wege, die besetzten Gebiete Kärntens kulturell und völkisch in den Altgau Kärnten und das Reich einzugliedern«.

Aus: www.karawankengrenze.at, Dokument 67, gekürzt

**Kärntens Südgrenze wird gesichert**

Der Gauleiter wandte sich nun der Aufgabe zu, die den Kärntnern an der Grenze gestellt ist und die Oberkrain heißt. Er erklärte in diesem Zusammenhang, „Oberkrain ist fest in unsere Hand genommen und die politischen Voraussetzungen sind geschaffen, daß dieses Gebiet in einer abseh baren Reihe von Jahren ein deutsches Land wird". Von der Oberkrainer Frage ausgehend, kam der Gauleiter auf die endgültige Lösung der Kärntner Frage zu sprechen. Er teilte mit, daß von kommunistischen Elementen in Oberkrain Versuche gemacht wurden, auch im Altgau Kärnten mit Hilfe einiger weniger noch hier befindlicher slowenischer Nationalisten Eingang zu finden. Das ausgedehnte Netz, das sie zu weben gedachten wurde festgestellt und dagegen mit schärfsten Mitteln eingeschritten. Die Bevölkerung wird Gelegenheit haben, in der Presse darüber unterrichtet zu werden, und sie möge daraus die Berechtigung zu den Maßnahmen erkennen, die in der nächsten Zeit eingeleitet werden. Es ist unser fester Wille, im kommenden Jahr alles zu tun, um die Kärntner Fragen zu beseitigen. Der Abwehrkampf, der 1918/19 defensiv geführt wurde, wird diesmal offensiv geführt und zu einem endgültigen Sieg des freien und ungeteilten Kärnten führen. Damit werden die Keime einer allfälligen Bedrohung Kärntens an der Südgrenze vernichtet.

ABSCHRIFT:

**Kärnter Südgrenze wird gesichert**

Der Gauleiter wandtes sich nun der Aufgabe zu, die den Kärntnern an der Grenze gestellt ist und die Oberkrain heißt. Er erklärte in diesem Zusammenhang,»Oberkrain ist fest in unsere Hand genommen und die politischen Voraussetzungen sind geschaffen, daß dieses Gebiet in einer absehbaren Reihe von Jahren ein deutsches Land wird.« Von der Oberkrainer Frage ausgehend kamn der Gauleiter auf die endgültige Lösung der Kärntner Frage zu sprechen. Er teilte mit, daß von kommunistischen Elementen in Oberkrain Versuche gemacht wurden, auch im Altgau Kärnten mit Hilfe einiger weniger noch hier befindlicher slowenischer Nationalisten Eingang zu finden. Das ausgedehnte Netz, daß sie zu weben gedachten wurde festgestellt und dagegen mit schärfsten Mitteln eingeschritten. Die Bevölkerung wird Gelegenheit haben in der Presse davon unterrichtet zu werden, und sie möge daraus die Berechtigung zu den Maßnahmen erkennen, die in der nächsten Zeit eingeleitet werden. Es ist unser fester Wille, im kommenden Jahr alles zu tun, um die Kärntner Fragen zu beseitigen. Der Abwehrkampf, der 1918/19 defensiv geführt wurde, wird diesmal offensiv geführt und zu einem endgültigen Sieg des freien und ungeteilten Kärnten führen. Damit werden die Keime einer allfälligen Bedrohung Kärntens an der Südgrenze vernichtet. (...)

## Gauleiter Rainer spricht 1942 vom »offensiven Abwehrkampf«.

Kärntner Zeitung, 1. Dezember 1943, Seite 3

Oberkrain war nun »Südkärnten«.

Titelblatt »Kärntner Jahrbuch 1943«

Eine vertriebene Familie wartet im Sammellager in
Ebental/Žrelec auf dem Abtransport ins Altreich.

Avguštin Malle, Valentin Sima (Hg.) »Narodu in državi sovražni. Pregon koroških
Slovencev 1942 / Volks- und staatsfeindlich. Die Vertreibung der Kärntner Slowenen
1942«, Drava Verlag / Hermagoras Verlag, Celovec/Klagenfurt 1992

Ende April 1945 wurden bei Eisenkappel/Železna Kapla 11 Mitglieder
der Peršmanfamilie von einer SS-Polizeieinheit erschossen.

Foto: Muzej novejše zgodovine Slovenije (MNZ)

# Bekanntmachung

**Die Jugoslawische Armee ist in Kärnten eingerückt, um das Land ein für alle mal von den Nazi-Verbrechern zu säubern und um der gesamten slowenischen und österreichischen Bevölkerung die wahre Volksdemokratie, Freiheit und Wohlstand im neuen siegreichen und starken Groß-Jugoslawien zu gewährleisten.**

Der volle Sieg und die Befreiung sind das Resultat eines jahrelangen Kampfes in Kärnten, den jugoslawische Partisanen-Einheiten, einzig und allein auf die eigenen Kräfte gestützt, für die gemeinsame Sache der Alliierten, für den Sieg über Hitlerdeutschland führten und das Ergebnis der alliierten Hilfe, die das Tito-Jugoslawien vor allem von seiten der Sowjet-Union, Englands und Amerikas erhalten hat.

**Wir geben bekannt, daß im ganzen Gebiet des befreiten Kärntens die Militärgewalt der Jugoslawischen Armee, die durch das Kommando der Kärntner Militärzone vertreten ist, errichtet wurde. Diesem Kommando sind die Kommandostellen der Städte sowie die Befehlsstellen der Partisanenwachen untergeordnet.**

Die Bevölkerung sowie alle Organe unserer Behörden haben unserer Wehrmacht jegliche Hilfe zu leisten und alle ergangenen Erlässe bedingungslos zu befolgen.

## Tod dem Faschismus - Freiheit dem Volke!

Kommando der Kärntner Militärzone:

**Kommandant Major REMEC EGON - BORUT** e. h.

Celovec, am 12. Mai 1945.

Jugoslawisches Plakat, das im Mai 1945 auch in Klagenfurt/Celovec angebracht war.

Aus: Wilhelm Wadl/Alfred Ogris »Die Partisanen in Kärnten. Kämpfer gegen den Faschismus Kämpfer für ...?«, Klagenfurt 2003

16. Mai 1945: Demonstration der Partisanen in Klagenfurt/Celovec
mit Transparenten: »Wir fordern: Titos Armee nach Kärnten«
und »Wir fordern: Freies Kärnten in Titos Jugoslawien«.

Aus: Ingomar Pust »Titostern über Kärnten 1942–1945«, Klagenfurt 1984

Leše/Liescha: Nur ein einfaches Holzkreuz erinnert
an die aus Kärnten verschleppten und vermutlich
hier ermordeten Kärntner Partisanenopfer.

Aus: Wilhelm Wadl/Alfred Ogris »Die Partisanen in Kärnten. Kämpfer
gegen den Faschismus Kämpfer für ...?«, Klagenfurt 2003)

3. Sitzung des Konsultativen Landesausschusses für Kärnten
am 13.Juni 1945 im Zimmer 84 des Regierungsgebäudes zu Klagenfurt.

Beginn: 8 Uhr 10 Min.vorm.

Anwesend:
der Vorsitzende Piesch;
die Mitglieder Dr.Amschel, Enzfelder, Glantschnig, Großauer, Hany, Herke
            Santer, Suppanz, Tschofenig, Wedenig und ab 9 Uhr 37 Min.
            vorm. auch Ferlitsch;
als Schriftführer Reg.Rat Dragatin.

. . . . . . . . . .

Es wird in die Tagesordnung eingegangen.
Über Punkt 1: Erklärung des Landesausschusses in der slovenischen Frage berichtet Reg.Präs.Dr.Newole, der nach der Feststellung, es sei notwendig, daß der Landesausschuß für Kärnten unverzüglich den ersten offiziellen Schritt zur Bereinigung der slovenischen Frage in Kärnten mache, was in einer Erklärung zu geschehen hätte, eine solche in folgendem Wortlaut beantragt:
"Der Kärntner Landesausschuß hält es für notwendig, die berechtigten Forderungen der slovenischen Bevölkerung zu erfüllen.
        1. Die Wiedergutmachung des durch die Nationalsozialisten begangenen Unrechts dergestalt, daß sämtliche Aussiedlungen widerrufen werden und die Besitzungen den Ausgesiedelten oder deren Familien wieder übergeben werden,
        2. daß die slovenischen kulturellen und wirtschaftlichen Vereinigungen jeder Art wieder ins Leben gerufen werden,
        3. daß die künstliche Durchsetzung Südostkärntens mit reichsdeutschen Siedlern rückgängig gemacht wird,
        4. daß das slovenische Schulwesen auf der Basis der utraquistischen Schule wieder errichtet wird,
        5. daß jeder Bürger des Landes Kärnten vor den Behörden in seiner Sprache sprechen darf, daß Eingaben in der von der Partei gewählten Sprache beantwortet werden, ohne daß hiedurch der Partei ein Nachteil erwächst.
Der Landesausschuß hält die Erfüllung dieser Forderungen für eine Ehrenpflicht der Demokratie. Er anerkennt die großen Verdienste, die sich der slovenische Volksteil Kärntens bei der Bekämpfung der nationalsozialistischen Herrschaft erworben hat, und spricht seine Bewunderung für den heldenhaften Freiheitskampf des jugoslavischen Volkes aus.
        Der Landesausschuß wird alles tun, was in seinen Kräften steht, um den österreichischen Staatsbürgern slovenischer Sprache volle Gerechtigkeit in einem demokratischen Österreich widerfahren zu lassen. Er gibt der Hoffnung Ausdruck, daß hiedurch die Treue zum österreichischen Staat unbeschadet der Liebe zum slovenischen Volkstum sich so bewähren wird, wie sie es Jahrhundertelang getan hat.
        Der Landesausschuß wird es sich angelegen sein lassen, in kürzester Zeit die Durchführungsgesetze zu diesen Grundsätzen zu beschliessen."

Konsultativer Landesausschuss über die Wiedergutmachung, 1945.

Quelle: Kärntner Landesarchiv, gekürzt

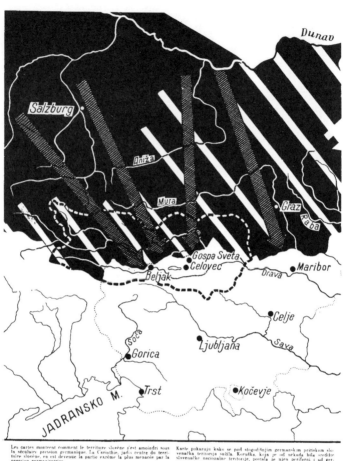

Les cartes montrent comment le territoire slovène s'est amoindri sous la séculaire pression germanique. La Carinthie, jadis centre du territoire slovène, en est devenue la partie extrême la plus menacée par la pression germanisatrice.

Karte pokazuju kako se pod stogodišnjim germanskim pritiskom slovenačka teritorija sužila. Koruška, koja je od nekada bila središte slovenačke nacionalne teritorije, postala je njen periferni i od germanizacionog pritiska najugroženiji deo.

THE SLOVENE CARINTHIA  CARINTHIE SLOVÈNE
СЛОВЕНСКАЯ КАРИНТИЯ  SLOVENSKA KORUŠKA

In Belgrad im Jahre 1947 erstellte Landkarte mit den
von Jugoslawien beanspruchten Gebieten Kärntens,
einschließlich Klagenfurt/Celovec und Villach/Beljak.

Aus: Josef Feldner »Grenzland Kärnten. Kärntner Weißbuch 2. Teil«, Verlag Johannes Heyn, Klagenfurt 1982

Anschlag auf das Partisannendenkmal in St. Ruprecht bei
Völkermarkt/Šentrupert pri Velikovcu, 10 September 1953.

Foto: Archiv des Kärntner Partisanenverbandes/Zveza koroških partizanov

1970: Slowenische Jugendliche beschmieren/vervollständigen
Ortstafel in Eisenkappel/Železna Kapla.

Aus: Josef Feldner »Grenzland Kärnten. Kärntner Weißbuch 2. Teil«, Verlag Johannes Heyn, Klagenfurt 1982

Von Gendamariebeamten geschützte zweisprachige Ortstafel.

Aus: Josef Feldner »Grenzland Kärnten. Kärntner Weißbuch 2. Teil«, Verlag Johannes Heyn, Klagenfurt 1982

Ortafelsturm 1972.

Foto: Archiv Slowenisches wissenschaftliches Institut / Slovensko znastveni institut, Klagenfurt/Celovec

15. Oktober 1972: Massendemonstration in Klagenfurt/Celovec.
Volkszeitung: »Ein Bekenntnis zu Kärnten und zur Demokratie«.

Foto: Archiv KHD

In Österreich entsteht eine breite Solidaritätsbewegung
für die Rechte der Kärntner Slowenen. Demonstration des
Solidaritätskomitees für die Rechte der Kärntner Slowenen.

Aus: Josef Feldner »Grenzland Kärnten. Kärntner Weißbuch 2. Teil«, Verlag Johannes Heyn, Klagenfurt 1982

Das Partisanendenkmal in Robesch/Robež wurde 1973 gesprengt.
Es folgten noch ein Attentat auf das Partisanendenkmal in
Köttmannsdorf/Kotmara vas sowie zahlreiche Beschmierungen.

Fotos: Slovenski vestnik

1974: Bombenanschlag auf das Büro des Kärntner
Heimatdienstes in Klagenfurt/Celovec

Foto: Archiv KHD

Das Bild zeigt das durch einen von zwei jugoslawischen Extremisten
verübten Bombenanschlag zerstörte Heimatmuseum im Zentrum von
Völkermarkt/Velikovec, 1979. Bereits 1976 verübten dort unbekannt ge-
bliebene Täter einen Bombenanschlag auf das Abstimmungsdenkmal.

Aus: Josef Feldner »Grenzland Kärnten. Kärntner Weißbuch 2. Teil«, Verlag Johannes Heyn, Klagenfurt 1982

»Dober večer, sosed – Guten Abend, Nachbar«. Seit den
Achtzigerjahren veranstalteten deutschsprachige und
slowenischsprachige Kulturvereine gemeinsame Veranstaltungen
am Vorabend des österreichischen Nationalfeiertages.
Fotos: Zdravko Haderlap

75-Jahr-Jubiläum Kärntner Volksabstimmung: Festsitzung des
Kärntner Landtages am 9. Oktober 1995 mit Feldner und Sturm sowie
den Obmännern des Rates der Kärntner Slowenen, Nanti Olip und
des Kärntner Abwehrkämpferbundes, Helmuth Themeßl als Gäste.

Foto: Archiv KHD

8. Mai 2001: Runder Tisch unter Vorsitz von LH Jörg
Haider. Bekenntnis zum Dialog mit Beteiligung von
Vertretern der Slowenen- und Heimatverbände.

Foto: KHD

Die Obmänner von:

**Gemeinschaft der Kärntner Slowenen und Sloweninnen**
**Kärntner Abwehrkämpferbund**
**Kärntner Heimatdienst**
**Zentralverband slowenischer Organisationen**

Wien, 12.3.2005

**Gemeinsamer Vorschlag an die Konsenskonferenz vom 13.3.2005**

Die unterfertigten Obmänner der oa. Verbände kamen im vorbereitenden, informellen Gespräch über folgende Punkte überein:

1. Die Wiederaufnahme der Konsenskonferenz wird begrüßt.
2. Die Verordnung von 1977 ist umzusetzen und steht außer Streit (hinsichtlich der derzeit noch fehlenden Ortstafeln sind die zuständigen Organe zu entsprechenden Stellungnahmen aufzufordern).
3. Es besteht legistischer Handlungsbedarf zur Umsetzung des Erkenntnisses des VGH. Über die bestehenden unterschiedlichen Auffassungen hinsichtlich der Umsetzung wird ein Gespräch mit dem Präsidenten des VGH angestrebt.
4. Anläßlich des 50-jährigen Staatsvertragsjubiläums ist eine Erklärung der Konsenskonferenz vorzubereiten. Diese soll als konkrete Maßnahme zur Umsetzung notwendiger Adaptionen die Installierung eines Operationskalenders (inkl. Terminkalender) und eines Maßnahmenkataloges bekannt geben.
5. Die Fortführung des Runden Tisches in Kärnten als Vorbereitung der nächsten Konsenskonferenz, spätestens Ende April 2005.
6. Nach Durchführung der im Operationskalender und Maßnahmenkatalog festgelegten Maßnahmen wird eine gemeinsame Streitbeilegungserklärung erfolgen.

Dr. Josef Feldner, Obmann KHD

Berhard Sadovnik, Obmann SKS

Fritz Schretter, Obmann KAB

Dr. Marjan Sturm, Obmann ZSO

Stefan Karner, Gesprächsführung

Am Tag vor der Konsenskonferenz bekannte sich auch der Obmann des Kärntner Abwehrkämpferbundes, Fritz Schretter, mit seiner Unterschrift zur Umsetzung des VfGH-Erkenntnisses.

Quelle: Archiv KHD

29. April 2005: Fünfte und letzte Konsenskonferenz
bei Bundeskanzler Dr. Wolfgang Schüssel.

Foto: fritzpress

Bundeskanzler Dr. Wolfgang Schüssel und Landeshauptmann
Jörg Haider stellen im Mai 2005 gemeinsam eine zweisprachige
Ortstafel in Windisch Bleiberg/Slovenji Plajberk auf.
Foto: fritzpress

Plakate mit der Aufschrift »Kein Slowenisch Kärnten«
säumten am Tag der Aufstellung der zweisprachigen Ortstafel
die Straße nach Windisch Bleiberg/Slovenji Plajberk.
Foto: fritzpress

Windisch Bleiberg/Slovenji Plajberk: Feldner im
Gespräch mit Sloweniens Botschafter in Wien, Ernest
Petrič. Aufmerksamer Zuhörer: Der Obmann des
Rates der Kärntner Slowenen, Jože Wakounig.

Foto: fritzpress

Windisch Bleiberg/Slovenji Plajberk: Josef Feldner wird von
Österreichs Botschafter in Slowenien, Valentin Inzko, herzlich
begrüßt. Bundeskanzler Dr. Wolfgang Schüssel freut's.

Foto: fritzpress

Mai 2005: Heimatdienst-Delegation bei
Bundespräsident Dr. Heinz Fischer.
Foto: fritzpress

Mai 2006: Pressekonferenz der Konsensgruppe,
unterstützt von Sozialpartnern.
Foto: Eggenberger

In Völkermarkt/Velikovec beginnt im Mai 2006 die Konsensgruppe
mit gemeinsamen Informationsveranstaltungen. Weitere
Veranstaltungen folgen in Ferlach/Borovlje und St. Kanzian/Škocjan.

Foto: fritzpress

Bei der gemeinsamen Informationsveranstaltung
in Ferlach/Borovlje gab es »Demonstrationen« pro
und contra weitere zweisprachige Ortstafeln.

Foto: fritzpress

Juli 2006: Gemeinsame österreichisch-slowenische Kulturveranstaltung in Ljubno/Laufen. Nach einem zweisprachigen Gottesdienst konzertierte die Blasmusik aus St. Marein (oben links) auf dem auch mit der österreichischen und der Kärntner Fahne beflaggten Dorfplatz (unten rechts). Bürgermeisterin Anka Rakun begrüsst Ehrengäste aus Kärnten, unter denen sich auch die EU-Abg. Pirker und Mölzer befanden (oben rechts). Ausklang mit fröhlicher österreichisch-slowenischer Freundschaftsgeste (unten).

Foto: fritzpress

184

# Absurde Angstmache mit Slowenisch-Kärnten!

## Von zusätzlichen zweisprachigen Ortsbezeichnungen wären nur 11.000 von 529.000 Einwohner betroffen. Das sind nur 2%(!) der Gesamtbevölkerung!

# Kärnten
### Wie würde sich der „Gusenbauer-Vorschlag" auswirken?

**nur deutsch beschildert**
**deutsch-slowenisch beschilderte Gemeindebereiche**

**1** Hermagor-Pressegger See; **2** St. Stefan im Gailtal; **3** Feistritz an der Gail; **4** Hohenthurn; **5** Nötsch im Gailtal; **6** Arnoldstein; **7** Finkenstein; **8** Villach-Stadt/Stadtteil Maria Gail; **9** Wernberg; **10** Rosegg; **11** St. Jakob im Rosental; **12** Velden am Wörther See; **13** Schiefling; **14** Keutschach; **15** Ludmannsdorf; **16** Köttmannsdorf; **17** Feistritz im Rosental; **18** Maria Rain; **19** Ferlach; **20** Ebenthal; **21** St. Margareten im Rosental; **22** Zell; **23** Poggersdorf; **24** Grafenstein; **25** Völkermarkt; **26** Diex; **27** Griffen; **28** Ruden; **29** Neuhaus; **30** St. Kanzian am Klopeiner See; **31** Eberndorf; **32** Globasnitz; **33** Sittersdorf; **34** Eisenkappel-Vellach; **35** Bleiburg; **36** Feistritz ob Bleiburg; **37** Gallizien.

## Das Bundesland Kärnten hat insgesamt 2.824 Ortschaften
### 2.661 (94,23%) der Orte Kärntens bleiben rein deutsch, 163 (5,77%) wären dann deutsch-slowenisch beschildert

Der slowenischsprachige Anteil an allen topographischen Aufschriften Kärntens, beträgt somit weniger als 3%, berücksichtigt man die bisher noch nie erwähnte Tatsache, dass neben jeder slowenischen Aufschrift auch die deutsche Aufschrift angebracht sein muss.

Der Großteil dieser 163 Orte ist bereits seit 1977 zweisprachig. Hinsichtlich 50 weiterer Orte gibt es zwischen den Parteien Übereinstimmung. Lediglich **25** (0,89%) dieser Orte **sind strittig!**

### Info-Seite gegen Desinformation.
Aus der Zeitung des Kärntner Heimatdienstes »Der Kärntner«, August 2007

**Der KHD ruft zur Bekanntgabe jener Probleme auf, die heute noch einem friedlichen Miteinander entgegenstehen:**

# Wo drückt der Schuh?
# Schreiben sie uns!

Ob im Bereich der Vereinsförderung, der Schule, der Kirchensprache oder anderswo: Wir wollen die Wünsche und Forderungen der Deutschkärntner im Grenzland erfassen und deren berechtigte Anliegen auch engagiert vertreten.

Je größer die Zufriedenheit in der Bevölkerung, ob deutscher oder slowenischer Muttersprache ist, desto eher werden wir ein Klima des gegenseitigen Vertrauens schaffen können.

Schreiben bitte in beiliegenden Umschlag (falls vorhanden) geben und an KHD, Prinzhoferstraße 8, 9020 Klagenfurt oder an Fax 0463/540029 oder an E-Mail: office@khd.at. abfertigen.

Auf Wunsch wird Anonymität zugesichert.

Wo drückt der Schuh. April 2007: Der Kärntner Heimatdienst ruft in seiner Zeitung die Deutschkärntner Bevölkerung zur Bekanntgabe ihrer sich aus dem Zusammenleben mit den Slowenischkärntnern ergebenden Forderungen auf.

Quelle KHD

Der Kärntner Heimatdienst tritt engagiert für die verfassungsrechtliche Anerkennung der deutschen Volksgruppe in Slowenien ein. Maribor/Marburg war noch 1918 eine überwiegend deutschsprachige Stadt.

Quelle Archiv

Am Beispiel Bleiburg: Warum nicht gleich mit Postleitzahl und Vorwahl?

Die Öffentlichkeit außerhalb Kärntens zeigt kein Verständnis für den Widerstand gegen weitere deutsch-slowenische Ortsbezeichnungen, was sich in zahlreichen Karikaturen ausdrückt.

Oben: Kronenzeitung, unten: derstandard.at/cartoons

Es gibt viel mehr Ortsbezeichnungen (oben) als Ortstafeln (unten).
Fotos: fritzpress

# Feierliche Erklärung

## zum 10. Oktober, dem
## „Tag der gemeinsamen Heimat Kärnten"

Die unterfertigten Repräsentanten von Kärntner Organisationen erklären

Klagenfurt, 9. Oktober 2006

Dr. Josef Feldner
Obmann »Kärntner Heimatdienst«

Bernard Sadovnik
Obmann »Gemeinschaft der Kärntner Slowenen und Slowceninnen/Skupnost koroških Slovencev in Slovenk«

Dr. Marjan Sturm
Obmann »Zentralverband slowenischer Organisationen/Zveza slovenskih organizacij«

Heinz Stritzl
Sprecher „Ausseres Kärnten"

Univ.-Prof. Dr. Stefan Karner
Gesprächsleitung

Oktober 2006: Feierliche Erklärung zum 10. Oktober, dem »Tag der gemeinsamen Heimat Kärnten«. Die Erklärung wurde von zahlreichen Vertretern aus Politik und Kirche unterzeichnet. Der Moderator der Konsensgruppe Univ.-Prof. Dr. Stefan Karner (rechts).
Fotos: Archiv KHD, fritzpress

189

März 2007: Bei einer Pressekonferenz in Wien bekräftigen die
Mitglieder der Konsensgruppe den Weg der Verständigung.

Foto: fritzpress

Juni 2007: Konsensgespräche mit Bundeskanzler Alfred Gusenbauer,
Landes- und Gemeindepolitikerinnen und -politkern.

Foto: Reinhard Holl, Kronenzeitung

März 2007: Slowenische Studenten protestieren vor dem
Presseclub Concordia in Wien für »volles Recht – nicht Gnade«.

Foto: fritzpress

Feldner und Sturm: »Den Dialog vertiefen«.

Foto: fritzpress

Um das zu ändern, muss zuerst einmal eine grundsätzliche Bereitschaft zum Gespräch mit dem »Anderen«, mit dem Andersdenkenden gegeben sein. Diese ist bei vielen noch nicht vorhanden, bei vielen jedoch grundsätzlich da. Viele haben nur noch nicht die Möglichkeit gehabt, sich mit Menschen aus einer Gruppe, die man generell negativ beurteilt, zusammenzusetzen und auszusprechen.

So wird noch immer aus der Distanz und aus dem Bauch heraus geurteilt, ohne dass man mangels persönlicher Erfahrung eigentlich so richtig weiß, worüber man spricht. Deshalb ist dieser Verständigungsprozess, den wir begonnen haben und vor allem das gemeinsame Auftreten, von so großer Bedeutung. Wir können nicht oft genug gemeinsam auftreten, nicht nur bei Veranstaltungen, sondern auch bei Pressekonferenzen mit gemeinsamen Erklärungen, mit gemeinsamen Stellungnahmen und gemeinsamen Analysen. Je häufiger das der Fall ist, desto rascher werden auch die gegenseitigen Aversionen abgebaut werden.

GRAF/KRAMER: Inwieweit sind die anhaltenden Vorurteile und Aversionen auch auf ökonomische und soziale Gründe zurückzuführen, auf die Auswirkungen der Umwälzung und Beschleunigung der sozialen Verhältnisse der letzten Jahrzehnte, die von den Soziologen beschrieben werden, also Globalisierung, Europäisierung oder Individualisierung? Gibt es die Angst, dass Slowenien jetzt nach dem Beitritt zur EU doch wieder stärker werden könnte? Gibt es eine Angst vor sozialem oder auch vor kulturellem Abstieg?

FELDNER: Auf der Seite der Mehrheitsbevölkerung ist diese Angst derzeit nicht erkennbar. Das war vor dem EU-Beitritt Sloweniens anders. Da hat man noch nicht gewusst, wie sich dieser Beitritt auf Kärnten im wirtschaftlichen und vor allem auch im sozialen Bereich, hinsichtlich unserer Arbeitsplätze auswirken wird. Daher ist der Kärntner Heimatdienst auch engagiert für die Schaffung von Übergangsbestimmungen eingetreten, die ja dann auch gegenüber den neuen Beitrittsländern festgelegt wurden.

Wir mussten davon ausgehen, dass es nach dem EU-Beitritt Sloweniens zu einem stärkeren Zuzug aus Slowenien nach Kärnten kommen wird, dass es dann angesichts des bestehenden Lohngefälles zu einem Verdrängungswettbewerb kommen könnte, der die Arbeitsplätze unserer heimischen Arbeitnehmer gefährdet. Diese Sorgen sind noch nicht völlig beseitigt. Noch gibt es die Übergangsbestimmungen, die aber spätestens 2011 auslaufen müssen. Slowenien drängt jetzt bereits auf eine vorzeitige Beseitigung dieser Übergangsbestimmungen, womit der Arbeitsmarkt für Bürger aus Slowenien völlig freigegeben wäre.

GRAF/KRAMER: Aber es gibt ja auch einen beachtlichen Wirtschaftsaufschwung in Slowenien.

FELDNER: Ja, in Slowenien lässt sich ein unglaublich rasanter Aufstieg in wirtschaftlicher Hinsicht erkennen. Angesichts dessen und des damit erfolgenden raschen Abbaus des noch bestehenden Lohngefälles zu Kärnten dürfte nach Auslaufen der Übergangsbestimmungen die Gefahr für unsere heimischen Arbeitsplätze nicht so groß werden, wie wir das noch 2004 befürchtet haben. Eine endgültige Prognose können wir allerdings noch nicht abgeben.

Viele in Kärnten haben noch vor einigen Jahren befürchtet, Slowenien könnte aus nationalen Gründen eine Ansiedlung im Kärntner Grenzraum zur Stärkung der Kärntner Slowenen befürworten. Es gibt jedoch keine Anzeichen, die derartige Befürchtungen rechtfertigen könnten.

GRAF/KRAMER: Herr Feldner, wie stehen Sie eigentlich zur Kultur der Zweisprachigkeit, die Marjan Sturm so eindringlich einfordert?

FELDNER: Zweisprachigkeit wird außerhalb Kärntens stets als Zeichen einer besonderen Aufgeschlossenheit, andere Sprachen zu erlernen, gewürdigt. Und auch die Slowenischkärntner weisen gerne darauf hin. Seht, wie aufgeschlossen und weltoffen wir Slowenen im Gegensatz zu vielen Deutschkärntnern sind, die nicht Slowenisch lernen wollen. Damit kann man sehr gut punkten. Das erzeugt Sympathie außerhalb Kärntens für die Slowenischkärntner und gleichzeitig Unverständnis für die Deutschkärntner, denn die sind so stur und sind nur einsprachig. An dem Bild, die einen sind weltoffen und aufgeschlossen, die anderen sind reaktionär und rückschrittlich, muss man aber schon einiges zurechtrücken, was von Außenstehenden nicht erkannt wird.

Zum Ersten: Für die Kärntner Slowenen ist die Zweisprachigkeit nicht eine Frage der Sympathie für die zweite Sprache, sondern eine Notwendigkeit, um überhaupt in diesem Land bestehen zu können. Das ist ganz einfach aus der Tatsache heraus zu sehen, dass die Slowenischkärntner so gut wie nirgends in Südkärnten geschlossen siedeln, sondern, was in anderen europäischen Regionen mit Volksgruppen eher die Ausnahme ist, fast ausschließlich in Streulage. Das heißt, Slowenischkärntner wohnen nahezu ausnahmslos – sieht man vielleicht von der Berggemeinde Zell Pfarre oder auch von Globasnitz ab – mit Deutschkärntnern Tür an Tür. Und diese Situation macht es notwendig, die deutsche Sprache, somit die Sprache der Mehrheit der Dorfbewohner, schon im Kindergartenalter zu beherrschen, um mit den Nachbarkindern spielen zu können. Umso mehr gilt das dann für das Schulalter und für die Erwachsenen. Sie sind im täglichen Leben gezwungen, die deutsche Umgangssprache weitaus häufiger zu gebrauchen als ihre eigene Muttersprache. Die behauptete Weltoffenheit als Motiv für die Zweisprachigkeit entpuppt sich somit als reine Überlebensnotwendigkeit in allen Lebensbereichen.

Angesichts dessen ist es völlig unverständlich, wenn nun die Gegner der von uns erarbeiteten Konsenslösung, dem sogenannten »Karner-Papier«, als Basis für eine neue Ortstafelregelung nur jene als Slowenen anerkennen wollen, die bei der Volkszählung 2001 nur Slowenisch als Umgangssprache angegeben haben. Jene, die neben Slowenisch auch Deutsch als Umgangssprache angegeben haben – und das ist die überwältigende Mehrheit der rund 12.000 kärntenweit auch in Kombination mit Deutsch erfolgten Sprachangabe Slowenisch – werden von den Verfechtern dieser Zählweise als »zwangsweise« der slowenischen Minderheit zugezählte Kärntner bezeichnet.

Als Beispiel wird die Stadt Bleiburg angeführt, wo bei der Volkszählung 2001 von insgesamt 1.202 Personen mit Angabe Slowenisch als Umgangssprache nur 23 Personen ausschließlich Slowenisch angeführt hätten und somit nur diese als Slowenen gezählt werden dürften, was wiederum keine Berechtigung für eine zweisprachige Ortstafel ergebe.

Wenn sich nun auch Landeshauptmann Jörg Haider für diese Zählweise ausspricht, dann ist mir das nicht verständlich. Hat sich doch Haider noch 2006 in seiner Broschüre »Minderheitenpolitik und Volksgruppenförderung in Kärnten« für eine Volksgruppen-politik ausgesprochen, die »*im Geiste der europäischen und kulturellen Vielfalt einen partnerschaftlichen Umgang mit Toleranz, Achtung und Gleichbehandlung zwischen den beiden Volksgruppen*« ausgesprochen. Noch im Juli 2006 unterstützte er eine Ortstafel-lösung, die sich nur unwesentlich von dem ein Jahr später präsen-tierten »Gusenbauer-Vorschlag«, den er nun entschieden ablehnt, unterschieden hat.

Noch im Juli 2006 bezeichnete Haider seine damals gemeinsam mit dem damaligen Bundeskanzler Wolfgang Schüssel befürwortete Erweiterung der bestehenden Ortstafelregelung auf insgesamt 141 deutsch-slowenischen Ortsbezeichnungen als einen »*Weg der Vernunft*«. Damals kritisierte er die »*extremen Ablehner jeder Lösung*« als Leute, die ohnehin nicht den »*Jörg Haider und das BZÖ, die stets lösungsorientiert agieren*« gewählt hätten.

STURM: Ich möchte auf die vorher gestellte Existenzfrage zurück-kommen. Josef Feldner hat dazu eine für mich sehr vereinfachende Sichtweise. Ich will meine Sicht hinzufügen. Josef Feldner hat ge-sagt, dass es keine Existenzfrage ist. Für mich stellt sich die Frage, wie man Existenzfrage definiert. Ich möchte das wiederum mit einem praktischen Beispiel erläutern. Mein Vater war Jahrgang 1895, und er war massiv diskriminiert in diesem Land, weil er tatsächlich schlecht Deutsch gesprochen hat und er in seiner slowenischen Spra-che, bei der Inanspruchnahme seiner existenziellen Wünsche an die staatlichen Stellen, nicht mit den Behörden kommunizieren durfte. Slowenisch war in Kärnten vor den Behörden nicht erlaubt und in der Zwischenkriegszeit und nach dem Zweiten Weltkrieg sehr pejo-rativ bewertet. Dadurch waren er wie auch meine Mutter und viele Andere diskriminiert.

Ich bin heute deshalb nicht diskriminiert, weil ich meine Anlie-gen vor den Behörden in einer Sprache artikulieren kann, die ich beherrsche. Da ich beide Landessprachen gleich gut spreche, bin ich natürlich existenziell nicht bedroht. Ich bin kulturell diskriminiert, weil die Sprache, die meine erste Sprache ist, hier nicht vor allen Ämtern selbstverständlich ist. Allein die Tatsache, dass die Inanspruchnahme der slowenischen Amtssprache mit bürokratischen Mitteln verkompliziert ist, führt dazu, dass viele Menschen auf dieses Recht verzichten. Heute umso leichter, weil sie ja auch die deutsche Sprache beherrschen. Das ist eine gewisse strukturell-kulturelle Benachteiligung. Dabei wäre es relativ einfach: es gibt viele Beamte in Südkärnten, die auch der slowenischen Sprache mächtig sind. In einem offenen Klima könnte es doch so sein, dass diese Beamten bei Bedarf unbürokratisch auch Slowenisch sprechen und umgekehrt müssten dann Kärntner Slowenen nicht auf einen Rechtsstandpunkt bezüglich slowenischer Amtssprache beharren. Mehr Flexibilität auf beiden Seiten ist gefragt. Im Weiteren muss ich schon auf den Rückgang der slowenischen Minderheit in Kärnten in den letzten hundert Jahren hinweisen. Das war ein phänomenaler Rückgang. Normal und objektiv war das nicht. Da war schon ein starker struktureller und politischer Druck dahinter.

Daher glaube ich, dass wir auch in dieser Frage einen anderen Diskurs führen sollten. Ich würde mir von Josef Feldner erwarten, dass er diesen Rückgang bedauert und nicht die Betonung darauf legt, dass die slowenische Minderheit eh nur in Streulage im zwei, drei Prozentbereich siedelt. Ich halte das für angebracht – wenn wir einen neuen Diskurs führen sollten – dass man ein gewisses Bedauern darüber zum Ausdruck bringt, dass die Geschichte so verlaufen und eine Sprache massiv zurückgegangen ist bzw. zurückgedrängt worden ist. Das setzt voraus, dass man auf beiden Seiten auch selbstkritisch zu den eigenen Positionen ist. Das betrifft die Politik der Mehrheit und die Politik der Minderheit. Die Philosophie, die hinter den beiden Konzeptionen gestanden ist, habe ich schon wiederholt erläutert.

Was die wirtschaftliche Entwicklung anbelangt, so habe ich ebenfalls eine andere Sichtweise als Josef Feldner. Wenn wir in diesen nationalen Kategorien diskutieren, wie sie Josef Feldner angedeutet hat, dann hat eher Slowenien Gründe für Ängste. Warum? Wenn wir uns die Investitionen anschauen, dann sind fast alle österreichischen Banken in Slowenien präsent, aber keine einzige slowenische Bank hat in Österreich ernsthaft Fuß gefasst. Die ganze österreichische

Exportindustrie ist in Slowenien, aber nur wenige slowenische Unternehmen sind in Österreich aktiv. Ich meine hier jene Unternehmen, die Produktionsstätten errichten und Arbeitskräfte anstellen. Hier sollten wir die Kirche im Dorf lassen und nicht im alten Denken verharren. Wenn man die Ökonomie im alten Sinn sehen würde (z. B. »Drang nach Osten«), dann müsste sich eher Slowenien bedroht fühlen als Kärnten oder Österreich. Ich bin im Gegenteil davon überzeugt, dass im Rahmen der EU das Kapital nicht mehr für nationalpolitische Zwecke funktionalisiert werden kann oder wird. Unsere heimischen Beispiele untermauern meine These: Die größte österreichische Bank, die »Bank Austria« wurde an eine italienische Bank und im patriotischen Kärnten wurde die Hypo-Bank an die Bayern verkauft. Eigentlich ein »geheimer Anschluss«, um einmal zynisch mit alten Denkmustern zu argumentieren. Ich finde, dass das Denken in nationalen Kategorien nicht mehr funktioniert, wie uns die Beispiele aus der Wirtschaft zeigen.

Das Entscheidende ist, dass man eine größere gegenseitige Sensibilität wird entwickeln müssen, wobei auch die Seite des Kärntner Heimatdienstes sich überlegen wird müssen: Naja, war es gut, dass hier die Zahl der slowenischsprachigen Menschen so rapid zurückgegangen ist, hätte man nicht irgendetwas anders machen müssen? Hat uns dieser ethnonationale Konflikt nicht viel zu viel Energie gekostet? Es ist gut, dass wir jetzt offen miteinander reden. Aber dabei wird die Analyse meiner Meinung nach tiefer gehen müssen und meine These lautet, dass uns das nationale Denken, dieser nationale Besitzstandstreit sehr viel Energien gekostet hat und es sich auszahlt über Alternativen nachzudenken, sowohl in der Geschichte als auch in der Gegenwart.

FELDNER: Der Rückgang der Slowenen in Kärnten ist eine bedauerliche Tatsache. Damit ging auch – quantitativ gesehen – ein Teil unserer gemeinsamen Kultur in Kärnten verloren.

Nur, die Sache ist etwas subtiler zu sehen, als wenn man sie nur von der Statistik her versucht darzustellen. Und da komme ich nochmals auf die Windischen zu sprechen.

Die Monarchie hat bei den Volkszählungen, die ja 1880, 1890, 1900 in Zehn-Jahres-Schritten, so wie heute noch, durchgeführt wurden, nicht unterschieden zwischen Slowenen und Windischen. Das ist eine Tatsache. Man hat nach der slowenischen Umgangssprache gefragt, und da war das Windische als slowenische Umgangssprache einzustufen. Was viel leichter eine Unterscheidung gestattet, das sind die Ergebnisse bei den Reichsratswahlen. Bei den Reichsratswahlen im Jahre 1911 haben im Gebiet der ehemaligen Abstimmungszone etwa 40 Prozent die nationale slowenische Partei gewählt. Das ist interessanterweise fast deckungsgleich jener Anteil an Stimmen, den Jugoslawien bei der Volksabstimmung am 10. Oktober 1920 erhalten hat. Andererseits führt auch Martin Wutte an, dass 10.000 Stimmberechtigte mit slowenischer Umgangssprache für Österreich gestimmt hätten. Es muss somit damals schon einen Unterschied zwischen österreichtreuen Sprachslowenen einerseits, den Windischen, und andererseits Nationalslowenen gegeben haben, die die nationale slowenische Partei gewählt und im Wesentlichen auch für Jugoslawien gestimmt haben. Nur, das ist Geschichte und sollte für das Zusammenleben heute keinerlei Bedeutung mehr haben.

STURM: Das ist nach der Volksabstimmung entstanden.

FELDNER: Wenn heute behauptet wird, Windisch sei eine Nazi-Erfindung, so stimmt das nicht ganz. Es ist schon richtig, dass die Nationalsozialisten aus nationalistischen Gründen die Existenz von Windischen ganz besonders hervorhoben und diese als »eindeutschungsfähig« bezeichneten. Nur, erfunden haben sie die Windischen nicht. Es gibt eine heute nirgends mehr erwähnte Abhandlung des Präsidenten der Kärntner Handelskammer, Baron Armand Dumreicher, der 1889 als Reichsratsangehöriger der »Vereinigten deutschen Linken« in einer viel beachteten Reichsratsrede die Methoden der Slowenisierung Kärntens in der zweiten Hälfte des 19. Jahrhunderts aufzeigte und schon damals scharf zwischen Windischen und »Neuslowenen« unterschieden hatte. Dumreicher ließ seine Rede vollinhaltlich in der »Neuen Freien Presse«, der Vorläuferin der heutigen Tageszeitung »Die Presse«, auf eigene Kosten auf drei Großformatseiten abdrucken.

Die dort wiederholt erfolgte Erwähnung der Windischen, zur Unterscheidung von den sogenannten »Neuslowenen«, wird in der

Geschichtsschreibung interessanterweise immer verleugnet. Dumreicher schildert ausführlich einen damals bereits schwelenden Konflikt, in welchem auf der einen Seite die deutschen und windischen Kärntner, auf der anderen Seite die »Neuslowenen« standen, bereits überlagert vom Schatten eines aufkeimenden Panslawismus und dem Streben nach unabhängigen slawischen Nationalstaaten.

Die Verbundenheit des Windischen mit dem deutschen Kärntner veranschaulicht Dumreicher anhand von geschilderten Wünschen windischer Bauern, vor Gerichten und Ämtern in Kärnten in deutscher Sprache angesprochen zu werden, weil sie die slowenische Schriftsprache nicht verstünden.

STURM: Entschuldigung, aber dieses Problem hat man ja damals überall in Österreich gehabt. Wenn ein Vorarlberger aus irgendeinem Bergdorf nach Bludenz gekommen ist, hat der auch nicht die Hochsprache beherrscht. Das ist ja eine gesellschaftliche Entwicklung. Dumreicher zählt zu den Vertretern des deutschen »Dranges nach Osten« bzw. Südosten. Von daher war klar, dass er sich gegen die slowenischen Emanzipationsbestrebungen gestellt hat. Eine Nation, die keine standardisierte Schriftsprache entwickelt, kann keinen Emanzipations- und Vereinheitlichungsprozess als Nation durchführen. Das scheint mir auch einer der Hintergründe der sogenannten Windischentheorie zu sein.

FELDNER: Es ist schon ein Unterschied zwischen einem Vorarlberger und einem Kärntner Windischen. Bei uns ist es um den Gebrauch von zwei völlig unterschiedlichen Hochsprachen gegangen, in Vorarlberg jedoch um die deutsche Hochsprache einerseits und den alemannischen deutschen Dialekt andererseits.

STURM: Aber Kollege Feldner darf ich eine Frage stellen? Was ist das? Der Boss flirtet mit dem Callgirl? Ist das jetzt Deutsch oder Englisch?

FELDNER: Die vielen Anglizismen in unserer Sprache sind ein eigenes Kapitel, über das man auch einmal ernstlich sprechen sollte.

Bei der Erforschung der Ursachen für den starken Rückgang der slowenischen Sprache in Kärnten im Verlauf eines Jahrhunderts –

von rund 80.000 im Jahr 1910 auf heute etwas mehr als 12.000 – muss ich leider noch einmal und wie ich hoffe abschließend – auf die Windischen zu sprechen kommen. Ich will damit nur aufzeigen, dass der Rückgang nicht allein Ausdruck einer Assimilierung ist, sondern dass hierfür auch viele andere Faktoren maßgeblich waren. Einer dieser Faktoren war zweifellos die von slowenischer Seite stets versuchte Vereinnahmung der Windischen, die nicht Slowenen sein wollten. Weil diese sodann als »Deutschtümler« beschimpft wurden, haben sich viele von ihnen auch bei Volkszählungen nicht mehr zur slowenischen Sprache bekannt, sondern ausschließlich Deutsch angegeben. Auf diese Weise ist statistisch die Zahl der Slowenen zweifellos deutlich zurückgegangen.

Damit will ich aber nicht die verschiedenen anderen Faktoren leugnen, die ebenfalls zum Rückgang der Slowenen geführt haben. Schuld daran waren sicher auch die besonders noch in der Ersten Republik gegebenen wirtschaftlichen und gesellschaftlichen Unterschiede. Auch die leider nicht seltene abwertende Beurteilung der slowenischen Sprache als »schiach« mag da und dort zur Assimilierung geführt haben.

Heute geht es darum, eine Atmosphäre in Kärnten zu schaffen, die die Zugehörigkeit zur slowenischen Volksgruppe als attraktiv erscheinen lässt und damit keine Anreize für eine freiwillige Assimilierung bietet, die ja vom Staat nicht verboten werden kann. Es geht somit um eine fördernde Minderheitenpolitik, zu der sich auch der Kärntner Heimatdienst bekennt. Nur auf diese Weise kann die natürliche Entwicklung der slowenischen Volksgruppe in Kärnten sichergestellt werden. Eine fördernde Minderheitenpolitik, die durchaus über formale Gleichbehandlung hinausgehen kann, ja muss, darf allerdings nie eine offenkundige Privilegierung gegenüber der Mehrheitsbevölkerung sein. Das würde bei dieser Neid hervorrufen, was wiederum dem Klima zwischen Mehrheit und Minderheit abträglich wäre. Kurz gesagt: Eine fördernde Minderheitenpolitik darf nie zulasten der Mehrheitsbevölkerung gehen. Hier muss die Politik sehr sensibel vorgehen und stets auf Chancengleichheit beider Gruppen bedacht sein, darauf möchte ich noch einmal hinweisen.

Begleitend zu einer fördernden Minderheitenpolitik muss auch eine positive Einstellung der Mehrheitsbevölkerung zur slowenischen Volksgruppe vorhanden sein. Diese wird um so eher erreicht werden können, je besser es auch den Exponenten der slowenischen Volksgruppe gelingt, innerhalb der Mehrheitsbevölkerung Vertrauen zu schaffen und historische Ängste zu nehmen. Dabei bedarf es einer realistischen Selbsteinschätzung und eines entsprechenden Augenmaßes bei Forderungen der Slowenen. Jedes Übermaß in dieser Richtung führt zu Ablehnung bei den Deutschkärntnern und damit zu einem Sympathieeinbruch, der nicht unterschätzt werden sollte.

Überaus schlecht auf das Klima des Zusammenlebens wirken sich Angriffe von slowenischer Seite gegen Österreich im Ausland aus. Ich spreche da aus langjähriger Erfahrung. Mit dem ständigen Schlechtmachen unserer keineswegs schlechten Minderheitenpolitik werden die da und dort nach wie vor bestehenden Aversionen gegen die slowenische Volksgruppe ganz sicher nicht abgebaut, sondern nur noch weiter gestärkt.

STURM: Zurück zur Frage der oder des Windischen: Eines muss klar sein: vom sprachwissenschaftlichen Standpunkt ist Windisch keine eigene Sprachkategorie, das ist eindeutig, Windisch war immer eine politische Kategorie. Ich möchte in diesem Zusammenhang aus der im Mai 1941 verfassten Denkschrift der Dienststelle des Beauftragten des Reichskommissars für die Festigung deutschen Volkstums in den besetzten Gebieten Kärntens und Krains über die Germanisierung zitieren:

*»... Das Nahziel ist die Schaffung einer Mittelschicht, die sich zum Reich und zur engeren Landschaft Kärnten zugehörig fühlt. Diese Schicht macht den ganzen Schritt zum Deutschtum bereits leicht mit. Es muss im Wesen der gleiche systematische Umvolkungsprozess angesetzt werden, der im alten Kärnten dazu geführt hat, dass die Windischen in ihrer Schicksalsgemeinschaft mit den Deutschen den Abwehrkampf gekämpft haben, der es schließlich heute den Steirern ermöglicht mit den Windischen der Untersteiermark, die im Wesen mit den Krainer Slowenen bis auf das Bekenntnis gleich geartet sind, Aufbauarbeit zu leisten. Außerdem wird durch diese scheinbar milde aber umso zielbewusstere Lösung der Erfolg einer Eindeutschung viel eher sichergestellt als mit allen anderen Methoden ...«.*

FELDNER: Sicher war Windisch auch eine politische Kategorie, aber die Gesinnungsseite, die Zugehörigkeitsseite, wenn man so sagen darf, war stets das Ausschlaggebende. Nochmals kurz zusammengefasst: Der typische Kärntner Windische wollte nicht Slowene sein. Er wollte nicht als solcher vereinnahmt werden. Er hat gesagt, die Bindungen zum Mehrheitsvolk sind stärker, er fühlt sich dem Deutschkärntner stärker zugehörig als dem Slowenen, unabhängig von seiner Sprache. Das hätte die slowenische Seite respektieren sollen, was leider nicht geschehen ist. Die Vereinnahmungsversuche waren es dann letztlich, welche die Aufgabe dieses schwebenden Volkstums der Windischen enorm beschleunigt haben, wie das auch Theodor Veiter und andere Volksgruppenexperten betont haben.

Aus den Windischen wurden Bekenntnisdeutsche. Heute gibt es wahrscheinlich kaum mehr 100 Personen in Kärnten, die sich bei einem Volkstumsbekenntnis als Windische bezeichnen würden. Diese Entwicklung haben ja schon die letzten Volkszählungen gezeigt. Auch die Slowenen sollten heute das Verschwinden der Windischen bedauern, die in Südkärnten noch vor 100 Jahren mit ihrem slowenisch-deutschen Mischdialekt das sprachliche Bild geprägt haben.

Das sollte man als historisches Faktum festhalten, als Teil unserer gemeinsamen Kärntner Geschichte. Heute gibt es nur mehr zwei Gruppen von bodenständigen Kärntnern: Deutschkärntner und die zahlenmäßig kleine Minderheit der Slowenen.

Diese kleine, laut Volkszählung 2001 nur knapp 2,5 Prozent der Kärntner Gesamtbevölkerung umfassende Gruppe von rund 12.500 Slowenen, sollte von der Mehrheitsbevölkerung nicht bloß akzeptiert und respektiert werden. Es sollte darüber hinaus eine positive Einstellung zur Förderung der natürlichen Entwicklung der Slowenischkärntner entstehen. Ich bin als Obmann des Kärntner Heimatdienstes durchaus bereit, mich offen dazu zu bekennen und mich auch dafür einzusetzen.

Diese Entwicklung sollte aber nicht zulasten der Mehrheitsbevölkerung gehen. Dafür hätte ich kein Verständnis zu erwarten, wohl jedoch für eine über eine formelle Gleichberechtigung hinausgehende Förderung, die sich nicht auf das rein Materielle beschränkt, sondern ein positives, ein wohlwollendes, auf Gemeinsamkeit mit den Slowenischkärntnern ausgerichtetes Klima erzeugen sollte. In einem derartig minderheitenfreundlichen Umfeld würde dann auch ein wesentlicher Anreiz für eine freiwillige Assimilierung wegfallen.

GRAF/KRAMER: Wird der windische Dialekt heute überhaupt noch gesprochen? Oder ist der verschwunden und gibt es nur mehr Slowenisch und Deutsch?

FELDNER: Wenn ich vorhin von vielleicht nur mehr 100 Bekenntniswindischen gesprochen habe, so ist nicht gleichermaßen auch der windische Dialekt ausgestorben. Ich glaube, dass dieser bei älteren Menschen noch durchaus lebendig ist. Von den Jungen, so befürchte ich, wird er heute wohl kaum mehr gesprochen, vielleicht etwas mehr noch verstanden. Aber ich bin kein Sprachwissenschafter und kann das nur aus meiner persönlichen Erfahrung heraus und aus kompetenten Mitteilungen Dritter sagen.

STURM: Es gibt in jeder Sprache, so auch im Slowenischen, Dialekte. In Kärnten gibt es verschiedene slowenische Dialekte: Den jauntaler, den rosentaler und den gailtaler Dialekt. Ebenso gibt es verschiedene deutsche Dialekte in Kärnten. Und darüber gibt es die Hochsprache. Das ist doch überall so. Anstatt jetzt eine künstliche Diskussion über das Windische zu führen, sollten wir uns doch überlegen, wie wir diese Dialekte erhalten werden, die deutschen wie die slowenischen. Der tiefere Hintergrund der sogenannten Windischendebatte ist meiner Meinung folgender: Einerseits ist doch klar, dass jede Sprache nach einer Kodifizierung als Schriftsprache strebt. So war es beim Deutschen und so war es auch beim Slowenischen. Nur hier in Kärnten versuchte man diesen Prozess zu behindern und die Menschen auf der Ebene eines Dialektes zu halten: Also keine Entwicklung oder Forcierung einer standardisierten Schriftsprache, sondern ein Verharren auf der Ebene des Dialektes, die dann weiters zu politischen Zwecken missbraucht worden ist.

FELDNER: Nun gut, da haben wir unterschiedliche Auffassungen. Mir ist von einem Druck von Deutschkärntner Seite auf die Windischen auf der Ebene ihres Dialekts zu bleiben, nichts bekannt. Ich bin nach wie vor davon überzeugt, dass die Windischen nie ein Interesse daran gehabt haben, eine eigene Hochsprache zu entwickeln, da sie sich im Schriftverkehr aus freien Stücken der deutschen Hochsprache bedienten.

Aber ich glaube, wir sollten die vielen unterschiedlichen Auffassungen im Zusammenhang mit der Beurteilung und Analyse unserer gemeinsamen Geschichte gar nicht zu beseitigen versuchen, sondern uns lieber auf die Frage konzentrieren, was können wir gemeinsam in Zukunft besser als in der Vergangenheit machen?

STURM: Windisch war ein Synonym für Slowenisch. Mit dem Erwachen des slowenischen Nationalgefühls hat sich Slowenisch als Nationalsprache und als Begriff durchgesetzt. Es hat aber weiterhin slowenische Dialekte gegeben. Windisch als Sprache war einfach ein slowenischer Dialekt und in Kärnten wurde Windisch zu einer politischen Kategorie. Natürlich gibt es in einem gemischten Gebiet immer sprachliche Interferenzen. Es gibt auch im Deutschen Slowenismen, wenn einer z. B. sagt, du »Tschriasche!« Ich meine, das ist doch irgendwie klar. Das ist genau, wie das Beispiel vom Boss, der mit dem Callgirl flirtet.

FELDNER: Ja, solche eindeutig aus dem Slowenischen kommenden Mundartausdrücke gibt es. Einige davon sind auch mir geläufig. Ich habe diese als Kind vor allem von meiner Mutter gehört, die 1910 geboren, als Deutschkärntnerin, ich glaube 1917, zuerst in Marburg und dann etwa ein Jahr bei ihrer Tante in Prävali im Mießtal gelebt hat.

Doch noch ein Wort zur Kritik von Marjan Sturm, über die »künstliche« Windischendiskussion: Ich meine, die ausführliche Behandlung des Themas »Windische« gehört zur Aufarbeitung unserer Geschichte und ist wichtig. Die selbstverständlich notwendige Erhaltung der slowenischen Sprache in Kärnten ist ein ganz anderer Bereich, der mit historischer Aufarbeitung nichts zu tun hat.

STURM: In der politischen Konnotation und in der öffentlichen Diskussion und Wahrnehmung waren die Windischen für Österreich und die Slowenen für Jugoslawien. Nur so stimmt es nicht. Genau diese Abgrenzung hat zur reaktiven Ethnizität auf slowenischer

Seite geführt. Je größer dieser Druck wurde, umso näher wurde auch die Beziehung zu Slowenien bzw. zu Jugoslawien. Ähnlich war es in Südtirol. Nur, dort hat Italien letztendlich eingesehen, dass man der Minderheit ein Gefühl der Akzeptanz vermitteln muss und obwohl Südtirol homogen geblieben ist, denkt dort niemand an einen Anschluss an Österreich. Ganz im Gegenteil, ich höre, dass sich Südtirol gerade wegen seiner spezifischen Lage zwischen Österreich und Italien recht gut entwickelt.

Über die Historie des Nationalitätenkonflikts in der Monarchie auf slowenischem Boden, die Kontinuität des Deutschnationalismus bis hin zum Nationalsozialismus hat Martin Pollack mit »Der Tote im Bunker – Bericht über meinen Vater« ein brillantes Buch geschrieben. Es hat mich sehr beeindruckt und mir vor Augen geführt, dass die slowenisch-deutschen Beziehungen tatsächlich eine sehr lange Geschichte haben, die im kollektiven Bewusstsein nach wie vor, vor allem in Slowenien, eine Rolle spielen.

FELDNER: Die lange Geschichte der slowenisch-deutschen Beziehungen mit seinen unzähligen Facetten ist zweifellos im kollektiven Bewusstsein auf beiden Seiten stark verankert. Nun geht es darum, das Gemeinsame dieser Beziehungen vor das Trennende zu stellen. Nochmals zurück zu den Windischen: Es hat schon Unterschiede im Sprachgebrauch gegeben. Ein Windischer hat sicher öfter deutsch gesprochen als etwa ein bewusster Nationalslowene. Das nur am Rande. Viel wichtiger erscheint mir, wie kontroversiell wir beide dieses Thema behandeln und es ist gut so. Keiner wird in dieser Frage den anderen völlig überzeugen können. Dennoch können wir jeder für sich die Lehren daraus für die Zukunft ziehen. Und das ist es, was im Streben nach einem friedlichen Zusammenleben letztlich zählt.

STURM: Meine Schlussfolgerung ist eigentlich die, dass es heute nicht mehr um die Entwicklung von slowenischnationalen oder deutschnationalen Programmen geht – diese Zeiten sind mit der europäischen Integration aus meiner Sicht vorbei – sondern heute geht es darum zu sagen, dass Zwei- und Mehrsprachigkeit, die Bewahrung der regionalen Vielfalt, weiters ein konstruktives Miteinanderumgehen, aus meiner Sicht einen Wettbewerbsvorteil darstellt. Ein konstruktives Zusammenleben ist immer besser als ein destruktives. Weil einfach die kreativen Kräfte für konstruktive Projekte gebraucht werden können und ich glaube, dass dieser nationale Konflikt letztendlich den Kärntnern, uns allen, geschadet hat.

FELDNER: An Image ganz besonders.

STURM: Und an Entwicklungsmöglichkeiten. Das ist, was wir in den Vordergrund stellen müssen. Mir geht es nicht darum, dass die Volksgruppe morgen stärker wird. Mir geht es im Prinzip darum, dass die Menschen dieser Region, wenn sie es wollen, die Chance haben, diese autochthone Sprache und auch die nächste, das Italienische oder was auch immer, zu lernen und das für sich zu nützen. Dieses Land hat historisch so viele Facetten, das sollte man zu einem konstruktiven und nicht zu einem destruktiven Gegenstand machen. Das wäre eine Perspektive für das 21. Jahrhundert.

FELDNER: Das Gemeinsame in den Vordergrund stellen ist natürlich schwierig bei Leuten, die an dieser lieb gewordenen Trennung festhalten möchten. Die haben mit Gemeinsamem nichts am Hut. Dennoch muss das Programm, stets das Gemeinsame in den Vordergrund zu stellen – ohne Rücksicht auf Verständigungsfeinde, Unverbesserliche und Miesmacher– oberste Priorität haben. Das steht auch nicht im Widerspruch zu einer ausgeprägten nationalen Identität, zum offenen Bekenntnis zur eigenen Sprache und Kultur. Das muss für beide Seiten gleichermaßen Geltung haben.

GRAF/KRAMER: Welche offene Fragen gibt es in den Beziehungen mit Slowenien?

FELDNER: Da möchte ich einen bereits angesprochenen Punkt meinerseits noch ein bisschen ausführen: So großzügig sich Slowenien im Allgemeinen gegenüber der italienischen und ungarischen Volksgruppe zeigt, so restriktiv, ja diskriminierend ist die Haltung gegenüber der autochthonen deutschen Volksgruppe. Diese hatte vor 100 Jahren noch rund 100.000 Personen umfasst und ist bis heute auf einige Tausend geschrumpft. Dieser Gruppe wird nach wie vor die verfassungsrechtliche Anerkennung als Minderheit und damit auch die Zuerkennung von Basisrechten verwehrt. Erst vor einigen Tagen wurde ich auf eine in Slowenien erschienene und auch ins Deutsche übersetzte Broschüre mit dem Titel »Fragen über Slowenien« hingewiesen, in der zwar die italienische und die ungarische Volksgruppe als autochthon angeführt werden, die ebenfalls autochthone deutsche Volksgruppe jedoch nicht einmal unter den sonstigen aufscheint, als wäre sie überhaupt nicht existent. Da sollte man schon verstehen, dass wir eher verärgert darauf reagieren, wenn uns Slowenien in Minderheitenfragen als Vorbild geschildert wird.

Ich werde immer wieder auf diese Negativhaltung Sloweniens gegenüber den Deutschen angesprochen und ich bin sicher, viele Deutschkärntner würden sich gegenüber ihren slowenischen Landsleuten großzügiger zeigen, würde es diese Diskriminierung der Deutschen in Slowenien nicht geben.

Viele Menschen bei uns gehen da von einem einfachen Standpunkt aus und fordern gleiche Rechte für die Deutschen in Slowenien wie für die Slowenen in Kärnten. Wenn wir den Kärntner Slowenen was geben, müsse Slowenien den Deutschsprachigen dasselbe geben. Nun, so einfach ist es nicht, weil, wie schon erwähnt, die ursprünglich 100.000 umfassende deutsche Volksgruppe im Verlauf von 90 Jahren zum Teil gewaltsam auf einige Tausend reduziert wurde.

STURM: Laut Statistischem Amt der Republik Slowenien gab es in Slowenien im Jahre 1921 41.514 Angehörige der deutschsprachigen Volksgruppe.

FELDNER: Ja, bis 1921 hatte sich die Zahl der Deutschen nach drei Jahren Zugehörigkeit zu Jugoslawien so stark reduziert. 1910 schaute es noch ganz anders aus. Allein in der Untersteiermark wurden bei der Volkszählung 1910 noch fast 75.000 Deutsche gezählt. Im gesamten Bereich des heutigen Slowenien waren es damals deutlich mehr als 100.000. Mit nur mehr knapp 3.000 statistisch ausgewiesenen Volksgruppenangehörigen ist deren Anzahl heute etwa gleich groß wie jene der italienischen Volksgruppe, die als Minderheit verfassungsrechtlich anerkannt ist. Wir haben daher vor dem Staatsbesuch von Bundeskanzler Alfred Gusenbauer in Slowenien an ihn appelliert, diese Frage der deutschen Volksgruppe gegenüber dem slowenischen Ministerpräsidenten zu thematisieren – was auch geschehen ist – und haben dabei darauf hingewiesen, dass Fortschritte in dieser Hinsicht ganz sicher auch zu einer stärkeren Akzeptanz von zweisprachigen Ortstafeln in Kärnten führen würden.

Ich meine, Slowenien sollte in Bezug auf seine deutsche Volksgruppe zumindest erste Schritte setzen. Als Erstes müsste Slowenien den Deutschen ausreichende finanzielle Zuwendungen zuerkennen, um wenigstens einmal deren Überleben sicherzustellen. Es darf doch für den Staat Slowenien kein Problem sein, dieser kleinen Gruppe kulturelle Tätigkeit, Schulunterricht und so weiter zu ermöglichen. Da geht es doch nicht um Riesenbeträge. Hier werden wir jedenfalls hartnäckig bleiben.

STURM: Laut Slowenischem Statistischen Amt wird in Slowenien nach der nationalen Zugehörigkeit gefragt. Demnach haben sich im Jahre 1991 126 Personen als »Österreicher« und 298 Personen als »Deutsche« deklariert. Bei der Erhebung 2002 haben sich 181 als »Österreicher« und 499 als »Deutsche« bezeichnet.

Bevor ich zu dieser Frage der Beziehungen Österreich-Slowenien noch etwas sage – da gibt es noch viele Vorurteile, die eine Rolle spielen und auch auf unsere Beziehungen in Kärnten einwirken – möchte ich noch einmal zu Istrien kommen. Istrien ist natürlich insofern noch ein bisschen interessanter, weil dort die Mehrheitsbevölkerung flächendeckend automatisch Italienisch lernt. Das heißt, es gibt dort keinen Slowenen, der nicht auch Italienisch in der Schule lernt. Dabei ist interessant, dass man in Istrien ein getrenntes Schulmodell hat, aber mit der Einschränkung, dass es in den slowenischen Schulen verpflichtend ist, Italienisch und in den italienischen Schulen verpflichtend Slowenisch zu lernen. Das ist das Modell der Überschreitung der ethnischen Grenzen, weil dort jeder in beiden Sprachen kommunizieren kann. Ich glaube, das ist eine interessante Perspektive.

FELDNER: Nur, eine ungeteilte Zustimmung zu diesem Modell gibt es auch bei den Italienern nicht. Vertreter der italienischen Volksgruppe zeigen Presseberichten zufolge eine gewisse Unzufriedenheit hinsichtlich Höhe der Förderungen und beklagen den zahlenmäßigen Rückgang ihrer Volksgruppe.

STURM: Im Bildungsbereich gibt es keine Kritik. Dass aber kritische Stimmen zu hören sind, ist evident und wurde vom Vertreter der italienischen Minderheit im slowenischen Parlament auch öffentlich kundgetan.

GRAF/KRAMER: Gibt es in Kärnten aus heutiger Sicht eine Kritik am Staatsvertrag?

FELDNER: Nein, es gibt keine Kritik am Staatsvertrag. Dieser ist ein Faktum und wird auch von uns uneingeschränkt anerkannt.

Wie ich schon erwähnt habe, macht die Interpretation des Staatsvertrages, der nur eine Rahmenregelung darstellt, die Schwierigkeit und zwar hinsichtlich des Umfangs. Der Artikel 7 des Staatsvertrags hat in seinen fünf Punkten nur allgemeine Hinweise. Die Schwierigkeit ist, aus dieser Rahmenbestimmung dann auch die entsprechende Umsetzung vorzunehmen.

Wir sagen und hier wiederhole ich mich, dass der Staatsvertrag erfüllt ist, was jedoch nicht das absolute Aus für jegliche Zugeständnisse an die Slowenischkärntner bedeuten darf. Je besser das Klima wird, je besser wir uns untereinander verstehen und je schneller das heute unsinnige Gefahrendenken verschwindet, desto leichter wird es sein, über eine formelle Gleichberechtigung und über den Buchstaben des Staatsvertrags und dessen Ausführungsbestimmungen hinausgehende Zugeständnisse zu machen, die keine Einschränkungen für die Mehrheitsbevölkerung bedeuten.

STURM: Aber im Prinzip ist es schon so, dass dieser Staatsvertrag, vor allem der Artikel 7, in Kärnten schon immer als etwas Aufgezwungenes betrachtet worden ist und von daher dem Artikel 7 eine gewisse Ablehnung entgegengebracht worden ist und wird. Es ist aber richtig, dass der Artikel 7 1949 in relativ kurzer Zeit formuliert worden ist. Er ist im Bildungsbereich etwas exakter formuliert als im Bereich Ortstafeln und Amtssprache. Deswegen hat der Verfassungsgerichtshof sowohl im Bildungsbereich als auch im Bereich Ortstafeln und Amtssprache eine genaue Auslegung getroffen. Während man in Kärnten die Erkenntnisse des Verfassungsgerichtshofes im Bildungsbereich akzeptiert hat, leistet man in der Ortstafelfrage anhaltenden Widerstand.

FELDNER: Dabei hat der Verfassungsgerichtshof bei aller berechtigten Kritik, dass er die berüchtigten Schnellfahraktionen des slowenischen Rechtsanwalts Rudi Vouk jeweils zum Anlass für seine Ortstafel-Erkenntnisse genommen hat, keineswegs nur slowenische Positionen vertreten, wie oft behauptet wird. So hat sich der Verfassungsgerichtshof in seinen Entscheidungen im Zusammenhang mit zweisprachigen Ortstafeln klar gegen das von slowenischer Seite immer wieder geforderte Territorialprinzip ausgesprochen und hat für die Einstufung eines bestimmten Ortsbereiches als »gemischtsprachig« einen Prozentsatz als notwendiges Kriterium festgelegt.

STURM: Deswegen bin ich mir nicht so sicher, ob Rechtsanwalt Rudi Vouk eine uneingeschränkte Freude mit den VfGH-Erkenntnissen hat, vor allem mit dem von 2006, in welchem der Verfassungsgerichtshof seine Erkenntnis zu St. Kanzian etwas zurückgenommen hat.

Kommen wir zurück zum Beziehungsthema Slowenien – Österreich bzw. Kärnten. Da glaube ich schon, dass sich in diesen Beziehungen zu einem gewissen Grad auch die Geschichte widerspiegelt. In Slowenien wird Südkärnten in gewisser Art als die Wiege des Slowenentums betrachtet, das man verloren hat. Es handelt sich um das mittelalterliche Fürstentum Karantanien, das eine interessante Rechtsform der Fürsteneinsetzung in slawisch/slowenischer Sprache durchgeführt hat. Diese Frage spielt natürlich in der slowenischen Innenpolitik eine gewisse Rolle. Jeder Nationalstaat braucht historische Wurzeln – ich erinnere nur an die 1000 Jahrfeier Österreichs, wo auch gewisse Mythen hochgehalten wurden. Bei Slowenien kommt hinzu, dass es sich im Rahmen Jugoslawiens allen Tendenzen einer Vereinheitlichung zu einer neuen jugoslawischen Nation widersetzt hat. Daher war die Zusammenarbeit im Rahmen der Arbeitsgemeinschaft Alpen-Adria aus meiner Sicht für Slowenien der Beginn des Prozesses der staatlichen Verselbstständigung. In der Arbeitsgemeinschaft hat Slowenien erstmals eigenständige außenpolitische Kompetenzen erwirkt. Umso größer war die Weitsicht von Politikern, wie z. B. von Altlandeshauptmann Sima, darauf möchte ich besonders hinweisen, der sehr viel Energie in dieses Alpen-Adria-Projekt investiert hat und wohl als Begründer dieser Idee gelten kann.

In diesem Zusammenhang war für Slowenien die Betonung der historischen staatlichen Kontinuität weit vor Vorkriegs- und Nachkriegsjugoslawien und auch weit vor der österreichisch-ungarischen Monarchie so bedeutsam. Es war eine Facette und Motivation für die staatliche Verselbstständigung. Realpolitisch hat Jugoslawien/ Slowenien mit dem Beitritt zum Staatsvertrag von 1955 die Grenzen anerkannt und die Frage der Kärntner Slowenen wurde erneut eine Frage, womit sich Slowenien innerhalb Jugoslawiens eine gewisse selbstständige außenpolitische Kompetenz angeeignet hat. Zudem war das Engagement für die Kärntner Slowenen im Einklang mit der Tatsache, dass Jugoslawien dem Staatsvertrag ja beigetreten ist, zum anderen hatte dieses Engagement eine innenpolitische Funktion in Slowenien gehabt: Der antifaschistische Befreiungskampf in Slowenien wurde als nationaler Befreiungskampf geführt, auch mit der Option Gebiete in Italien und Kärnten zurückzugewinnen.

Bis zum 8. Mai 1945 wurde diese Konzeption auch von den Alliierten gestützt, weil es für diese vordergründig um den Sieg über den Nationalsozialismus gegangen ist und alle möglichen Kräfte hiefür gebündelt werden mussten. Die nationalen Traditionen waren auch nach 1945 in Slowenien sehr stark und durch das Engagement für die Kärntner Slowenen, im Rahmen der formalrechtlichen Möglichkeiten durch den Beitritt Jugoslawiens zum Staatsvertrag, hat sich die slowenische kommunistische Partei innenpolitisch als allumfassende nationale Kraft profiliert. Realpolitisch aber hat Jugoslawien und auch Slowenien mit der Unterzeichnung des Staatsvertrages Kärnten endgültig aufgegeben. Im Übrigen ist die Situation durchaus vergleichbar mit dem Engagement Österreichs für Südtirol. Auch da hat es 1945 Tendenzen gegeben, zu prüfen, ob ein etwaiger Anschluss an Österreich möglich wäre. Man hat offensichtlich sehr schnell erkannt, dass das nicht möglich sein wird, und hat sich auf eine effiziente politisch-wirtschaftliche, gekoppelt mit einer diplomatischen Hilfestellung konzentriert. Auf der anderen Seite hat man in Kärnten alles, was Slowenien in diesem Zusammenhang mit der slowenischen Minderheit gesagt und getan hat, prinzipiell sehr kritisch beobachtet. Gewisse politische Kräfte haben bei uns die »potenzielle Gefahr aus dem Süden« für ihren innenpolitischen Machtkampf missbraucht.

Die gegenwärtige politische Konstellation hat wohl etwas damit zu tun, wie ich an anderer Stelle am Beispiel der Zwei-Cent-Münze schon gezeigt habe. Worauf ich aber noch nicht hinwies. Österreich hatte auf der Fünf-Schilling-Münze einen Lipizzaner abgebildet, wohl wissend, dass der historische Ursprung der Lipizzaner in Slowenien, in Lipica liegt, von wo auch der Name abstammt. Etwas ironisch könnte man meinen: Wenn man vom Regionalprinzip ausgeht, müsste man eigentlich sagen, der Fürstenstein gehört Kärnten und die Lipizzaner gehören Slowenien. Als Synthese sollten beide Seiten den Fürstenstein und die Lipizzaner als gemeinsames Kulturerbe betrachten.

Aber es ist und bleibt ein spannungsvolles Verhältnis, weil die Geschichte hier eine Rolle spielt und weil wir politische Eliten auf beiden Seiten haben, die mit solchen Fragen aktuelle Tagespolitik betreiben. Natürlich hat Slowenien auch große Schwierigkeiten beim Umgang mit der deutschsprachigen Minderheit. Wie schon erwähnt, gibt es laut Volkszählung 2002 181 »Österreicher« und 499 »Deutsche«, die aufgeteilt sind auf das gesamte Territorium Sloweniens. Aber wie auch immer, die zahlenmäßige Stärke ist mir nicht so wichtig, obwohl sie in Kärnten immer wieder als wichtig empfunden wird. Würde man das Erkenntnis des Österreichischen Verfassungsgerichtshofes zur Ortstafelfrage in Slowenien bezüglich deutschsprachiger Minderheit umsetzen wollen, käme keine einzige deutschsprachige Ortstafel heraus. Daher empfinde ich die Diskussion in Kärnten schon etwas eigenartig, wenn man im Engagement für die deutschsprachige Minderheit in Slowenien immer wieder betont, dass Zahlen keine Rolle spielen sollten, in Kärnten selbst aber bei der Ortstafelfrage um Prozentpunkte feilscht wie auf dem Tarviser Markt, um ja ein »geschlossenes Territorium« zu verhindern. Das ist irgendwie eine Doppelstrategie.

Aber zurück zur deutschsprachigen Minderheit in Slowenien. Natürlich tut sich Slowenien damit schwer, weil erst jetzt die Geschichte erneut aufgearbeitet wird. War bisher eher die unkritische Sichtweise im Vordergrund, dass die Deutschen Sloweniens kollektiv mit den Nazis kollaborierten und sich daraus gewisse ablehnende Haltungen herausgebildet haben, so wird auch diese Sichtweise sicherlich einer kritischen Untersuchung unterzogen werden müssen. Natürlich hat es auch Kollaboration gegeben, gar keine kleine, aber man kann nicht eine Volksgruppe kollektiv verurteilen. Es gibt keine Kollektivschuld. Ich kenne Leute in Slowenien, die deutsche Ursprünge haben, und im Widerstand waren. Dabei haben die Gottscheer ein tragisches Schicksal erlitten.

Aufgrund des Hitler-Mussolini-Abkommens wurde der westliche Teil Sloweniens, in dem die Gottschee lag, Italien zugesprochen und die Gottscheer wurden von den Nationalsozialisten aus ihrer Heimat vertrieben. Aber nach 1945 war wiederum dieser Kollektivismus da, die Deutschen waren alle Nazis und daher sollten sie auch keine Rechte bekommen. Das ist ein großes Thema, nicht nur in Slowenien, sondern auch in Tschechien, in Polen, wo diese Vertreibungen stattgefunden haben und worüber zwischen Deutschland und Tschechien bzw. Polen ein nicht unproblematischer aber trotzdem notwendiger Dialogprozess stattfindet. Das zweite Problem ist der rechtliche Unterschied zwischen dem Minderheitenschutz in Österreich und in Slowenien. In Österreich gibt es bezüglich slowenischer und kroatischer Minderheit einen völkerrechtlich gültigen Vertrag, der innerstaatlich im Verfassungsrang steht und über dessen Umsetzung seit vielen Jahren diskutiert wird und nunmehr hat der Verfassungsgerichtshof wichtige Interpretationen für die Umsetzung geliefert.

Slowenien hat eine völlig andere Minderheitenschutzgesetzgebung: Eine großzügige verfassungsrechtlich abgesicherte Lösung für die italienische und ungarische Minderheit, eine Stufe darunter eine ebenso verfassungsrechtlich abgesicherte Lösung für die Roma und die anderen Minderheiten und eine Bestimmung in der Verfassung, dass es niemandem verwehrt wird, sich als ethnische Gruppe zu konstituieren. Slowenien ist jetzt seit 16 Jahren eine neue demokratische Republik und muss sich natürlich auch diesen Fragen neu stellen. Dass das nicht so einfach ist, sehen wir in Österreich, wo die autochthone polnische Minderheit seit Jahr und Tag um Anerkennung ringt, bisher erfolglos. Ich möchte in diesem Zusammenhang darauf hinweisen, wie diese Diskussion in Slowenien wahrgenommen wird. Ich höre oft: »Von uns verlangt Kärnten eine großzügige Behandlung der deutschsprachigen Minderheit, und selbst setzt es nicht einmal völkerrechtliche Verpflichtungen um und negiert darüber hinaus Erkenntnisse des eigenen Verfassungsgerichtshofes«. Diese Argumentation hat etwas für sich und daher war es richtig, dass Josef Feldner kürzlich in einem Leserbrief in einer slowenischen Zeitung darauf hingewiesen hat, dass es einfach einen formalrechtlichen Unterschied zwischen dem Minderheitenschutz in Slowenien und Österreich und auch einen quantitativen Unterschied gibt. Das ist jetzt kein Freibrief für Slowenien, aber es ist positiv registriert worden. Ich denke, wenn wir die Frage der zweisprachigen Ortstafeln bei uns lösen sollten, wird dies auf allen Seiten Energien freimachen und dem Zusammenleben im kleinen, wie im größeren Raum dienlich sein. Es ist also ein Wechselspiel, wobei wir das Vorzeichen dieses Wechselspieles vom Negativen zum Positiven umdrehen sollten. Einige konkrete Schritte wurden bereits mit dem Kulturabkommen zwischen Österreich und Slowenien gesetzt.

FELDNER: Wenn Marjan Sturm zur Zahl der Deutschen in Slowenien unter Hinweis auf die Volkszählung 2002 nur die Angaben über die Nationalität – 181 »Österreicher« und 499 »Deutsche« – anführt, so müssen ergänzend dazu auch noch die rund 1.600 Personen dazugezählt werden, die als Muttersprache »deutsch« angeführt haben. Man darf somit statistisch von etwa 2.500 Angehörigen der deutschen Volksgruppe in Slowenien ausgehen.

Deren Exponenten weisen jedoch noch darauf hin, dass es deutlich mehr Volksgruppenangehörige gebe, zumal sich heute noch viele deutschsprachige Slowenen nicht als solche deklarieren würden. Es ist jedenfalls eine Tatsache, dass die deutsche Volksgruppe in Slowenien noch keine Basisrechte hat, geschweige denn eine Anerkennung als Volksgruppe. Das vor einigen Jahren zwischen Österreich und Slowenien abgeschlossene Kulturabkommen bezeichnet die Deutschen nicht als Volksgruppe, sondern als deutschsprachige ethnische Gruppe, im Gegensatz zu den Italienern und Ungarn, die ausdrücklich »Volksgruppe« genannt werden.

STURM: Für die Roma gibt es ebenfalls eine andere Bezeichnung.

FELDNER: Die Roma haben in Slowenien einen Zwischenstatus. Die sind zwar verfassungsrechtlich nicht als Minderheit anerkannt, sie haben aber Sonderrechte zuerkannt, die man den Deutschen noch verweigert.

In einer ersten Phase sollte man den Deutschen in Slowenien wenigstens den Status der Roma zuerkennen. Derzeit sind die Deutschen lediglich durch den Artikel 61 der Verfassung Sloweniens geschützt. Dieser beinhaltet aber nichts anderes, als die Zuerkennung der allgemeinen Menschenrechte für jeden, der sich in Slowenien aufhält. Etwa das Recht, die eigene Sprache und Schrift zu gebrauchen, steht auch jedem in Slowenien sesshaft gewordenen Zuwanderer zu. Das ist keineswegs als Sonderrecht zu qualifizieren.

STURM: Das ist vergleichbar mit dem Absatz 1 des Artikels 7.

FELDNER: Nein, der ist nicht so weitgehend. Absatz 1 des Artikels 7 zielt ausdrücklich auf die slowenische und kroatische Volksgruppe ab. Artikel 61 der slowenischen Verfassung nimmt überhaupt keinen Bezug auf irgendeine bestimmte Gruppe.

STURM: Dieser sagt aber, ethnische Gemeinschaften sind erlaubt. Im Paragraf 1 (2) des österreichischen Volksgruppengesetzes heißt es: »*Volksgruppen im Sinne dieses Bundesgesetzes sind die in Teilen des Bundesgebietes wohnhaften und beheimateten Gruppen österreichischer Staatsbürger mit nichtdeutscher Muttersprache und eigenem Volkstum*«. In Österreich gibt es Ausführungsgesetze für jede einzelne Volksgruppe. Diese gibt es in Slowenien für die deutschsprachige Gruppe (noch) nicht. Ich darf aber darauf hinweisen, dass der slowenische Ombudsmann dies kürzlich eingefordert hat.

Zu den Statistiken ein Nachtrag: Josef Feldner hat insofern Recht, dass in Slowenien bei den Volkszählungen sowohl nach der Muttersprache als auch nach dem nationalen Bekenntnis gefragt wird.

Demnach haben im Jahre 2002 1628 (0,1 Prozent) Personen in ganz Slowenien Deutsch als Muttersprache angegeben. Davon haben sich dann 181 als »Österreicher« und 499 als »Deutsche« deklariert.

Grundsätzlich muss man aber festhalten, dass Slowenien das Rahmenübereinkommen zum Schutz nationaler Minderheiten des Europarates ratifiziert hat und damit auch die europäischen Rechtsnormen zum Minderheitenschutz eingehalten hat. Ohne das wäre wohl der Beitritt zur EU erschwert gewesen. Andererseits: Auch Österreich hat dieses Rahmenübereinkommen des Europarates ratifiziert, ohne die polnische Volksgruppe anzuerkennen.

FELDNER: Ganz allgemein erlaubt diese slowenische Verfassungsbestimmung, sich zu seinem Volk oder zu seiner Volksgruppe bekennen zu dürfen, seine Kultur zu pflegen und seine Sprache und Schrift zu gebrauchen. Das beinhaltet ausschließlich Bekenntnisfreiheit. Damit ist natürlich keinerlei Anerkennung verbunden und auch keine staatliche Förderung ableitbar. Das ist nichts anderes, als ein Duldungsparagraf und kein Förderungsparagraf, wenn man so sagen kann.

Dennoch sollten wir uns angewöhnen, bei noch so berechtigter Kritik auch jeden in diesem Zusammenhang gesetzten positiven Schritt zu würdigen. Das will ich am Beispiel der deutschsprachigen Volksgruppe durchaus auch selbstkritisch demonstrieren. Haben wir noch vor einigen Jahren in unserer Zeitung »Der Kärntner« getitelt: »Wir fordern die Anerkennung der deutschen Volksgruppe!« und haben wir die bisherige Nichterfüllung stets scharf kritisiert, so haben wir voriges Jahr einmal ein positives Ereignis zur Schlagzeile gemacht. Nämlich den Besuchen des slowenischen Staatspräsidenten Janez Drnovšek bei den Vertretungen der deutschen Volksgruppe in Marburg und in der Gottschee. Wir haben diesen Besuch in den Vordergrund gestellt und dabei seine Bereitschaft entsprechend gewürdigt, sich für Förderungen einsetzen zu wollen. Wir haben im Prinzip dasselbe geschrieben, wie vor einigen Jahren, nur mit einem völlig anderen, einem positiven Titel, der etwa lautete: »Sloweniens Staatspräsident besucht deutsche Volksgruppe, das lässt hoffen«.

Was will ich damit sagen: Früher ist bei uns stets die, wenn auch durchaus berechtigte, Kritik an slowenischen Organisationen, an

deren Funktionären und auch an Slowenien im Vordergrund gestanden. Jetzt und in Zukunft wollen wir uns bemühen, das Positive
von dieser Seite über die allenfalls auch weiterhin notwendige Kritik
zu stellen. Das gilt für alle Bereiche und ändert an unseren Zielset-
zungen und Grundsatzpositionen nichts, es schafft jedoch ein ent-
spannteres Klima, in welchem bekanntlich viel eher Wünsche und
Forderungen erfüllt werden, als in einem Klima der Konfrontation.

### Eine Friedensregion Kärnten–Slowenien–Friaul

GRAF/KRAMER: Johan Galtung hat vorgeschlagen, Kärnten, Slowenien und Friaul in das Projekt einer grenzüberschreitenden Friedensregion einzubinden. Das ergab sich im Rahmen von Konflikt-
lösungsworkshops und Vermittlungsgesprächen, die wir teilweise
mit ihm gemeinsam schon seit 2002 in Kärnten machen. Es war
damals eigentlich die Idee von Herrn Josef Lausegger, Professor
Galtung als Mediator in ein Gespräch mit Landeshauptmann Haider
und Marjan Sturm zu bringen. Galtung machte diesen Vorschlag im
Frühjahr letzten Jahres – nach einem Gespräch, das wir mit Landeshauptmann Haider führten. In einem Interview mit einer Kärntner
Tageszeitung meinte er auch, dass man in allen drei Grenzregionen
Kärntens, Sloweniens und Friauls vielleicht dreisprachige Ortstafeln
als überbrückende Friedensarchitektur einführen könnte. Dieser
Vorschlag wurde zu diesem Zeitpunkt – ohne ausreichende Rück-
bindung an einen Dialog mit allen Konfliktparteien in Kärnten – entsprechend missverstanden. Galtung geht es dabei in erster Linie um
die Idee einer grenzüberschreitenden Friedensstruktur, um drei jeweils bilaterale Konfliktkonstellationen zu überbrücken – zwischen
deutsch- und slowenischsprachigen, slowenisch- und italienisch-
sprachigen, italienisch- und deutschsprachigen Kontrahenten, die
auch historische Feinde waren. Es geht dabei weniger um einen
konkreten Lösungsvorschlag für den anstehenden Ortstafelkonflikt
in Kärnten, sondern um die Vision einer dreisprachigen Zukunftsre-
gion für kulturelle Vielfalt, regionale Entwicklungszusammenarbeit,
gemeinsame Friedensentwicklung und historische Versöhnung. Eine
grenzübergreifende Initiative der österreichischen, slowenischen
und italienischen Zivilgesellschaft müsste wohl in mehreren Jahren

konkreter Aufklärungs-, Dialog- und Versöhnungsarbeit die Voraussetzungen dafür schaffen, dass eine solche Friedensregion Wirklichkeit werden könnte, und sie wäre sicherlich erst nach der Lösung der Ortstafelfrage in Kärnten möglich und sinnvoll.

FELDNER: Der Vorschlag, dreisprachige, deutsch-slowenisch-italienische Ortstafeln in Kärnten zu errichten ist an mich auch schon von anderer Seite herangetragen worden. Ich halte das jedoch für nicht realisierbar, weil es meines Wissens nur einen einzigen gebräuchlichen italienischen Ortsnamen in Kärnten gibt und das ist Villaco für Villach. Man müsste italienische Ortsnamen für die Kärntner Orte erst erfinden, wie einst Ettore Tolomei für Südtirol. Dazu kommt noch, dass es nie eine bodenständige italienische Bevölkerung in Kärnten gegeben hat, sodass auch das Denkmalprinzip nicht anwendbar wäre.

STURM: Villaco ist doch eine Kunstform.

FELDNER: Diesbezüglich waren die Italiener in Südtirol sehr erfinderisch.

GRAF/KRAMER: Umgekehrt müsste man das Friulanische auch noch als vierte Sprache berücksichtigen.

FELDNER: Ein Volksgruppenproblem zwischen Kärnten und Friaul-Julisch Venetien ist unbekannt und ist nicht einmal ansatzweise erkennbar. Da gibt es nichts. Es gibt keine einzige Forderung von Kärntner Seite für Deutschsprachige im ehemaligen Kanaltal, die es dort sicher noch gibt, wenn auch nicht in großer Anzahl. Andererseits gibt es mangels italienischer Minderheit in Kärnten auch aus Italien keine Forderungen an uns. Daher ist dieses Modell meines Erachtens für eine Konfliktlösung auszuscheiden.

STURM: Man muss aber anerkennen, dass es im Kanaltal drei- oder sogar viersprachige Aufschriften auf den Gemeindeämtern gibt und auch in Friaul sieht man viele zwei- und mehrsprachige Aufschriften: Da ist man, glaube ich, schon ein bisschen weiter.

Ich glaube, die Idee von Galtung, dass das eine Friedensregion sein könnte, soll nicht auf zweisprachige oder dreisprachige Ortstafeln reduziert werden. Es soll den Blick darauf richten, dass das eine Region ist, in der viele Kriege geführt worden sind, in der es viel Gewalt gegeben hat und in der man zum Schluss gekommen ist, bewusst aus diesen Erfahrungen eine Friedensregion zu machen. Dabei haben alle etwas einzubringen. Eine wirtschaftlich prosperierende, sprachlich-kulturell vielfältige Region wäre doch eine interessante Perspektive.

Als ich in Amerika war, bin ich gefragt worden, von wo ich sei? Ich antwortete nicht Kärnten, nicht Klagenfurt und nicht Österreich, sondern Europa. Erst danach kam Austria und dabei musste ich den Unterschied zu Australien erklären. Zu Kärnten bin ich gar nicht gekommen. Daher wäre für mich interessant, diese Region als Friedensregion mit dieser Historie im Hintergrund zu positionieren, nicht als Aufrechnung, sondern als eine Region, die die Lehren aus der Geschichte gezogen hat und die eigentlich konstruktiv miteinander umgehen will. Das ist der entscheidende Punkt. Und insofern halte ich diese Idee von Galtung für sehr gut.

FELDNER: Friedensregion, ja. Im Sinne einer engstmöglichen Zusammenarbeit, die alle Bereiche erfassen soll, die vor allem auch die Aufarbeitung der Vergangenheit einschließen soll, auch die Beseitigung von Vorurteilen und Misstrauen. Kollektivschulddenken und Sippenhaftung und die darauf beruhende kollektive Aversion gegen das jeweils andere Volk oder die andere Volksgruppe zu beseitigen und abzubauen, wäre allein schon eine wichtige Aufgabe einer Friedensregion. Natürlich nur eine von vielen Aufgaben bis hin auch zu einem gemeinsamen Auftreten gegenüber Brüssel, was ohne Zusammenschluss möglich wäre.

Wenn die Zusammenarbeit so intensiv wie möglich gestaltet wird, wenn man regelmäßige Treffen vereinbart und wenn man Kommissionen einrichtet, die sich mit historischen Fragen, andere wieder mit aktuellen wirtschaftlichen Fragen auseinandersetzen, dritte mit politischen und sozialen Fragen, kurz mit allen wichtigen Lebensbereichen, dann muss das nicht institutionalisiert sein. Das kann einfach in regions- und länderübergreifender Weise in Form von Zusammenarbeit geschehen, der ja innerhalb der EU keinerlei Grenzen gesetzt sind. Jede regionsübergreifende und grenzübergreifende Institutionalisierung birgt die Gefahr von national motivierten Machtkämpfen und bewirkt damit statt Abbau von nationalen Konflikten genau das Gegenteil, wie ich am Beispiel der Euregio schon veranschaulichte.

Daher meine ich, eine Friedensregion wäre ganz wichtig, weil es, wie Marjan Sturm ganz richtig sagt, diese kriegerischen Auseinandersetzungen gegeben hat, dieses fürchterliche Leid auf allen Seiten. Die noch die Gegenwart negativ beeinflussende Erinnerung daran zu überwinden, die Wunden zu schließen und zu heilen, wäre eine der ureigenen Aufgaben der Friedensregion.

GRAF/KRAMER: Also ginge es um das Projekt einer Friedensregion als kulturellen und sozialen Prozess, ohne eine politische Institutionalisierung.

FELDNER: So ist es. Als kultureller Prozess, als wirtschaftlicher Prozess, als sozialer Prozess, alles kann da unter der Bezeichnung Friedensregion mit eingeschlossen werden. Insbesondere jene Bereiche, die bisher konfliktreich waren.

GRAF/KRAMER: Und könnte eine solche Friedensregion nicht auch eine initiative Rolle spielen in Hinblick auf eine Reihe noch ungelöster Konflikte in Südosteuropa?

FELDNER: Vorbildwirkung ist immer wichtig. Da müssen dann vor allem Medien eingeschaltet werden, die das transportieren, die darüber berichten, dass in einer bestimmten Region eine positive Entwicklung entstanden ist. Wenn das gemacht wird, wird die Beispielwirkung im positiven Sinn nicht ausbleiben. Das sollte durchaus auch eines unserer Ziele sein. Es wäre schön, wenn unsere Friedensarbeit, Verständigungs- und Versöhnungsarbeit eine solche Strahlkraft hätte, dass sie in andere europäische Regionen hineinwirken könnte. Vielleicht könnte man dann in einigen Jahren auf Erfahrungen, die bei uns gemacht wurden, zurückgreifen, für andere Regionen, die noch nicht so weit sind.

## Europäische Regionen und Gesamteuropa – zwischen dem Europa der Vaterländer und einer europäischen Bürgergesellschaft

GRAF/KRAMER: Wie lässt sich aus Ihrer Sicht die Idee der Regionen in die unterschiedlichen Vorstellungen um die Zukunft Europas einbinden, zwischen einem Europa der Bürger und einem Europa der Vaterländer? Wenn wir eine Friedensregion Kärnten–Slowenien–Friaul diskutieren, stellt sich ja auch die Frage des gesamteuropäischen Kontextes? Dazu nochmals Edgar Morin:

*»Die Gefahr einer ›Balkanisierung‹ ist auch innerhalb der Europäischen Union gegeben: Die Nordirlandfrage, das baskische Problem, die Autonomiepolitik der Katalanen, das korsische, und in gewisser Weise auch das bretonische Problem in Frankreich; der Konflikt zwischen Wallonien und Flandern in Belgien; die Problematik Südtirols.*

*Es scheint, dass die europäische Konföderation der Föderationen das einzige Modell ist, das den ›kleinen Völkern‹ im Westen und im Osten, den regionalen Völkern und den Gebieten, in denen verschiedene Volksgruppen nebeneinander leben, eine Zukunft bieten kann. Im Rahmen einer neuen Europäischen Union könnten sie sich zu Regionen Europas erklären. Dies wären nicht etwa Miniaturausgaben der alten Nationalstaaten, sondern Regionen mit einer eigenen Regierung, denen es freisteht, bestimmte Kompetenzen nicht etwa einem Nationalstaat zu übertragen – wie es heute der Fall ist, sondern direkt der europäischen Union. Anstatt als Quelle der Zwietracht könnten diese Regionen Europas vom Baskenland bis nach Südtirol, vom Kosovo bis nach Siebenbürgen Orte der Begegnung zwischen den Völkern sein, an denen sogar verschiedene Staaten bestimmte Befugnisse und Kompetenzen gemeinsam innehaben. Die Entwicklung der Europäischen Union offeriert eine Vielzahl von Möglichkeiten, verschiedene Formen des Zusammenschlusses zu erproben. Für viele Regionen in den alten Nationalstaaten könnte es interessant sein, sich zur Region Europas zu erklären, selbst wenn dies nicht speziell in der ethnischen Zusammensetzung ihrer Bevölkerung begründet liegen sollte.«*

Wahrscheinlich gibt es dazu von Ihrer Seite unterschiedliche Zugänge, kontroverse Ideen und größere Meinungsverschiedenheiten. Welche Konzepte favorisieren Sie mehr, das Konzept des »Europas der Vaterländer«, das Konzept des »Europas der Regionen« oder das des »Europas der Bürger und Bürgerinnen«? Welche Unterschiede gibt es in diesem Zusammenhang in Hinblick auf den Minderheitenschutz in Europa? Zum Beispiel im Spannungsfeld zwischen individualistischen und kollektivistischen Konzepten von Minderheitenrechten?

STURM: Was war eigentlich die Ursprungsidee der europäischen Integration? Die Ursprungsidee der europäischen Integration war, dass Gegner von gestern, die symbolisch noch Blut an den Händen hatten, beschlossen, eine langfristige friedliche Perspektive einzuleiten, mit der Montanunion, mit der gegenseitigen Kontrolle usw. Dieses Projekt hat sich dann schnell weiter entwickelt bis zum heutigen Tag und hat drei Grundprinzipien: das eine ist der Frieden, wir haben mittlerweile die längste Friedensperiode zwischen den Mitgliedsstaaten. Das Zweite, was wirklich revolutionär und innovativ war, ist die Gleichwertigkeit von großen und kleinen Staaten und drittens, nicht weniger revolutionär, die Solidarität der Reichen mit den Schwachen und Armen in Form der Kohäsionsfonds. Ich halte diese Dimension der Europäischen Union für sehr wichtig.

Dies hat natürlich auch Schlussfolgerungen für die Minderheitensituation. Es ist für mich klar, dass in Europa so etwas stattfindet wie Akkulturation, das heißt, dass wir unsere Identität erweitern, dass die Wissensgesellschaft unseren Horizont erweitert und wir einfach mobiler werden. Ich glaube, dass der Heimatbegriff breiter geworden ist. Dazu kommen die neuen Kommunikationsmittel, durch die wir mit der Welt verbunden sind und jederzeit mit ihr in Kontakt treten können. Daher sind aus meiner Sicht einfach gestrickte Identitäten, auch einfach gestrickte nationalstaatliche Identitäten langfristig nicht aufrecht zu erhalten. Wir werden natürlich immer Österreicher bleiben. Aber wir werden zu unseren Identitäten neue Elemente hinzufügen. Wir sind Kärntner, ich bin Kärntner Slowene, aber ich bin auch Europäer. Und aus dieser Sicht ergibt sich auch ein anderes Konzept für den Minderheitenschutz. Es ergibt sich das Konzept der multiplen (mehrfach) Identitäten, der Mehrsprachigkeit, der Interkulturalität als eine Form der Gestaltung des Zusammenlebens.

Das Gegenmodell ist das Modell kollektiver und eindimensionaler Identitäten. Dieses Modell finden wir weniger im »Zentralverband der Kärntner Slowenen« und eher im »Rat der Kärntner Slowenen« und wir sollten diesen inner-slowenischen Dialog untereinander viel offener, ehrlicher und konstruktiver führen. Der Rat möchte tendenziell einen Staat im Staat, mit eigenen hierarchischen Machtstrukturen, und wenn er stark genug wäre, würde man dort vielleicht eine Autonomie fordern usw. Ich halte dieses Minderheitenkonzept nur dort für durchführbar, wo Minderheiten die Mehrheit in einer Region darstellen. Wo Minderheiten auch im angestammten Gebiet die Minderheit sind, sind solche Modelle kontraproduktiv und verstärken nur die Ängste und Vorurteile der Mehrheit. Daher ist der Verweis auf Südtirol irreführend, weil dort die Südtiroler die Mehrheitsbevölkerung darstellen. Sehr wohl ist aber ein Verweis auf Südtirol insofern notwendig, dass Österreich unglaubwürdig wird, wenn es sich für Südtirol massiv einsetzt, im Lande selbst aber nicht einmal Verfassungsgerichtshoferkenntnisse umsetzt.

Wohin Unsensibilität der Mehrheit in Minderheitenfragen führen kann, sicht man am Beispiel Kosovo, wo Serbien es verabsäumt hat, der Mehrheitsbevölkerung im Kosovo entsprechende Formen der Machtbeteiligung anzubieten und dadurch auf der anderen Seite jene gestärkt wurden, die von vornherein auf einen eigenen Staat Kosovo/Kosova abzielten.

Wir wissen aber auch, dass diese Europäische Union in einer gewissen Krise ist und wir werden sehen, wohin sie sich entwickeln wird. Prinzipiell halte ich integrative Formen für wichtig und Abschottungsmodelle für überholt, auch aus der Sicht der Europäischen Union. Ich glaube einfach, dass wir Europäer zunehmend in einen gemeinsamen Modernisierungsprozess eingebunden sind. Nehmen wir als Beispiel Kärnten: So lange Slowenien Teil eines kommunistischen Jugoslawien war, waren in Kärnten natürlich alle Vorurteile gegenüber den Kommunisten südlich der Karawanken vorhanden, und tatsächlich war auch die wirtschaftliche Situation dort schwächer als in Kärnten. Mit der Mitgliedschaft Sloweniens in der EU, der NATO, mit einer relativ positiven Wirtschaftsentwicklung – in Teilen Sloweniens, im Großraum Ljubljana ist das Bruttoinlandsprodukt schon vergleichbar mit Kärnten – ist anzunehmen, dass das wirtschaftliche Gefälle zwischen Slowenien und Kärnten in ein paar Jahren entweder nicht mehr vorhanden sein oder nur mehr geringfügig vorhanden sein wird. Wir haben schon heute Situationen, dass viele Kärntner in Slowenien arbeiten und relativ gute Positionen haben. Und mit 1. 1. 2008 wird die Schengengrenze von den Karawanken nach Süden wandern, sodass in diesem Raum die Zusammenarbeit in wirtschaftlicher Hinsicht höchstwahrscheinlich noch leichter und daher intensiv werden wird. Aber was wichtig ist. Wenn wir uns die Mentalitäten und die Kulturen anschauen, da gibt es natürlich Unterschiede, aber es gibt auch viele Gemeinsamkeiten.

Die europäische Konzeption sieht vor, dass wir an den Gemeinsamkeiten arbeiten und nicht an den Unterschieden. Unterschiede wird es immer geben, schon klar. Aber wir müssen an den Gemeinsamkeiten arbeiten, insofern vertrete ich dieses Europa der Bürger. Das heißt jetzt nicht, dass ich gegen die Nationalstaaten bin, Nationalstaaten wird es immer geben. Aber unser Aktionsradius wird breiter, unser Informationsstand wird breiter, unsere Identität wird breiter. Und aus dieser Sicht glaube ich, dass im Bereich des Minderheitenschutzes die integrative Form zu bevorzugen ist, und nicht diese Abschottungsform, wie das bei uns etwa der Rat der Kärntner Slowenen vertritt.

FELDNER: Ich bin sicher, dass der Nationalstaat kein Auslaufmodell ist. Man sollte nicht versuchen, Nationalstaaten aufzuweichen und eine Regionalisierung durchzuführen, weil das nur zu Problemen führt. Natürlich sind verschiedene Identitäten, die Marjan Sturm erwähnt, auch Realität. Dennoch: Der Nationalstaat hat nicht ausgedient. Im Gegenteil: Denken wir an die vielen neuen Nationalstaaten, die aus der Verlassenschaft des gegen Ende des 20. Jahrhunderts zerbrochenen Ostblocks, insbesondere auch des kommunistischen Jugoslawien, neu gebildet wurden. Diese Entwicklung scheint in Europa noch nicht abgeschlossen zu sein. Zwei Beispiele: In Schottland gibt es Bestrebungen einen eigenen selbstständigen Nationalstaat der Schotten zu bilden und auch die Flamen wollen los von Belgien.

Das sind alles keine regionalen, sondern nationale Entwicklungen. Da gibt es auch noch die Selbstständigkeitsbestrebungen der Basken, und das ließe sich noch weiter fortsetzen.

Man sollte danach streben, innerhalb der EU ein gemeinschaftliches europäisches Minderheitenrecht zu schaffen. Derzeit sind die

Unterschiede in der Behandlung von ethnischen und sprachlichen Minderheiten in Europa gewaltig. Das geht von null Rechten etwa in Frankreich bis hin zu vorbildlichen Minderheitenregelungen. In Frankreich sind die nicht nur einige Zehntausend, sondern Millionen Bürger umfassenden Volksgruppen verfassungsrechtlich nicht einmal anerkannt. Basisrechte gibt es nur in Teilbereichen und auch diese sind kaum abgesichert, wie wir das beispielsweise bei der starken Gruppe der deutschsprachigen Elsässer beobachten können.

Andere Staaten, zu denen ich auch Österreich zähle, haben in ihrer Rechtsordnung einen umfassenden Minderheitenschutz verankert und auch das Prinzip eines fördernden Minderheitenrechts verwirklicht. Das Ziel innerhalb der EU sollten für alle Minderheiten geltende gleiche Rahmenschutzbestimmungen sein, wobei unterschiedliche Besonderheiten in einzelnen EU-Staaten einer innerstaatlichen Ausführungsgesetzgebung vorbehalten sein müssten. Zu den für alle EU-Staaten gleichermaßen verpflichtenden Rahmenbestimmungen müsste an oberster Stelle programmatisch die Pflicht zur Verwirklichung eines fördernden Minderheitenrechts stehen. Damit wäre die Sicherung der europäischen Vielfalt für die Zukunft gewährleistet. So könnte auch Slowenien verpflichtet werden, endlich die natürliche Entwicklung seiner deutschen Volksgruppe zu garantieren.

Die Realisierung des Projekts »Europäisches Minderheitenrecht« wird allerdings sehr sehr schwer werden. Es sind große Widerstände zu erwarten und es ist leider zweifelhaft, ob sich etwa Frankreich ein großzügiges Volksgruppenmodell aufzwingen lassen wird. Ein steiniger Weg, der dennoch begangen werden sollte.

Eine kleine Anmerkung noch, zur vielfach vertretenen Meinung, die Friedensabsicht wäre ausschließlicher Beweggrund für die Nachkriegsidee einer europäischen Einigung gewesen. Das war ein Beweggrund, sicher, aber nicht der einzige. Da war schon die Angst vor einem wieder einmal zu mächtig werdenden Deutschland der Hauptgrund für die Gründung der »Europäischen Gemeinschaft Kohle und Stahl« (EGKS). Man wollte Deutschland nicht das alleinige Verfügungsrecht über seine eigenen Ressourcen geben. Da waren somit schon auch machtpolitische Absichten dahinter.

## Heimatland Kärnten, Heimatland Erde?

GRAF/KRAMER: Edgar Morin hat ein anderes Buch geschrieben, das er »Terre Patrie« genannt hat. »Heimatland Erde« ist eigentlich eine unzureichende Übersetzung, da der Begriff *La Patrie* sowohl Vaterland wie auch Heimat umfasst. In dem Buch plädiert er dafür, das emotionale Problem des Nationalismus, die Liebe zum Vaterland, die Liebe zur Heimat zu transformieren, hin zu einer Liebe zur grenzüberschreitenden Region, zum größeren Europa, aber auch zum ganzen Planeten. Wir denken, dass eine solche Sichtweise vielleicht ermöglicht, das Spannungsfeld zu überbrücken, das sich zwischen Ihnen beiden immer wieder eröffnet, vor allem in Bezug auf den Heimatbegriff und das Nationalstaatskonzept. Morin geht es nämlich um eine Position jenseits des Antagonismus zwischen dem konkreten Heimatland und einem abstrakten Kosmopolitismus:

*»Wir wissen um Wert und Bedeutung ethnischer, kultureller und nationaler Wurzeln, meinen jedoch, dass es eine umfassendere und tiefere Verwurzelung gibt als jene in den einzelnen Heimatländern: Und zwar die im Heimatland der Menschheit, nämlich der Erde. Warum Heimatland? Weil man überall dort von Heimatland sprechen kann, wo es folgende Komponenten gleichzeitig gibt:*
*1. eine gemeinsame Identität (jene der menschlichen Natur, die ein unerhörtes Potenzial psychologischer, linguistischer und kultureller Vielfalt in sich trägt),*
*2. mythische oder reelle gemeinsame Vorfahren (wir haben wirklich gemeinsame Vorfahren, die das Abenteuer der Menschwerdung vollbracht haben),*
*3. das gemeinsame Schicksal (die Probleme von Leben und Tod betreffen uns alle, die wir im planetarischen Zeitalter leben).*
*Die einzelnen Heimatländer können also, unter der Voraussetzung, dass sie sich nicht voreinander verschließen, die Erde als ihr gemeinsames Heimatland annehmen, und diese Erde als Heimat aller Menschen hat die Aufgabe, alle einzelnen Heimatländer einzubeziehen.*
*Die Schwierigkeit, die Heimatländer als quasi konzentrisch integriertes System russischer Puppen und nicht als separierte antagonistische Einheiten begreifbar zu machen, hängt de facto mit einer*

*Art des Denkens zusammen, wie sie in der Schule gelehrt wird und die vor allem dazu anleitet, Dinge auseinanderzuhalten und nicht oder nur in geringem Maß einen Zusammenhang zwischen den Dingen herzustellen. (...)*

*Und es gibt eine Fragmentierung durch Abkapselung, die ein gemeinsames Bewusstsein, Teil der Menschheit zu sein, verhindert. Doch gerade in dieser Abkapselung manifestiert sich die legitime Sorge um die Verteidigung der Identität und ein vielschichtiger Prozess zur Sicherung der Vielfalt.«*

Wie sehen Sie einen solchen möglichen Zusammenhang zwischen dem Heimatland Kärnten, dem Heimatland einer grenzübergreifenden Friedensregion, dem Heimatland Europa und dem globalen Heimatland Erde? Oder bleibt all das vollkommene Utopie?

STURM: Wie schon gesagt, für mich gilt *Ubi bene, ibi patria.* Wo es mir gut geht, dort ist Heimat. Und ich sehe es so, dass der Nationalstaat nicht mehr in der Lage ist, alle Aufgaben zu erfüllen, um das Wohlergehen zu sichern, sondern dass wir heute in einer Zeit sind, in der größere Zusammenhänge wirken, und deswegen bin ich zu einem überzeugten Anhänger der Europäischen Union geworden. Die ist, wie sie ist, mit all den Schwächen. Aber wenn dieser Prozess scheitern sollte, dann könnte, sich die Marx'sche Befürchtung von der Barbarei als gesellschaftliche Perspektive auftun. Daher bin ich ein überzeugter Europäer und hoffe sehr, dass dieses Projekt gelingt. Auch zur Lösung anderer großer Probleme ist das Gelingen der EU wichtig, ich denke dabei unter anderem an unsere Gefährdung durch den Klimawandel. Dieses Problem zeigt doch exemplarisch die Relativität von all dem, worüber wir jetzt redeten. Wenn nämlich die globale Erwärmung die Lebensgrundlagen der Menschen vernichten wird, dann brauchen wir nicht mehr über Minderheiten- oder Mehrheitsrechte oder zweisprachige Ortstafeln in Kärnten zu diskutieren. Das sage ich deshalb, weil wir auf beiden Seiten auch ein bisschen die Relativität all dieser Fragen beachten sollten. Daher ist für mich klar: Wir beginnen mit einem kleinen Kreis am Horizont. Und wir erweitern und erweitern diesen Horizont. Das halte ich für eine entscheidende Aufgabe für jeden Menschen, offen und neugierig zu sein auf den nächsten Kreis ...

FELDNER: Ich glaube, dass Versöhnung, Verständigung, gegenseitige Achtung und darüber hinaus der Wille zur Zusammenarbeit, ja zur gegenseitigen Hilfe zuerst einmal in kleinräumigen Gemeinschaften, wie etwa im Bundesland Kärnten und sodann im Heimatstaat Österreich angestrebt werden müssen. Dann erst können grenzüberschreitende emotionale, nicht bloß rationale Bindungen und Kontakte wachsen und gedeihen, bis hin zu einer immer stärker werdenden gesamteuropäischen Identität, die durchaus nicht im Widerspruch zu Heimatliebe und nationalem Selbstbewusstsein steht. So sehr die Globalisierung die Sehnsucht des Menschen nach Geborgenheit innerhalb seiner engeren Heimat fördert, so schnell werden andererseits historische Barrieren, wie Misstrauen bis hin zu Hass in unserer immer enger vernetzten Welt abgebaut. Und das gibt langfristig dem Frieden und der Verständigung ungleich größere Chancen als den von Hass und Misstrauen genährten Konflikten.

Aber alle diese theoretischen Überlegungen, Analysen und Schlussfolgerungen sind zweitrangig. Wir haben uns zum Ziel gesetzt, uns mit ganzer Kraft für die Verständigung in unserer gemeinsamen Heimat Kärnten einzusetzen. Für diese Verständigung brauchen wir keine schriftlich festgesetzten Regeln und Verhaltensmuster, Verständigung muss man ganz einfach wollen und täglich leben, dann wird diese funktionieren und Früchte bringen. In Kärnten, wie überall anderswo auf der Welt.

**Der Sprung in eine neue Wirklichkeit**

GRAF/KRAMER: Wir kommen nun zur Schlussphase unseres Gesprächs. Wir haben zumindest ansatzweise kreative Lösungsperspektiven angedacht, realitätstüchtige Visionen, komplexe Synthesen, die die konstruktiven Ziele aller Konfliktparteien zu integrieren versuchen. Konstruktiv bzw. legitim sind zweifellos:

– die Suche nach einer rechtsstaatlichen Lösung,
– die Suche nach einem nachhaltigen Konsens zwischen Mehrheit und Minderheit,
– die Suche nach einer grenzübergreifenden Zusammenarbeit, um das destruktive Erbe der Nationalismen zu überwinden.

Gleichzeitig haben wir versucht, destruktive, polarisierende Aspekte in den Positionen und Strategien der Konfliktparteien aufzudecken und abzubauen:

– etwa die Durchsetzung von Recht ohne Dialog und Partizipation,
– die Herstellung von Konsens auf Kosten legitimer Rechte und Bedürfnisse,
– oder eine grenzüberschreitende Kooperation mit dem Ziel der Unterminierung legitimer lokaler, nationaler und/oder europäischer Anliegen.

Nun geht es nochmals um die Frage: Was tun? Also ganz konkret: Was sind die nächsten Schritte in die Richtung einer Umsetzung solcher Lösungsperspektiven, die Sie weiter oben skizziert haben? Wie kann man den tief gehenden Dialogprozess, den wir jetzt hier initiiert haben, gestützt auf die Fortführung Ihrer wichtigen Arbeit in der »Konsensgruppe«, aber auch darüber hinaus, wirksam verbreitern? Einerseits in Ihren jeweiligen Organisationen, andererseits vielleicht auch gemeinsam mit den anderen Organisationen, zu denen Sie teilweise in Konkurrenz stehen? Es gibt ja die Kritik, es handle sich hier um ein Elitenprojekt, um ein Projekt von Vereinsfunktionären, oder gar nur um ein Projekt einzelner Personen, womit man weder die hohe Politik noch die kleinen Leute an der Basis erreicht. Wie kann man ganz andere Bereiche der Kärntner Gesellschaft erreichen, sowohl die Ebene der Politik, als auch die breite mittlere Ebene, etwa in Gemeinden, Schulen, Kirchen, Medien usw., vor allem aber die untere Basisebene im ganzen Land?

Wie könnte man nun einen derartigen kreativen »Sprung in eine neue Wirklichkeit« erzielen? Und ganz konkret: Was können und werden Sie demnächst ganz persönlich tun?

STURM: Ich glaube, dass wir einen Prozess begonnen haben, der nicht mehr rückgängig zu machen ist, und der deshalb tatsächlich in eine neue Wirklichkeit münden wird. Das bereitet sich auf der ideellen, kulturellen und sozialen Ebene vor, und erreicht schließlich die Ebene der Politik. Es hat Störungen gegeben und es wird auch weiterhin Störungen geben. Wir leben ja in einer pluralistischen Gesellschaft. Aber mittlerweile glaube ich, dass die Menschen mehrheitlich diesen Dialogprozess unterstützen. Es hängt jetzt von uns ab, dass wir tatsächlich den Dialog auf allen Ebenen vertiefen. Ich könnte mir zum Beispiel vorstellen und ich würde die neue Wirklichkeit vielleicht dann daran erkennen, dass es auf der symbolischen Ebene zu einem Besuch meinerseits in Leše kommt, wenn dort der Verschleppten gedacht wird, und umgekehrt könnte ich mir vorstellen, dass Josef Feldner einmal an einer Gedenkveranstaltung der Vertriebenen oder der Widerstandskämpfer teilnimmt. Weiters möchte ich Josef Feldner einmal zu einer Vorstandssitzung des Zentralverbandes einladen, und umgekehrt erwarte ich mir eine Einladung zu einer Sitzung des KHD-Vorstandes. Das sind alles Dinge, die vertrauensbildend sind. Das Entscheidende aber ist, dass wir im Lande selbst an einem konstruktiven Zusammenleben arbeiten und das Wohl aller Menschen in den Vordergrund stellen. Vorrangig müssen natürlich alle offenen Fragen des Minderheitenschutzes konstruktiv gelöst werden.

FELDNER: Ich stimme mit Marjan Sturm überein. Vor allem einmal, dass der Dialogprozess fortgesetzt werden muss und nicht mehr rückgängig gemacht werden kann. Dabei erinnere ich mich an unsere ersten allgemeinen Kernsätze zu dem von Stefan Karner gemeinsam mit uns erarbeiteten Konsenspapier, die wir sinngemäß so formuliert haben: Alle Seiten stimmen überein, dass unser Dialog nicht auf die Vergangenheit, sondern auf die Zukunft ausgerichtet sein sollte. Das haben wir an die Spitze gestellt. Wenn wir sodann übereingekommen sind, uns zum Zweck der Verbesserung des Klimas zumindest einmal jährlich zu einer Aussprache zu treffen, so kann ich heute sagen, dass wir diese Mindestvoraussetzungen für den beginnenden Dialog längst bereits gewaltig erweitert haben.

Inzwischen wurden spontane Anrufe, kurzfristig vereinbarte Treffen zu Aussprachen eine Selbstverständlichkeit. Das besonders Positive daran ist, dass die Initiativen dazu von allen, Sturm, Sadovnik, Karner, Stritzl und mir, gleichermaßen gesetzt werden. Das signalisiert Spontanität und vor allem Begeisterung für dieses Projekt, geboren aus der gemeinsamen Überzeugung, dass das der richtige Weg ist. Innerhalb unserer Kerngruppe funktioniert somit der Dialog bestens.

Parallel dazu sind wir natürlich gemeinsam bemüht, diesen Prozess zu verbreitern. In erster Linie einmal innerhalb der jeweils eigenen Organisationen. Da kann ich nur für den Heimatdienst sprechen, wo die Konsens- und Dialogarbeit auf breite Zustimmung stößt, nicht nur in unseren Vereinsgremien, auch bei unseren Zeitungsempfängern und Mitgliedern und Förderern. So haben, wie ich schon erwähnt habe, in kurzer Zeit bereits 2.000 Kärntnerinnen und Kärntner, aber auch Sympathisanten aus den anderen Bundesländern, den Aufruf zur Unterstützung unseres Weges der Verständigung unterschrieben. Weitere werden folgen, zumal wir die Aktion fortsetzen. Zusätzlich werben wir weit über unsere jeweilige Vereinsebene hinaus in Zeitungseinschaltungen, in unseren eigenen Zeitungen *Der Kärntner* und *KHD-Intern* sowie bei Veranstaltungen für die Unterstützung unseres Dialogprozesses.

Ein starkes Zeichen des Verständigungswillens setzte unsere Konsensgruppe mit der von mir schon erwähnten Veranstaltung am 9. Oktober 2006 im Klagenfurter Landhaushof. Dort haben wir den Sprung in die neue Wirklichkeit gemacht. Wir konnten für einen Moment die neuen Beziehungen, den Willen und die Fähigkeiten in Richtung Frieden und Versöhnung real erfahren. Wir haben dort zum »Tag der gemeinsamen Heimat Kärnten« eine »Feierliche Erklärung« unterfertigt, die spontan an Ort und Stelle u. a. von nachstehend genannten Persönlichkeiten mitunterzeichnet wurde:

Diözesanbischof Alois Schwarz, Superintendent der Evangelischen Kirche Manfred Sauer, LHStv. Gaby Schaunig (SPÖ), Landesrat Josef Martinz (ÖVP), Landesrat Reinhard Rohr (SPÖ), Landesrat Wolfgang Schantl (SPÖ), EU-Abg. Hubert Pirker (ÖVP), LAbg. Peter Kaiser (SPÖ), LAbg. Raimund Grilc (ÖVP), LAbg. Rolf Holub (Landessprecher der Grünen), Gemeinderat Bidovec (ÖVP) in Vertretung des Bürgermeisters der Landeshauptstadt Klagenfurt, Franz Pacher, Präsident der Kärntner Wirtschaftskammer, Rudolf Altersberger, Vizepräsident des Kärntner Landesschulrates und Brigadier Günter Polajnar, vom Militärkommando Kärnten. EU-Abg. Andreas Mölzer (FPÖ) war verhindert, erklärte sich jedoch mit den Unterzeichnern in einer Aussendung solidarisch.

Wir sind aber erst am Beginn unseres Dialogprozesses und werden natürlich weiterhin verstärkt versuchen, unseren Prozess zu verbreitern und zu vertiefen.

## Persönliche Beweggründe

GRAF/KRAMER: Wenn Sie jetzt abschließend auf Ihre Erfahrungen, Einsichten, Motivationen in diesem Dialogprozess zurückschauen, auf die beeindruckende Wegstrecke, die Sie gegangen sind und gehen, auch auf die letzten drei Tage unseres »Gesprächs der Gegensätze«: Was war und ist die tiefste persönliche Erfahrung, die wichtigste Einsicht oder auch die spirituelle Motivation, die Ihrem Weg zugrunde liegt?

STURM: Für mich persönlich waren sicherlich zwei Dinge wichtig: Nachdem ich in einer katholischen Bauernfamilie aufgewachsen bin und ironisch gesagt durch die Gnade der Geburt in Kontakt gekommen bin mit der antiautoritären Studentenbewegung 1968, bin ich in Widerspruch zu den konservativen slowenischen Strukturen geraten. Durch diesen Politisierungsprozess habe ich gemerkt, dass ich aus einer Opferfamilie komme und die Frage der Aufarbeitung des Nationalsozialismus in Kärnten sehr oberflächlich verlaufen ist. Daher war mein Engagement für diese Opferseite in unserer Geschichte evident. Ich habe viele menschliche Katastrophen kennengelernt, die tiefe Betroffenheit vieler Menschen über das Erlebte, und erfahren, wie tief dies im Bewusstsein der Menschen verhaftet geblieben ist. Das darf nicht mehr passieren und für mich stand dann im Vordergrund, dass man gegen diese Ungerechtigkeiten ankämpfen muss.

Als ich dann in eine führende Position kam und wir in den Achtzigerjahren die Schuldebatte sehr heftig führten, war ich schockiert, als mir jemand erzählte, dass er sogar überlegt hatte, sich am Neuen Platz mit Benzin zu übergießen und anzuzünden, um so gegen das im Parlament beschlossene Schulmodell zu protestieren. Da wurde mir plötzlich die Verantwortung der Eliten bewusst. Wohin führt man die Menschen und in welche Richtung und was nimmt man dabei alles in Kauf. Da habe ich emotional zu spüren begonnen – und die internationalen Erfahrungen in Irland und Jugoslawien haben das noch verstärkt – dass es so nicht sein kann, dass wir an diesem Nebeneinander arbeiten müssen, damit es ein Miteinander wird und daher ist es meine Überzeugung, dass man miteinander zumindest reden muss.

FELDNER: Aus meiner Sicht noch zur Frage, welche emotionalen Erfahrungen mich zu diesem Prozess gebracht haben: Vielleicht zählen dazu die letzten Kriegsmonate, die ich als damals fünf Jahre altes Kind bereits bewusst erlebt habe.

Ich erinnere mich noch sehr genau: Mit meinen Eltern und meinen zwei Geschwistern wurden wir im März 1945 in Villach ausgebombt, unsere Wohnung wurde durch einen Bombentreffer total zerstört, wir überlebten im Luftschutzkeller, flüchteten vor den weiter andauernden Fliegerangriffen in den Wald und waren dann zwei Monate bis Kriegsende in einem einzigen Raum – fünf Personen – im Dachgeschoss einer Bäckerei in Afritz untergebracht. In diesen Monaten und auch noch zumindest ein weiteres Jahr lang litten wir Kinder täglich großen Hunger. Es fehlte in unserer kleinen Eisenbahnerfamilie am Nötigsten. In diesen Tagen, geprägt von Not und Entbehrung, haben uns Kinder britische Besatzungssoldaten, die in unmittelbarer Nähe unserer, uns Ende Mai 1945 zugewiesenen, Wohnung in der Villacher Treffnerstraße ihr Camp errichtet hatten, auf ganz besondere Weise geholfen. Ich erinnere mich lebhaft daran, dass die britischen Soldaten, die selbst nicht allzu viel zu essen hatten, uns regelmäßig mit einfachen Lebensmitteln – zumeist waren es einige Kekse oder etwas geröstete Zwiebel – versorgten und damit unseren schlimmsten Hunger stillten. Neben dieser Notversorgung war es aber vor allem der persönliche Kontakt zu den fremden Soldaten, deren Sprache wir Kinder nicht verstanden und die uns dennoch geradezu liebevoll aufnahmen, der einen tiefen Eindruck in mir hinterließ. Dazu muss ich sagen, dass die etwa hundert Kinder unserer Siedlung einzelnen Soldaten zur Betreuung zugeteilt wurden. Ich erinnere mich an meinen »Betreuungssoldaten« noch ganz genau und weiß auch noch, dass er »Stone« geheißen hat. Das waren meine ersten Kontakte mit Fremden und es waren ganz besonders positive Erfahrungen, die mich sicher auch in gewisser Hinsicht geprägt haben. Vielleicht haben es diese positiven Kindheitserlebnisse bewirkt, dass ich in meinem ganzen weiteren Leben nie eine Pauschalverurteilung anderer Völker vorgenommen habe.

Heute ist wohl auch meine Lebenserfahrung, vor allem auch im politischen Bereich, als prägend zu nennen. Aus dieser Erfahrung heraus habe ich das ausschließliche Schwarz-Weiß-Denken und die damit verbundene Neigung vieler Menschen, auch in unseren eigenen Reihen, zur Verallgemeinerung stets negativ empfunden. Die Deutschkärntner sind nur gut, die Slowenen nur schlecht. Je älter ich geworden bin, desto schmerzlicher habe ich das empfunden, weil darin so ungemein viel Ungerechtigkeit liegt, so viel Sprengstoff und Negativpotenzial gegen jegliche Verständigung mit dem von vielen Menschen – Deutschkärntner wie Slowenischkärntner – noch immer als Gegner bezeichneten Andersssprachigen. Diese Menschen verschließen sich vor allen positiven Aspekten auf der Gegenseite, sie umgeben sich mit einem Panzer und tun alles, um ihre fest gefügte Negativmeinung nur ja nicht ändern zu müssen.

Dagegen etwas zu tun, und zwar mehr als nur immer dem jeweils verständigungsfeindlichen Gesprächspartner zu widersprechen, war zweifellos ein Grund, am Zustandekommen des Verständigungs- und Dialogprozesses aktiv mitzuwirken. Zumal damit doch die Chance verbunden ist, einer größeren Zahl von Menschen jene Vorurteile zu nehmen, auf denen deren Schwarz-Weiß-Denken aufgebaut ist. Dabei geht es darum, immer wieder aufzuzeigen, dass es keine schlechten Völker und keine guten Völker gibt, sondern überall gleichermaßen schlechte Menschen und gute Menschen in allen Abstufungen, Schattierungen und Dimensionen, wobei natürlich die Kategorisierung in »gut und böse« immer subjektiv und jeder objektiven Festlegung entzogen bleiben wird.

Wichtig ist daher nicht das Zuordnen nach gut und böse, sondern völlig unabhängig davon ein offenes Zugehen auf die Menschen, auch auf Menschen aus ganz fremden Kulturen. Das führt dann zumeist zur Erkenntnis, dass auch in diesen Fällen die Unterschiede nicht so gewaltig sind, wie man dies bisher stets angenommen hatte. Ich kann das aus eigener Erfahrung sagen, die ich in anderen Ländern und Kontinenten beim Kontakt mit den Menschen aus uns fremden Kulturen gemacht habe.

Das Aufeinanderzugehen, Menschen, denen man zum ersten Mal begegnet einen Vertrauensvorschuss zu geben und nicht immer von vornherein anzunehmen, dass dieser was Böses im Schilde führen könnte. Das ist meines Erachtens auch eine Lebensphilosophie, die Barrieren schneller überwindet, eine raschere Verständigung ermöglicht und Misstrauen von vornherein nicht aufkommen lässt.

Aus meiner langjährigen Erfahrung damit weiß ich, dass mit einer solchen Einstellung persönliche Negativerlebnisse die Ausnahme und nicht die Regel sind. Auch diese Erfahrung spricht für die unbeirrte Fortsetzung des Weges der Verständigung.

STURM: Ich möchte zum Abschluss noch eine Geschichte erzählen, die mich sehr bewegt hat und darauf hinweist, dass Versöhnung möglich ist, wenn man ehrlich mit der Geschichte umgeht. Es geht um die Wiederherstellung der Frauenkirche in Dresden.

Die Frauenkirche, die beim Bombardement von Dresden im II. Weltkrieg vor sechzig Jahren zerstört worden ist, hat im Jahre 2005 in einer feierlichen Zeremonie nach einer Rekonstruktion, die etwas mehr als elf Jahre gedauert hat, ihre Pforten wieder geöffnet. Aus dem Gotteshaus, das als eines der Schmuckstücke der Evangelischen Kirche angesehen wird, ist das Symbol der Versöhnung unter den Völkern geworden und es stellt einen Markstein dar, der zum Frieden aufruft.

Dresden erlangte das Profil wieder, das Canaletto seinerzeit malte, in dem er die Frauenkirche in seine Landschaft einfügte, die in der Folge der alliierten Bombenangriffe vom 13. bis zum 14. Februar 1945, welche die Stadt dem Erdboden gleichmachten und eine Bilanz von ungefähr 30.000 Toten zurückließen, durch einen Brand zerstört wurde. Aus den Trümmern der Kirche, einem spätgotischen Juwel, das zwischen 1726 und 1743 errichtet worden ist, wurde in den Jahren der untergegangenen Deutschen Demokratischen Republik ein Symbol des Kriegs. An ihrer Seite sind auch die schüchternen pazifistischen Bewegungen zu Beginn der 1980-er Jahre in der preußisch-stalinistischen Diktatur entstanden.

Nach dem Zerfall des kommunistischen Regimes und der Wiedervereinigung Deutschlands im Jahr 1990 ist eine Bürgerinitiative auf die Beine gestellt worden, um die Frauenkirche inmitten von Unverständnis und mangelnder Unterstützung wieder herzustellen. Nach und nach begann diese Initiative, mit der Sammlung von Spenden für die gigantische Aufgabe. Die Arbeiten wurden im Mai 1994 aufgenommen und man barg 8.400 Steine, die durch das Feuer geschwärzt worden waren, welches die ursprüngliche Kirche zerstört hatte. Die 180 Millionen Euro, welche die Rekonstruktion gekostet hat, entstammen zu zwei Dritteln von Spenden aus der ganzen Welt und die 60 Millionen verbleibenden Euro haben die deutsche Bundesregierung, der Freistaat Sachsen und das Rathaus von Dresden beigeschossen. Die Kuppel hat 500.000 Euro gekostet, und dieser Betrag wurde vom Vereinigten Königreich gespendet, dem Land, aus dem die Bombenflugzeuge gekommen waren, die die Stadt verwüsteten. Das vergoldete Kreuz, das in einer Höhe von mehr als 90 Metern die Kuppel krönt, ist das Werk von Alan Schmidt, einem Londoner Künstler. Sein Vater befand sich in einem der Flugzeuge, die Dresden bombardiert hatten. Unter den 1.700 Geladenen, die der Eröffnungszeremonie im Inneren der Kirche beiwohnten – weitere 50.000 wohnten ihr außerhalb bei –, befand sich Marian Sobkowiak, der Überlebende einer Gruppe von 12 Polen, die im Widerstand gegen die Deutschen kämpften und im Jahr 1942 in Dresden hingerichtet wurden. Das war nicht das einzige Symbol der Versöhnung unter den Völkern. Das Schlüsselkreuz des Altars der rekonstruierten Frauenkirche entstammt der Kathedrale der Stadt Coventry, im Vereinigten Königreich gelegen, die im Jahr 1940 von den deutschen Bomben zerstört worden ist. Bei der Zeremonie war der Herzog von Kent als Repräsentant der britischen Monarchie zugegen, der sich *»von der Schönheit der Konstruktion beeindruckt«* zeigte. Der Bischof der Evangelischen Kirche Jochen Bohl bezeichnete den Wiederaufbau als *»ein Werk der Wiederversöhnung und eine Mahnung für den Frieden«.* Der Bürgermeister von Dresden, Ingolf Rossberg, sagte: *»Das künstlerische Gefühl und der bürgerliche Stolz haben erneut über die Barbarei und den bellizistischen Wahnsinn gesiegt«.* Der höchste Repräsentant Deutschlands, Bundespräsident Horst Köhler, hob in seiner Rede die Bedeutsamkeit der Wiederrichtung hervor. Für Köhler ist die Frauenkirche ein Symbol dafür, dass es niemals wieder Krieg geben darf. Dieses Beispiel sollte uns Ansporn sein.

In diesem Sinne hat Johan Galtung recht, wenn er in seinem letzten Buch »Konflikte und Konfliktlösungen« meint: »Es gibt keine bösen Menschen, es gibt aber böse Ideen. Eine böse Idee ist, dass es böse Menschen gibt.«

GRAF/KRAMER: Da können wir mit einem ergänzenden Zitat Galtungs aus dem selben Buch unseren Dialog schließen: *»Es geht darum,* *den Kampf gegen die Tat, das Wort, vielleicht sogar den Gedanken aufzunehmen, aber nicht gegen die Person. Tritt den Ball, aber nicht den Spieler. Der Kampf wird gegen die Feindseligkeit, nicht gegen den ›Feind‹ geführt, gegen die Diktatur, nicht gegen den Diktator, wie das gewöhnliche Demokraten tun, gegen den Kapitalismus, nicht gegen die Kapitalisten, wie das gewöhnliche Marxisten tun ...«*

Wir wollen auch noch einmal an den Ausgangspunkt unseres Dialogs zurückkehren und uns mit Friedrich Heer daran erinnern, dass wir hier nur damit beginnen konnten, ein konstruktives Streitgespräch zu führen, das aber »kein eigentliches Ende« finden soll.

Wir danken Ihnen für dieses Gespräch, bei dem vor allem wir im Rahmen unserer Konfliktmoderation sehr viel gelernt haben. Wir hoffen und wünschen es Ihnen von ganzem Herzen, dass es in Zukunft auch gelingt, die Erfahrung dieser Tage in Dialog-, Vermittlungs-, und Versöhnungsarbeit in ganz Kärnten umzusetzen und vielleicht auch das gemeinsam anvisierte Projekt einer »Friedens region Kärnten–Slowenien–Friaul«.

## »Was versteht schon ein Fremder?«
Nachwort von Wilfried Graf und Gudrun Kramer

Der Ortstafelkonflikt verursacht außerhalb Kärntens oft nur verwundertes Kopfschütteln. Es scheint unverständlich, dass man sich wegen ein paar zweisprachiger Ortstafeln über Jahrzehnte hinweg streiten kann, noch dazu, wo doch die rechtliche Grundlage ziemlich eindeutig ist. In dem Gespräch zwischen Josef Feldner und Marjan Sturm wird die Komplexität des Konfliktes deutlich, die verflochtene(n) Geschichte(n) dieser jahrzehntelangen Konflikte, in einem Grenzland am Schnittpunkt dreier Kulturkreise, die allzu oft auch sehr destruktiv ausgetragen wurde(n).

Diese oberflächlich nicht sichtbare Komplexität hinter dem Ortstafelstreit ist auch Grundlage für die rasche Zurückweisung seitens mancher Kärntnerinnen und Kärntner, wenn sich »Fremde« anmaßen, sich zu diesem Konflikt zu äußern oder gar sich einzumischen. »Was versteht schon ein Fremder?« hört man dann oft von allen Konfliktparteien. Diese Haltung ist uns in unserer Arbeit nicht nur in Kärnten begegnet, diese anfängliche Skepsis kennen wir auch aus anderen Regionen, in denen wir Vermittlungsprozesse begleiten, zum Beispiel in Sri Lanka, Israel/Palästina, Uganda oder Kirgistan.

In der Konfliktberatung geht es nicht in erster Linie darum, ein Experte oder eine Expertin in einem spezifischen Konflikt zu sein. Die Konfliktexperten sind immer die Betroffenen selbst. Natürlich versucht man sich soviel Wissen als möglich anzueignen. Wichtiger ist jedoch ein vergleichendes Wissen über Konfliktlösungsstrategien und ein fundiertes Wissen, theoretisch und praktisch, in Konfliktbearbeitung und Friedensentwicklung.

Im Dialog mit den Konfliktparteien steht jedoch keine »objektive«, analytische Herangehensweise im Vordergrund, sondern die Vermittlung dieses eigenen Beratungswissens mit der jeweiligen Eigensicht der Konfliktparteien.

Der Wunsch, dass ein vergleichendes Wissen um Konfliktdynamiken und Konfliktbearbeitung in den Kärntner Konflikt eingebracht wird, lieferte schließlich auch den unmittelbaren Anstoß zu diesem Buch. Im Frühjahr 2006 lud uns Marjan Sturm zu einem Vortrag nach Klagenfurt ein. Schon seit 2002 führten wir immer wieder Workshops und Veranstaltungen zum Ortstafelkonflikt durch, auch in Kärnten, und teilweise gemeinsam mit Johan Galtung. Dabei lernten wir Dr. Josef Lausegger kennen, der damals bereits Vermittlungsgespräche zwischen Galtung, Landeshauptmann Haider und Marjan Sturm vorschlug. Zu dem Vortrag in Klagenfurt wurden wir aber eingeladen, um über Konfliktlösungsmodelle im Allgemeinen und vor allem über unsere Erfahrungen mit dem Friedensprozess in Sri Lanka seit 2002 zu berichten. Marjan Sturm wurde damals in den eigenen Reihen zum Teil heftig für seinen Kurs des Dialogs kritisiert, für den er sich auf der Grundlage seiner Erfahrungen in der Konsensgruppe immer mehr einsetzte. Es gab aber auch Stimmen für den Dialog. Im Besonderen fühlten wir uns von einem Artikel des slowenischen Psychotherapeuten Stefan Kramer ermutigt, der bereits 2002 im Rahmen einer Vortragsreihe in Tainach/Tinje unter dem Titel »Zweisprachigkeit – Spiegelbild meiner Seele« erschienen war. Kramer plädierte darin für einen »ehrlichen Dialog« mit »gegenseitiger Wertschätzung«, für »Kommunikation auf rationaler und emotionaler Ebene« in »angstfreien Räumen« und schrieb: »*Ich bin überzeugt, dass wir in Kärnten gegenwärtig ein anderes, ein friedlicheres Zusammenleben hätten, wenn in den vergangenen Jahrzehnten diese schmerzhafte Vergangenheit bearbeitet worden wäre.*«

Wir bekräftigten daher Marjan Sturm und in der Folge ebenso Josef Feldner darin, ihren Weg des Dialogs fortzusetzen, ohne deshalb den Kampf für legitime Ziele, Rechte oder Bedürfnisse aufzugeben. Ein Resultat ist dieses Buch.

### Strategie des Dialogs

Erfolgreiche gewaltfreie Konfliktlösungsstrategien brauchen eine andere Logik als das herkömmliche »Entweder – oder«: Das Eine schließt das Andere nicht aus, es gibt ein »Sowohl – als auch und noch etwas darüber hinaus«. In diesem Sinn schließt die Lösungsperspektive, die Umsetzung der Verfassungsgerichtshofsentscheidungen, nicht aus, dass es auch einen breiten zivilgesellschaftlichen Dialog zwischen Minderheit und Mehrheit in Kärnten gibt, mit dem Ziel mehr Verständnis füreinander aufzubauen.

Ein Dialog darf natürlich nicht dafür benutzt werden, die konkrete Konfliktlösung zu vermeiden und statt dessen direkt eine vermeintliche Versöhnung einzuleiten. Versöhnung hat immer eine wirkliche Konfliktlösung zur Voraussetzung, die von allen Konfliktparteien akzeptiert wird.

Die vorliegende Dokumentation soll nicht nur den Dialog- und Lernprozess zweier zentraler Akteure im Kärntner Sprachen- und Nationalitätenkonflikt nachzeichnen und vertiefen, sondern könnte auch für politische und pädagogische Zwecke aufbereitet werden.

In diesem Sinn könnte dieses Buch zu einer ganzen Reihe von Dialogen einladen und für viele Projekte und Lernprozesse auf verschienen Ebenen den Anstoß geben:
– innerhalb der jeweiligen Konfliktparteien selbst,
– zwischen den Konfliktparteien,
– auf allen Ebenen in Kärnten und Österreich – von den politischen Entscheidungsgremien, den politischen Parteien über die mittleren Ebenen (wie Kirchen, Vereine, Medien, Schulen) bis zur breiten Bevölkerung, sowie
– grenzüberschreitend, mit den Nachbarn (Slowenien, Friaul).

**Defizite von Friedensprozessen**

Sicherlich trägt dieses Buch zur Transparenz bei und das ist sehr wichtig, denn mangelnde Transparenz war nicht selten der Grund für das Scheitern einer Konfliktlösung. Ein einflußreicher Friedensforscher und Praktiker für Friedensentwicklung, Jean Paul Lederach, nennt dieses Phänomen das »Interdependenz-Defizit«: Eliten verhandeln und/oder beschließen hinter verschlossenen Türen einen Lösungsvorschlag, die Bevölkerung bleibt vom Prozess ausgeschlossen. Diese mangelnde Transparenz und Partizipation kann dann dazu führen, dass oppositionelle Kräfte die Umsetzung der Lösung verhindern. Auch in Kärnten ist dieses Phänomen nicht unbekannt.

Das vorliegende Buch ist ein Lehrbeispiel und zugleich ein Plädoyer für einen in die Tiefe führenden Dialog, der versucht, die

Partizipation der Betroffenen auf beiden Seiten und die wirklichen Entwicklungspotentiale in Kärnten auszuloten und zu erhöhen. Ein solcher Dialog führt über ein besseres Verstehen der anderen auch immer mehr dazu, die eigene Wahrnehmung kritisch zu hinterfragen. Er strebt nicht danach, eine gemeinsame Konflikt- und Geschichtserzählung zu kreieren. Im Gegenteil: Widersprüche müssen erkannt und benannt werden, und auch die negativen Emotionen müssen wahrgenommen und nach Möglichkeit transformiert werden. Genau das ist auch zwischen Josef Feldner und Marjan Sturm des Öfteren geschehen und wird vielleicht bei der einen oder anderen Stelle auch den aufmerksamen Lesern und Leserinnen passieren.

## Integrative Konfliktbearbeitung

Der dem Buch zugrunde liegende Dialogprozess wurde nach einem von uns in den letzten Jahren entwickelten Verfahren für »integrative Konfliktbearbeitung« strukturiert. Dieses Verfahren orientiert sich im praktischen Verlauf unter anderem an der Methode der »Problem-Solving«-Workhops des aus Wien stammenden Harvard-Professors Herbert Kelman, der damit in den letzten 35 Jahren zahlreiche Workshops zwischen einflussreichen Schlüsselpersonen in Israel und Palästina facilitierte. Inhaltlich orientieren wir uns an der »Transcend Methode« des norwegischen Friedensforschers Johan Galtung, den wir in unsere Unterstützungs- und Beratungsarbeit zum Kärntner Konflikt auch mehrmals einbezogen haben.

Unser Ansatz der integrativen Konfliktbearbeitung umfasst philosophische Grundlagen, theoretische Ansätze und praktische Methoden. Eine ausführliche Darstellung würde hier den Rahmen dieses Nachworts sprengen. Für einige Interessierte wollen wir aber einige zentrale Konzepte kurz erläutern, die man auch in den Publikationen auf unserer Website www.iicp.at ausführlicher studieren kann.

## Philosophische Grundlagen

Die philosophische Anthropologie unseres Ansatzes stellt den einzelnen Menschen in das Zentrum friedlicher Konfliktbearbeitung. Menschen haben menschliche Grundbedürfnisse, die sie als gesamte Menschheit teilen: Diese Grundbedürfnisse sind gleichzeitig sowohl universal (ungeachtet der eigenen Biographie, der eigenen kulturellen Bedeutungen oder sozialen Strukturen) als auch individuell (eingebettet in die eigene Biographie, die eigenen kulturellen Bedeutungen und sozialen Strukturen). Mit Galtung unterscheiden wir vier Kategorien von Grundbedürfnissen:

- *Überleben*;
- *Wohlbefinden*, (Nahrung, Kleidung, Unterkunft, Zugang zu Gesundheits- und Bildungseinrichtungen);
- *Identität*, (die unabschließbare Suche nach dem Sinn des Lebens);
- und *Freiheit*, (im Sinne von gleichen Wahlmöglichkeiten).

Alle Bedürfnisse beziehen sich aufeinander und sind voneinander abhängig. In unserer Arbeit nehmen wir sie bewusst als Bezugsrahmen für Legitimations- und Gerechtigkeitskonflikte. Auf ihrer Grundlage können wir Konflikte zwischen kulturellen Werten, sozialen Strukturen und subjektiven Ego-Bedürfnissen dekonstruieren und mediieren, sowie auch als Mediatoren allseitig Partei ergreifen für bestimmte Werthaltungen, jenseits des klassischen Neutralitätsprinzips.

Tatsächlich gehen wir von der Werthaltung aus, dass alle menschlichen Grundbedürfnisse gleich wichtig sind; und dass für die authentische Lösung eines Konfliktes die Grundbedürfnisse aller Konfliktparteien respektiert werden müssen. Daraus folgt unser komplexer Ansatz eines »Friedens mit friedlichen Mitteln«, welcher nur über tiefer gehende Dialoge mit allen Konfliktparteien konkretisiert werden kann.

**Theoretische Ansätze**

1. In unserer Konflikttheorie gehen wir davon aus, dass ein Konflikt aus drei Komponenten besteht: Annahmen, Verhalten und Widersprüche. Ob die Konfliktaustragung konstruktiv und kreativ, oder destruktiv und gewalttätig ist, hängt immer von allen drei Komponenten ab.

2. Menschen entwickeln spezifische individuelle und gruppenrelevante Ziele. In der äußeren Welt treffen diese Ziele auf die Ziele

anderer. Sind diese Ziele nicht miteinander kompatibel, entsteht ein Widerspruch, damit tritt ein Konflikt auf. Wird der Widerspruch negativ erfahren und kann keine Lösung gefunden werden, ist es wahrscheinlich, dass es irgendeinmal zu einem Akt der Gewalt kommt. Ein Gewaltakt löst den Widerspruch nicht auf. Im Gegenteil, Gewalt hat den Effekt, dass sich die Widersprüche verstärken.

3. Gewalt führt oft zu Gegengewalt, was die Annahmen und Haltungen gegenüber den anderen immer weiter polarisiert und einen Prozess der Dehumanisierung in Gang setzt. Das Erleben von Gewalt ist immer ein traumatisches Ereignis.

4. Wenn wir normalerweise von Gewalt sprechen, dann sprechen wir von direkter Gewalt. Akteure missachten die Grundbedürfnisse der anderen und versuchen sich gegenseitig zu verletzen. Es gibt aber auch strukturelle und kulturelle Gewalt.

Strukturelle Gewalt bedeutet einfach gesprochen, dass ein System eine Gruppe von Menschen ausbeutet oder unterdrückt, d. h. es ist in der sozialen Struktur eingebaut, dass Grundbedürfnisse missachtet werden. Kulturelle Gewalt sind tief verwurzelte Annahmen, Haltungen und Überzeugungen, welche direkte und strukturelle Gewalt legitimieren.

5. Gewalterfahrung führt zur Entwicklung von Schutz- und Bewältigungsmechanismen: Mythen werden (re)produziert und von einer Generation zur nächsten weitergegeben. So können kollektive Traumata über Jahrhunderte anhalten. Sie sind im kollektiven Gedächtnis konserviert und werden oft in tiefen gesellschaftlichen Krisen reaktiviert, um aufs Neue die Handlungen und Ziele von Individuen und Gruppen zu beeinflussen. Dafür lassen sich in dem vorliegenden Buch zahlreiche Belege finden.

6. Als Tiefenstruktur bezeichnen wir kollektiv unbewusste oder latente Beziehungsmuster zwischen gesellschaftlichen Gruppen – zwischen Alt und Jung, Mann und Frau, Ethnien und »Hautfarben«, Mächtigen und Machtlosen, zwischen Staaten und Zivilisationen.

7. Damit eng verbunden ist die Tiefenkultur, kollektiv unbewusste Denk- und Fühlmuster, Praktiken, Normen, Werte, Diskurse, Verhaltensregeln, Stereotypen und Vorurteile über die eigene und die andere Gruppe. Die Tiefenkultur definiert, was wir als wahr, gut, richtig, schön, heilig usw. empfinden. In Konflikten verhindert oft die

Tiefenkultur die friedliche Beilegung des Konfliktes. Sie liefert das Material für Eskalation und Polarisation, welches dann oft für populistische und fundamentalistische Politik genutzt wird. In einem tiefer gehenden Dialog lassen sich durchaus solche Tiefendimensionen aufspüren, etwa am Beispiel von Nationalhymnen, Straßennamen, Mythen, Sagen, Liedern, Erzählungen, Monumenten, Redensarten oder Witzen. Wenn hinreichend Vertrauen aufgebaut worden ist, wie das zwischen Josef Feldner und Marjan Sturm zunehmend der Fall war, können auch kollektive Traumata und Glorifizierungen kritisch hinterfragt und ein Stück weit bearbeitet werden

**Praktische Methoden**

Das Ziel eines solchen Dialoges ist es, die Teilnehmenden zu befähigen, ein komplexeres Verständnis über tiefere Zusammenhänge zu bekommen und neue Ziele definieren zu können. Das soll dazu führen, von den vordergründigen Positionen hin zu Interessen, Werten und schließlich zu menschlichen Grundbedürfnissen als gemeinsame Grundlage aller Konfliktparteien zu gelangen, um von da ausgehend die Inkompatibilität der Ziele möglichst aufzuheben. Dabei können aus den ursprünglich antagonistischen Zielen agonistische Ziele werden, und aus der Feindschaft kann konstruktive Gegnerschaft entstehen.

Grundsätzlich ist unsere Praxis darauf ausgerichtet, in Nachkriegsgesellschaften mit den in jahrzehntelange Gewaltspiralen verstrickten Konfliktparteien eine Zeitlang einzeln zu arbeiten, mit dem Ziel, diese schrittweise für kreative Mediation vorzubereiten. In einem gewissen Sinn hatten wir auch in Kärnten zuerst nur Zugang zu einer Partei, über einen früheren Kontakt zu Marjan Sturm. Zugleich waren Josef Feldner und Marjan Sturm auf ihrem Weg zur dialogischen Konfliktbearbeitung schon sehr weit vorangekommen und von sich aus schon auf der Suche nach einer Vertiefung ihres Dialogprozesses.

Die Struktur unseres Gesprächs

Konkret haben wir für unsere Gesprächsführung die folgende grobe Struktur mit drei Phasen vorgeschlagen, und darauf geachtet, dass wir öfter die Perspektive wechseln:

Einerseits zwischen den Zeithorizonten, zwischen Gegenwart, Vergangenheit und Zukunft: (a) Die Gegenwart der Konflikte zwischen der deutsch- und slowenischsprachigen Bevölkerung in Kärnten; (b) die jüngere Geschichte und tiefere Vergangenheit der Konflikte, vor allem die Bedingungen und Folgen historischer Traumata und wechselnder struktureller Machtverhältnisse; (c) die Zukunftsperspektiven für Konfliktlösung und Versöhnung.

Andererseits zwischen »Analyse« und »Therapie«: (a) Eine kritische Auseinandersetzung mit Konflikursachen; (b) die Diskussion konstruktiver Lösungen.

Die Erarbeitung der Lösungsvorschläge folgte dabei einem »inneren« Prozess, mit ebenfalls drei Stufen: (a) Von der Konfrontation zur Verständigung; (b) von der Verständigung zu einer differenzierten Auseinandersetzung und (c) von der differenzierten Auseinandersetzung zu überbrückenden Lösungsperspektiven.

## Ein Prozess in 7 Schritten

Dem praktischen Leitfaden für unsere Gesprächsführung liegt ein Sieben-Schritte-Prozess zugrunde, genauer ein Zyklus mit drei Phasen, die jeweils aus zwei Schritten bestehen, sowie einem 7. Schritt als Eröffnung eines neuen Zyklus. Jeder dieser Schritte behandelt einen bestimmten Aspekt der Konflikttransformation:

PHASE I zielt darauf ab, den Antagonismus zu relativieren, Vertrauen aufzubauen, und ein komplexeres Verständnis für die eigenen Ziele und die Ziele der Anderen zu entwickeln.

*Schritt 1* ist eine Form der Gegenwartsanalyse. Die übergeordnete Frage lautet: Um was geht es eigentlich? Wer sind die Akteure in diesem Konflikt und welche Strategien verfolgen sie? Was ist der Widerspruch?

*Schritt 2* ist die Analyse der Vergangenheit, eine Diagnose, die darauf abzielt, die Annahmen und Haltungen der Konfliktparteien besser zu verstehen. Die Hauptfrage hier ist: Wie ist es zu diesem Konflikt gekommen?

PHASE II gibt die Möglichkeit die Tiefendimensionen des Konfliktes zu reflektieren, um eigene Ziele kritisch zu hinterfragen und, wenn nötig, zu revidieren.

*Schritt 3* ist die Therapie der Vergangenheit. Die bestimmende Frage ist: Um was geht es im Grunde? Welche historischen Traumata verhindern die Lösung des Konfliktes? Wie gestaltet sich das Machtverhältnis zwischen den Konfliktparteien?

*Schritt 4* ist eine Analyse der Zukunft, eine Form der »negativen Prognose«: Wie wird es weitergehen, wenn sich nichts ändert?

PHASE III konzentriert sich auf die Überwindung des Widerspruchs und die Umsetzung der Lösungsvision, der Sprung in die neue Wirklichkeit.

*Schritt 5* zielt auf eine Therapie der Zukunft ab, dabei werden neue Annahmen, neue Haltungen und neue Ziele entwickelt. Die Leitfrage ist dabei die Suche nach einer überbrückenden Formel, welche die Grundbedürfnisse aller berücksichtigt.

*In Schritt 6,* der Therapie der Gegenwart, werden schließlich neue Strategien erarbeitet und ein Aktionsplan erstellt. Die Frage lautet: Was sind die nächsten Schritte?

*Schritt 7* schließt den Konflikttransformationsprozess ab und eröffnet zugleich einen neuen Zyklus, den Prozess der Versöhnung, d. h. das allmähliche Entstehen qualitativ neuer Beziehungen zwischen den Konfliktparteien, die ihnen erlauben sollen, ihre zukünftigen Konflikte gewaltfrei und gewaltpräventiver auszutragen.

Der hier geschilderte Prozess darf nicht linear verstanden werden. Die sieben Schritte wurden in erster Linie aus didaktischen Gründen für Trainingworkshops und Lehrgänge, die wir auch an der Fakultät für Interdisziplinäre Forschung und Fortbildung der Universität Klagenfurt durchführen, entwickelt. Er stellt eine mentale Landkarte zur Verfügung, um auf dem Weg des Dialogs zum richtigen Zeitpunkt die richtigen Fragen zu finden.

**Dank**

Zum Abschluss möchten wir uns bei allen bedanken, die uns die Auseinandersetzung mit dem Kärntner Konflikt ermöglicht haben und ermöglichen. Unser Dank gilt im Besonderen natürlich Josef Feldner und Marjan Sturm sowie den anderen Mitgliedern der Konsensgruppe, die durch ihre Arbeit eine wichtige Voraussetzung für diesen Dialog geschaffen haben. Im weiteren möchten wir vielen danken, die uns durch Kooperationen, Gespräche oder auch Kritik wertvolle Anregungen vermittelt haben, ohne deshalb immer unseren Glauben an den Dialog oder unseren methodischen Ansatz zu teilen: im besonderen Josef Lausegger und Stefan Kramer, Franz Marenits und Valentin Sima sowie den Kollegen und Kolleginnen am Institut für Integrative Konfliktbearbeitung und Friedensentwicklung (Wien), am Institut für Rechts- und Kriminalsoziologie (Wien), an der Fakultät für Interdisziplinäre Forschung und Fortbildung der Universität Klagenfurt und am Zentrum für Friedensforschung und Friedenserziehung der Universität Klagenfurt. Es war ein sehr intensives und berührendes Erlebnis, Marjan Sturm und Josef Feldner ein Stück weit auf dem immer schwierigen, immer kontroversen und meist unbedankten Weg der konstruktiven Konfliktbearbeitung zu begleiten, aber auch auf einem Weg, der das Prinzip Hoffnung für Kärnten, Österreich und die ganze Region wieder verlebendigt hat.

Literaturvorschläge

Friedrich Heer »Dialog der Feinde«, Europa Verlag, Wien & Zürich 1949

Johan Galtung »Konflikte und Konfliktlösungen«, Kai Homilius Verlag, Berlin 2007

Edgar Morin »Heimatland Erde«, Promedia, Wien 1999

Wilfried Graf, Gudrun Kramer (Hg.) »Friedensprozesse und Konflikttransformation, Journal für Entwicklungspolitik«, Mandelbaum, Wien 2006

Die Kärntner Frage, wie vielfach die Umsetzung des Artikels 7 des Österreichischen Staatsvertrages bezeichnet wird, wurde in den letzten Jahren neu gedacht. Von Personen, die sich über Jahrzehnte gegenseitig das Recht, ihre Volksgruppe bzw. die Kärntner Mehrheitsbevölkerung zu vertreten, abgesprochen hatten.

Von Josef Feldner, der seit 1972 den »Kärntner Heimatdienst« führt, noch vor wenigen Jahren für Slowenen-Vertreter als die Inkarnation des »Deutschkärntners« galt und dessen Auftritte als rechtsradikal eingestuft wurden, weil man die etwas versteckten, zarten Angebote auch gar nicht hören wollte.

Von Bernard Sadovnik, der noch 2002 einer Einigung als Obmann des »Rates« entgegen gestanden war, nun aber als Obmann der »Gemeinschaft der Kärntner Slowenen und Sloweninnen« ein austarierender und wichtiger Eckpfeiler des Konsenses wurde, oftmals bis an seine eigenen Grenzen gehend, im Bemühen dem Gegenüber die Pfade zu ebnen.

Von Heinz Stritzl, der durch Jahrzehnte die »Kleine Zeitung« in Klagenfurt so erfolgreich geführt hatte und seit einigen Jahren als Sprecher der vielgestaltigen, breiten »Plattform Kärnten« mit seiner großen Lebens- und Berufserfahrung zu einem echten Brückenbauer wurde.

Von Marjan Sturm, Obmann des »Zentralverbandes der Kärntner Slowenen« und als Hardliner eingestuft, mehr in Laibach/Ljubljana vorstellig als zuhause, der in den zahlreichen Konsensgesprächen Türen aufmachte – auch durch die Kenntnis der historischen Gegebenheiten und der Abstraktionsfähigkeit.

Dazu kam eine realistische Bewertung durch die Laibacher Regierung sowie die klare Haltung führender Persönlichkeiten Kärntens aus Politik, Wirtschaft, Kirchen, Kunst und Kultur. Sie trugen die wichtigsten Etappen: Den »Runden Tisch« Landeshauptmann Zernattos 1997 mit der »Prinzipienerklärung«, der Einrichtung privater slowenischer Kindergärten (später durch Landeshauptmann Haider realisiert) und der gemeinsamen Aufarbeitung der Geschichte (»Nationale Frage«, 5 Bände, 2005). Die vielfachen Bemühungen Wolfgang Schüssels. Die zwei konstruktiven und letztlich von nahezu allen Kärntner Gruppen getragenen Lösungsansätzen der Ortstafelfrage 2005 und 2006 (siehe meine Beiträge, Österreichisches Jahrbuch für Politik 2005 und 2006), die »Feierliche Erklärung« zum 10. Oktober 2006 sowie der gescheiterte Versuch im Juni dieses Jahres.

Feldner und Sturm sind ein Wagnis eingegangen: Im gegenseitigen Respekt, ohne Anbiederung diskursiv schreibend und streitend, thematisieren sie das, was man außerhalb Kärntens als völlig unverständlich kopfschüttelnd wohlwollend zur Kenntnis nimmt oder ebenso kopfschüttelnd, jedoch mit einer eindeutigen Handbewegung und den Zeigefinger zur Stirn bewegend, abtut und sich abwendet. Schnell kommen beide in die Tiefen und Untiefen von Kärntner Befindlichkeiten, »Urängsten«, Ressentiments, aber auch von Brücken und freilegbaren Pfaden. Das Buch gibt Hoffnung – das Wagnis ist gelungen.

Univ.-Prof. Dr. Stefan Karner
*Historiker, Universität Graz*
*Gesprächsleiter der vorbereitenden Konsensgespräche seit 2005*

Kärnten ist ethnogeografisch ein einzigartiger Flecken Erde. Nirgendwo sonst in Europa stoßen romanischer, slawischer und deutscher Sprachraum aufeinander. Zurecht wird immer wieder auf diesen Umstand hingewiesen und dieser hatte zu einer Olympia-Bewerbung von Friaul-Julisch Venetien, Slowenien und Kärnten geführt. Dem Olympischen Gedanken wäre, bei einem Zuschlag, in ganz anderer Weise Rechnung getragen worden als jetzt mit Sotschi. Was aber offenkundig wurde, ist die Verwobenheit der drei Nachbarländer, die jahrhundertelang in einem Staat vereinigt waren.

Nach den Schreckensherrschaften im 20. Jahrhundert schlug das Bewusstsein der Zusammengehörigkeit wieder Wurzeln, man fühlte sich in Görz und Triest und mit einiger Verzögerung auch wieder in Laibach zu Hause. Zu Beginn kommenden Jahres wird das Schengener Abkommen wirksam und die Fahrt über den Loibl und durch den Karawankentunnel noch unkomplizierter. Die Wirtschaft hat sich dies längst zunutze gemacht, aber auch Schulen pflegen über die Grenze Kontakte. Österreichische und slowenische Soldaten führen gemeinsame Manöver durch und unterstützten sich zuletzt gegenseitig bei der Bekämpfung der verheerenden Brände in Griechenland.

All das sollte der Politik den Schritt zum Miteinander im eigenen Land erleichtern. Es soll nicht wegen zwei Dutzend fehlender Ortstafeln mit unverhohlenem Spott auf Kärnten gezeigt werden. Bernarda Fink, diese großartige Sängerin, soll nicht weiter von der großen Ignoranz gegenüber der Geschichte des Landes reden müssen. Unpathetisch möchte ich feststellen, dass sich der Mut der Abwehrkämpfer in den Kleinmut der Namensträger von heute verwandelte. Ortstafeln sind Signale des Zuhauseseins und dürfen nicht als Fanal eines erlöschenden Volksgruppenstreits missbraucht werden. Was für Burgenlands Kroaten und Ungarn seit Jahren selbstverständlich ist, kann in Kärnten doch kein Konfliktfall sein. Wir leben in einem Staat, dessen verantwortliche Regierungsmitglieder einmal den deutsch sprechenden Altösterreichern in Slowenien im Ringen um Anerkennung als Volksgruppe beistehen sollen und zum anderen die Zügel nicht schleifen lassen dürfen, wenn es um die Durchsetzung von Recht und Gesetz geht.

Das Wühlen in der Vergangenheit versperrt den Weg in die gemeinsame Zukunft in Europa. Eine seiner Hochburgen ist Forchtenstein im steirischen Neumarkt. Dort wird Jahr für Jahr der große kulturelle und historische Bogen von Südtirol bis zu den Karpaten gespannt. Heuer haben Vertreter von einem Dutzend europäischer Staaten an Österreichs Politiker appelliert, eine Regelung der Ortstafelfrage im europäischen Geist zum Wohle der Bevölkerung Kärntens und zum Ansehen der Republik Österreich herbeizuführen.

Heinz Stritzl
*Plattform Kärnten*

JOSEF FELDNER, Hofrat Dr. jur. Jahrgang 1939. Verwaltungsjurist im Ruhestand. Seit 1972 außerberufliche ehrenamtliche Tätigkeit als Obmann des überparteilichen Kärntner Heimatdienstes. Autor zahlreicher Publikationen. Themen: Kärntner Volksgruppenfrage und Europäische Union. Herausgebervertreter und Chefredakteur der periodischen Druckschriften des Kärntner Heimatdienstes »Der Kärntner« und »KHD-INTERN«. 2000: Verleihung des Großen Goldenen Ehrenzeichens für Verdienste um das Land Kärnten.

MARJAN STURM, Dr. phil., MES (Master in european studies, Donau Universität Krems) geboren 1951 in Klagenfurt/Celovec. Studium der osteuropäischen Geschichte/Slawistik an der Universität Wien. Wissenschaftlicher Mitarbeiter des Slowenischen wissenschaftlichen Instituts. Zeitweise Lektor an verschiedenen Universitäten. Seit 1992 Obmann des Zentralverbandes slowenischer Organisationen/Zveza slovenskih organizacij na Koroškem sowie Vorsitzender des Beirates für die slowenische Volksgruppe im Bundeskanzleramt.

WILFRIED GRAF, Dr. phil., hat Soziologie und Pädagogik studiert und ist wissenschaftlicher Mitarbeiter am Institut für Rechts- und Kriminalsoziologie (IRKS) in Wien. 2005 gründete er gemeinsam mit Gudrun Kramer das Institut für Integrative Konfliktbearbeitung und Friedensentwicklung (IIKF) in Wien. Er war über 20 Jahre wissenschaftlicher Mitarbeiter am Österreichischen Studienzentrum für Frieden und Konfliktlösung (ÖSFK) auf Burg Schlaining. Von 1995 bis 1998 war er geschäftsführender Obmann der grünen Bildungswerkstatt.

GUDRUN KRAMER, Mag.ᵃ phil., hat Geschichte studiert und ist seit 2005 Kodirektorin des IIKF. Sie ist regionaler Convenor des internationalen»Transcend Network for Peace and Development« und war von 1999 bis 2005 wissenschaftliche Mitarbeiterin am ÖSFK. Von 1997–1999 arbeitete sie in Bosnien Herzegowina und Kroatien in den Bereichen Flüchtlingsrückführung und Demokratisierung. Von 2005–2007 koordinierte sie nach dem Tsunami den Wiederaufbau von 500 Häusern in drei Dörfern und eines Friedenszentrums im Osten Sri Lankas.

Wilfried Graf und Gudrun Kramer arbeiten in Konfliktregionen und Nachkriegsgesellschaften in den Bereichen Fortbildung, Beratung, Konfliktvermittlung und Versöhnung in Friedensprozessen, im besonderen in Sri Lanka (mit Unterstützung des österreichischen Außenministeriums), des weiteren in Israel/Palästina, Südosteuropa, Zentralasien, Südkaukasus und Uganda. Sie leiten Workshops und Lehrgänge an internationalen Universitäten und in Masterprogrammen und auch an der Fakultät für Interdisziplinäre Forschung und Fortbildung der Alpen-Adria Universität Klagenfurt.

www.iicp.at

# LITERATUREMPFEHLUNGEN VON MARJAN STURM

Klaus Amann (Hg.) »Kärnten. Literarisch. Liebeserklärungen, Kopfnüsse, Denkzettel«, Drava, Klagenfurt/Celovec 2003

Tone Ferenc »Quellen zur nationalsozialistischen Entnationalisierungspolitik in Slowenien 1941 bis 1945«, Založba Obzorja, Maribor 1980. Veröffentlicht auch in: www.karawankengrenze.at

Hanns Haas, Karl Stuhlpfarrer »Österreich und seine Slowenen«, Löcker & Wögenstein, Wien 1977

Stefan Karner (Hg) »Kärnten und die nationale Frage im 20. Jahrhundert«, 5 Bde., Hermagoras und Verlag Johannes Heyn, Klagenfurt–Ljubljana– Wien 2005

Andrej Kokot »Das Kind, das ich war. Erinnerungen an die Vertreibung der Slowenen aus Kärnten«, Drava, Klagenfurt/Celovec 2007

Lipej Kolenik »Für das Leben und gegen den Tod. Mein Weg in den Widerstand«, Drava, Klagenfurt/Celovec 2001

Emil Krištof, Gerhard Pilgram (Hg.) »Kovček / Der Koffer. Was sie schon immer über die Kärntner Slowenen wissen wollten. Kar ste že vedno želeli izvedeti o koroških Slovencih«, UNIKUM/Drava, Klagenfurt/Celovec 2005

Mirko Messner, Andreas Pittler, Helena Verdel »Spurensuche. Erzählte Geschichte der Kärntner Slowenen«, ÖBV, Wien 1990

Klaus Ottomeyer »Brief an Sieglinde Tschabuschnigg«, in: Klaus Ottomeyer »Kriegstrauma, Identität und Vorurteil«, Drava, Klagenfurt/Celovec 1997

Gerhard Pilgram, Wilhelm Berger, Gerhard Maurer »Kärnten. Unten durch. Ein Unikum-Wander-Reise und Lesebuch«, Drava, Klagenfurt/Celovec 2001

Janko Pleterski »Slowenisch oder deutsch? Nationale Differenzierungs- prozesse in Kärnten (1848–1914)«, Drava, Klagenfurt/Celovec 1996

Martin Pollack »Der Tote im Bunker. Bericht über meinen Vater«, Zsolnay Verlag, Wien 2006

Miroslav Polzer, Martin Pandel, Mirjam Polzer-Srienz, Reginald Vospernik (Hg.) »Ortstafelkonflikt in Kärnten – Krise oder Chance?«, Braumüller, Wien 2004

Prežihov Voranc »Die Brandalm. Roman aus den Umsturztagen«, Drava, Klagenfurt/Celovec 1983

Werner Wintersteiner »Poetik der Verschiedenheit, Literatur, Bildung, Globalisierung«, Drava Diskurs, Klagenfurt/Celovec 2006

# LITERATUREMPFEHLUNGEN VON JOSEF FELDNER

Ulfried Burz, Gerda Krainer, Wolfgang Lehofer (Hg.) »Heimat, bist du ... Sichtweisen«, Alekto Verlag, Klagenfurt 1999

Alfred Elste, Michael Koschat, Paul Strohmeier »Opfer, Täter, Denunzianten«, Hermagoras Verlag, Klagenfurt–Laibach–Wien 2007

Josef Feldner »Grenzland Kärnten«, Verlag Johannes Heyn, Klagenfurt 1982

Claudia Fräss-Ehrfeld »Geschichte Kärntens, Band 3/2, Kärnten 1918–1920, Abwehrkampf –Volksabstimmung – Identitätssuche«, Verlag Johannes Heyn, Klagenfurt 2000

Stefan Karner »Kärntens Wirtschaft 1938–1945«, Wissenschaftliche Veröffentlichungen der Landeshauptstadt Klagenfurt, Bd. 2, 1976

Kärntner Landesarchiv (Hg.) »Der 10. Oktober 1920 – Kärntens Tag der Selbstbestimmung«, Verlag des Kärntner Landesarchivs, Klagenfurt 1990

Kärntner Landesarchiv (Hg.) »Die Partisanen in Kärnten«, Katalog, Klagenfurt 2003

Othmar Mory »Liescha/Leše – 1945. Stätte des Grauens und des Gedenkens«, Bleiburg 2002

Wilhelm Neumann »Kärnten 1918–1920. Ereignisse, Dokumente, Bilder«, Selbstverlag des Landesmuseums für Kärnten, Klagenfurt 1970

Ingomar Pust »Titostern über Kärnten 1942–1945. Totgeschwiegene Tragödien«, hrsg. und verlegt vom Kärntner Abwehrkämpferbund, Klagenfurt 1984.

Josef Rausch »Der Partisanenkampf in Kärnten im Zweiten Weltkrieg«, Heft 39/40 der Militärhistorischen Schriftenreihe, Heeresgeschichtliches Museum (Hg.), Österreichischer Bundesverlag Wien 1979

Helmut Rumpler (Hg.) »Kärntens Volksabstimmung 1920«, Kärntner Druck- und Verlagsgesellschaft m. b. H., Klagenfurt 1981

Wilhelm Wadl »Das Jahr 1945 in Kärnten. Ein Überblick«, Verlag des Kärntner Landesarchivs, Klagenfurt 1985

Martin Wutte »Kärntens Freiheitskampf 1918–1920«, Verlag des Geschichtsvereins für Kärnten, Klagenfurt 1985